“十四五”时期国家重点出版物出版专项规划项目

高速铁路基础研究与技术创新丛书

测量与检测系列

高速铁路精密工程测量技术

本丛书编委会　总主编
王长进　刘　成　张冠军　石德斌　编　著
刘成龙　主　审

中国铁道出版社有限公司

2024年·北　京

内容简介

本书为“高速铁路基础研究与技术创新丛书”之分册。本书展示了我国高速铁路精密工程测量的研究创新成果，既有对我国高速铁路精密工程测量技术的总结、最新成果的展现，也有对具体的高速铁路精密工程测量案例分析，理论联系实际，并对精密工程测量技术未来发展进行了展望，提出了研究和创新方向。

本书适合高速铁路勘测设计、施工、运营单位测量技术人员研读，亦可供大专院校土木类、测量类相关专业师生参考。

图书在版编目(CIP)数据

高速铁路精密工程测量技术 / 王长进等编著. 北京 ：中国铁道出版社有限公司，2024. 12. --（高速铁路基础研究与技术创新丛书）. -- ISBN 978-7-113-31519-1

Ⅰ. U238

中国国家版本馆 CIP 数据核字第 20248T2T45 号

书　　名：高速铁路精密工程测量技术
作　　者：王长进　刘　成　张冠军　石德斌

策　　划：刘　霞
责任编辑：张　瑜　　**编辑部电话：**(010)51873017
封面设计：高博越　郑春鹏　　**丛书标识设计：**崔丽芳
责任校对：刘　畅
责任印制：樊启鹏

出版发行：中国铁道出版社有限公司(100054，北京市西城区右安门西街 8 号)
网　　址：https://www.tdpress.com
印　　刷：北京联兴盛业印刷股份有限公司
版　　次：2024 年 12 月第 1 版　2024 年 12 月第 1 次印刷
开　　本：787 mm×1 092 mm 1/16　**印张：**14.75　**字数：**292 千
书　　号：ISBN 978-7-113-31519-1
定　　价：140.00 元

高速铁路基础研究与技术创新丛书

编　辑　组

组　长：王　滨

副组长：杨新阳

策　划：（以姓氏笔画为序）

王　健　王风雨　王明容　亢嘉豪　田　甜　朱敏洁　刘　霞
江新锡　李小军　李润华　李嘉懿　杨　哲　时　博　邱金帅
张　婕　陈小刚　金　锋　徐　艳　徐　清　黄　璐　曹艳芳
崔忠文　傅希刚　曾露平　熊安春　黎　琳　薛丽娜

编　辑：（第三期，以姓氏笔画为序）

王明容　王晓阳　王熙文　白小玉　冯海燕　朱荣荣　朱敏洁
刘　霞　李纯一　李润华　张　瑜　胡娟娟　秦绪涛　袁文东
聂宏伟　夏　伟　黄　璐　曹艳芳　曾丽辰　薛丽娜　魏　娟

统　筹：李小军　刘　霞

序

我国高速铁路起步晚、发展快、后劲足，经过几代人的不懈努力，通过原始创新、集成创新、引进消化吸收再创新，成功地走出了一条符合中国国情路情、具有中国特色的自主创新之路。我国已系统掌握各种复杂地质和气候条件下高速铁路建造成套技术；在工务工程、列车运行控制、牵引供电、动车组等高速铁路核心技术方面实现自主化；形成了复杂路网条件下处理跨线运行的运营管理成套技术，构建了人防、物防、技防三位一体的主动安全保障机制。我国已成为全球高速铁路运营里程最长、在建规模最大、运营速度最快、技术体系最全、运营和管理经验最丰富的国家。我国高速铁路技术已走在世界前列，成为推动世界高速铁路发展的重要力量。

为贯彻落实中共中央、国务院《交通强国建设纲要》，推进国铁集团《新时代交通强国铁路先行规划纲要》的落地，系统总结、梳理我国高速铁路各领域前沿理论和技术，向我国乃至世界高速铁路科研工作者和工程技术人员提供一套前沿性的参考书，中国国家铁路集团有限公司铁道出版社公司特组织编著出版“高速铁路基础研究与技术创新丛书”。

丛书以习近平新时代中国特色社会主义思想为指导，以国家自然科学基金课题、国家基金委-国铁集团高铁联合基金课题、国家“973”课题、国家重点研发计划课题等科研成果为支撑，从高速铁路前沿研究、补短板技术、核心技术、技术发展趋势等方向组织选题，涵盖动车组、供电、通信与信号、列控与检测、工程勘察与设计、智能建造、运营与管理、现代信息技术、安全和维护等领域，规模为 100 册，是全面系统论述我国高速铁路基础研究与技术创新成就的大型系列原创性科技著作。

丛书力求突出制高点、原创性、权威性、全覆盖特色。丛书各册内容以作者团队长期从事高速铁路科学研究的成果为依托，多数成果居于国内领先水平甚至世界先进水平，多种成果荣获国家科学技术奖一等奖、二等奖，国家技术发明奖一等奖、二等奖，茅以升科学技术奖，詹天佑铁道科学技术奖，铁道科技进步奖等奖项，丛书内容体现了我国当今最新、最前沿以及展现未来发展趋势的高速铁路相关研究成果和应用技术。丛书包括动车组、供电、工程施工与组织等十个系列,基本实现高速铁路各领域全覆盖。

丛书由编委会总负责。编委会阵容强大,认真负责。编委会各成员都是长期从事我国高速铁路科研、技术、生产和管理的一流专家学者,是所从事领域的翘楚,其中包括高速铁路及其相关领域的四位院士。编委会多次开会商讨丛书的体系、内容特色、作者条件及质量保障机制;分工负责,精心审订和修改各册编写提纲;多次遴选选题,先从 150 多个选题意向中遴选出 100 个选题,后又剔除了内容特色不太鲜明的 8 个选题,还对 10 多个选题提出了较大的改进意见,补充了 8 个关键技术和弥补技术空白的选题;最后邀请专人对各册内容进行审定,从而保证了各册内容的正确性和先进性。

2021 年年底,国家新闻出版署经过严格评审,"高速铁路基础研究与技术创新丛书"(100 册)成功入选"'十四五'时期国家重点出版物出版专项规划——重大出版工程"。这是对本丛书项目的认可,也是对编委会、作者和编辑等人员前期工作的认可,更是一种鞭策。我们相信,本丛书的出版,将助力于《交通强国建设纲要》的贯彻落实,推动我国乃至世界高速铁路事业的发展,也将为铁路领域的科研工作者、工程技术人员、管理人员,以及高校相关专业师生提供一套高水平、原创性、权威性、全覆盖的大型高铁科技精品著作。

中国工程院院士

"高速铁路基础研究与技术创新丛书"编委会主任

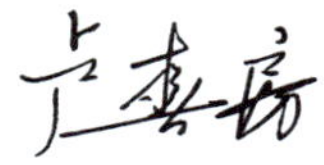

2022 年 2 月

前　　言

本书为“高速铁路基础研究与技术创新丛书”之分册。按丛书要求，力图体现高速铁路精密工程测量技术的创新性、前沿性和前瞻性。

中国高速铁路取得举世瞩目的成就，背后离不开各相关专业及配套技术的有力支撑，高速铁路精密工程测量技术在铁路勘察设计、施工建设、运营管理各阶段均发挥着重要的基础性作用，成为高速铁路建设中的关键技术之一。2009 年《高速铁路工程测量规范》等一系列技术标准的颁布，标志着中国在高速铁路工程测量技术方面形成了完整的行业测量标准。

在精密控制测量方面，形成“三网合一”新理念，在 CP0 和基岩水准点为框架的基础上进行分级布网。在引进吸收德国等国家高速铁路测量经验基础上，创新轨道三维控制网、轨道平顺性检测、沉降监测等测量方法，自主开发软硬件装备，形成具有自主知识产权的高速铁路精密工程测量全套技术和装备。平面控制测量基于北斗 GNSS(全球导航卫星系统，global navigation satellite system；GNSS)导航卫星建立了高速铁路的 GNSS 控制网，为高速铁路提供了精确基准。在高程控制测量方面，国内外多采用水准测量、三角高程测量和 GNSS 高程测量等方法，近年来在三角高程和 GNSS 高程测量技术上有了极大的进步。在结合 CORS(卫星导航定位连续运行基准站，continuously operating reference station；CORS)及似大地水准面精化技术解决控制测量和勘测过程中的高程测量问题方面，加大了 GNSS 高程拟合技术的深入研究及推广，并深入研究艰险山区及跨海似大地水准面模型建立方法。

在轨道几何状态测量方面，目前对轨道几何状态综合检测技术有较深入的研究，随着惯性导航、北斗技术的发展应用，研制的“北斗+惯性导航轨道几何状态检测测量仪”逐步得到推广应用。

高速铁路勘察设计及施工建设期测量技术日益成熟和完善。未来，对高速铁路运营期的养护维修测量及监测技术提出更大的挑战，需要进一步深入研究，不断提高监测精度、效率，向远程信息化、自动化、智能化、实时化发展。基准控制网将以动态维持为发展方向，为我国实现智能高铁、智慧高铁的建设提供基础保障，为研究高精度快速的轨道位置形态检测技术，为高速铁路科学高效养护、安全运营保驾护航。

本书的主要特色表现在三个方面：

1. 本书论述了当今高速铁路精密工程测量技术最新成果

本书作者团队及全国铁路测绘科技工作者潜心研究总结，创新性构建和实践了中国高速铁路精密测量技术标准体系，研究制造了满足高速铁路精密测量要求的软件系统和硬件装备。精密控制网测量技术较好地解决了施工与运营维护工作的需要，并延伸应用到复杂大型桥梁和长大隧道的建设维护工作中。依托北斗技术，研究建立全国高速铁路一张基准框架网。目前高速铁路精密测量技术方法已经推广应用到了城轨交通、城际铁路、磁悬浮交通等项目的工程测量领域。

2. 本书内容在国内外本领域研究中处于领先水平

通过引进吸收德国、日本等高速铁路精测技术，结合我国铁路设计建设的实际情况，不断研究创新，科研成果获得多项省部级科技奖励。

我国高速铁路精密工程形成了完备的测量体系，并研发了与之配套的软件系统，申请了多项软件著作权及专利，精密工程测量软件、硬件技术在国际处于领先水平。

本书作者团队人员在结合工程实践经验的基础上，经过提炼、总结，编著出版了《铁路工程测量手册》《铁路工程卫星定位高程拟合技术》《铁路隧道测量技术及应用》《中国高速铁路精密测量实践与创新》等著作，从不同的方面总结阐述了高速铁路精密工程测量先进技术。

3. 本书指出了高速铁路精密工程测量技术未来的发展方向

高速铁路精密工程测量技术在北斗、物联网、云计算、5G通信技术的支撑和推动下，将有更大的发展空间。展望未来，高速铁路精密工程测量技术将在以下几个方向得到显著发展：一是测量技术和方法的创新；二是提升高速铁路控制测量基准的现代化策略；三是智能测绘仪器装备的自主创新；四是智能化测绘技术在特定测绘目标中的应用；五是高速铁路精密工程测量技术标准体系建设的深刻思考；六是促进高速铁路精密工程测量的跨学科协同创新与合作。

本书由中国铁路设计集团有限公司（简称“中国铁设”）组织编著，作者团队由全国工程勘察设计大师王长进领衔，参加编著的中国铁设测绘专业人员均为京津城际铁路、京沪高速铁路、哈大高速铁路、大西高速铁路等众多高速铁路精密工程测量的亲历者，对高速铁路精密工程测量技术的产生、发展历程有独到的理解和拓展，既有深入的理论研究，更有丰富的高速铁路精密工程测量经验，书中凝聚了包括中国铁设测绘在内全国铁路测绘科技工作者近十年来对高速铁路精密工程测量的研究创新工作成果，既有对我国高速铁路精密工程测量技术的总结、最新成果的展现，也有具体的高速铁路精密工程测量案例分析，理论联系实践、深入浅出，适合高校土木类、测绘类相关专业师生，铁路工程勘察设计、施工及运营单位相关测量技术人员研读。

全书共分 9 章，具体分工：第 1 章由王长进、李群科编著，第 2 章、第 3 章由张婕、范锐彦、李群科编著，第 4 章由刘成、胡则银编著，第 5 章由石德斌、侯广东编著，第 6 章由张冠军、陈倜编著，第 7 章由王长进、刘广南编著，第 8 章由陈倜、李群科编著，第 9 章由张冠军、石德斌、李群科编著，全书由王长进、刘成、张冠军、石德斌、李群科负责统稿。在编著本书过程中，我们得到中国铁路设计集团有限公司相关领导和部门的大力支持，在此表示衷心的感谢。

由于编者的水平有限，加之时间仓促，书中难免有不足之处，敬请专家、同行批评指正。

编著者

2024 年 5 月

目　　录

第1章 绪　论

1.1　高速铁路精密工程测量的概念

精密工程测量，也被称为特种精密工程测量、大型特种精密工程测量、精密测量等，是以经典的测绘学理论与方法为基础，运用现代大地测量学和计量学等科技新理论、新方法与新技术，针对工程与工业建设中的具体问题，使用专门的仪器设备，以高精度与高科技的特殊方法采集数据、进行数据处理，为获得所需要的数据与图形资料而进行的测量工作。

精密工程测量具有一系列显著特点，包括绝对测量精度达到毫米级别或相对测量精度达到 1×10^{-5} 以上。这种高度精确性、可靠性和高度自动化是精密工程测量的显著特点之一。因此，它不仅是工程测量学科中最具活力的研究和实践领域，还在引领着工程测量学科的不断发展。

近年来，随着现代科学技术的不断进步和我国综合国力的提升，大型工程项目，特别是大型科学工程，如载人航天、探月工程、FAST（五百米口径球面射电望远镜）工程以及高能粒子加速器等，都经历了蓬勃的发展。这些项目具备复杂的结构和高度精密的测量需求，无论是在施工、安装、检测、控制还是监测领域，都对精密工程测量提出了更高的要求。这一趋势促使精密工程测量得以迅速发展，并在加速器工程、高速铁路工程、大型射电望远镜工程、工业测量等领域中发挥着不可或缺的作用，成为影响工程整体质量的重要因素。

高速铁路精密工程测量作为工程测量学按行业划分的重要分支，在整个铁路建设和运营管理过程中发挥着关键作用。它不仅是保障铁路建设和运营安全的重要手段，也与铁路建设的其他专业技术一样，构成了铁路工程建设关键技术体系的重要组成部分。

高速铁路精密工程测量技术的快速发展与光电技术、电子技术以及无线通信技术的进步密切相关。这一发展趋势推动着高速铁路精密工程测量领域不断创新和提升，以满足不断发展的高速铁路工程建设与运营维护的需求。

1.2　高速铁路精密工程测量的任务和内容

1.2.1　高速铁路精密工程测量的任务

高速铁路精密工程测量的目标是建立各级平面和高程控制网，以确保线下工程按照设计线形准确施工，并保证轨道的铺设精度能够满足动车组列车的高速和安全行驶要求。由于高速铁路旅客列车行驶速度高达 250～350 km/h，因此需要满足以下要求：

第一，线路必须严格按照设计的线形施工，以维持轨道空间和几何线形的精确性。

第二，轨道必须具备非常高的平顺性，其精度必须保持在毫米级范围内。

为了满足这些要求，必须设计高速铁路各级平面和高程控制网的测量精度，以适应线下工程和轨道铺设的精度要求。高速铁路轨道施工的定位精度对高速铁路的平顺性具有重要影响。高速铁路轨道铺设需要满足内部几何尺寸（轨道自身的几何尺寸）和外部几何尺寸（轨道与周围建筑物的相对尺寸）的精度要求。内部几何尺寸用于描述轨道的几何形状，而外部几何尺寸则反映了轨道的空间位置和标高。

1. 轨道的内部几何尺寸

轨道内部几何尺寸反映轨道的形状，可以通过轨道上相邻点之间的相对位置关系来确定。这些尺寸描述了轨道上各点的相对位置，因此轨道内部几何尺寸的测量也被称为轨道的相对定位。它主要依赖于一系列参数，如轨距、轨向、高低、水平和扭曲，用以确保轨道的实际形状与设计形状的一致性。轨道内部几何尺寸的精确性直接影响列车的运行速度以及乘客的舒适性。

高速铁路轨道铺设内部几何尺寸的精度标准见表 1-1。轨道控制网（CPⅢ）在轨道平面和高程的精细调整中充当了关键角色，以确保工程施工和运营维护期间轨道的平顺性。我国的相关规范对轨道控制网（CPⅢ）在相对定位精度方面制定了较高的精度标准，要求相邻点的平面精度应优于±1.0 mm，而相邻点的高程相对精度应优于±0.5 mm。这些措施旨在确保高速铁路轨道的高度精确性和平稳性，以满足列车的运行要求和乘客的舒适性。

表 1-1　高速铁路轨道静态平顺度允许偏差

序　号	项　目	无砟轨道		有砟轨道	
		允许偏差	检测方法	允许偏差	检测方法
1	轨距	±1 mm	相对于 1 435 mm	±1 mm	相对于 1 435 mm
		1/1 500	变化率	1/1 500	变化率
2	轨向	2 mm	弦长 10 m	2 mm	弦长 10 m
		2 mm/8a(m)	基线长 48a(m)	2 mm/5 m	基线长 30 m
		10 mm/240a(m)	基线长 480a(m)	10 mm/150 m	基线长 300 m
3	高低	2 mm	弦长 10 m	2 mm	弦长 10 m
		2 mm/8a(m)	基线长 48a(m)	2 mm/5 m	基线长 30 m
		10 mm/240a(m)	基线长 480a(m)	10 mm/150 m	基线长 300 m
4	水平	2 mm	—	2 mm	—
5	扭曲	2 mm	—	2 mm	—

注：a 为无砟轨道相邻扣件节点间距。

2. 轨道的外部几何尺寸

轨道的外部几何尺寸包括轨道在空间三维坐标系(工程独立坐标系)中的坐标和高程，是通过轨道中线与周围相邻建筑物的关系来确定的。测量轨道的外部几何尺寸也被称为轨道的绝对定位，它需要与线下工程，如路基、桥梁、隧道和站台等结构物的空间位置坐标和高程相匹配和协调。轨道的绝对定位精度要求见表 1-2。这些要求旨在确保轨道在三维坐标系中的准确位置，以满足高速铁路工程的要求，并与周围的基础设施相协调。

表 1-2　高速铁路轨道轨面高程、轨道中线、线间距允许偏差

序　号	项　目		允许偏差/mm
1	轨面高程与设计高程比较	一般路基	+4
		在建筑物上	−6
		紧靠站台	+4
2	轨道中线与设计中线差		±10
3	线间距		$^{+10}_{0}$

轨道的绝对定位精度必须满足设计精度的要求，因为这直接关系轨道能否精调到设计的平顺性要求。因此，高速铁路各级测量控制网的测量精度必须同时满足线下工程施工和轨道工程施工的精度要求。这意味着必须同时满足轨道的绝对定位和相对定位的精度要求，以确保高速铁路的安全、舒适和平稳运行。这种综合的精度要求反映了高速铁路工程对精密工程测量的严格标准和高要求。

1.2.2　高速铁路精密工程测量的内容

高速铁路精密工程测量在高速铁路工程的勘察设计、施工、竣工验收以及运营维护的整个生命周期中发挥着关键作用。根据工程建设的不同阶段，高速铁路的精密工程测量可以分为以下内容：

1. 勘察设计阶段

在勘察设计阶段，精密工程测量的关键任务包括框架控制网 CP0 和基础平面控制网 CPⅠ的测量，以及线路水准基点高程控制测量。

2. 施工阶段

在施工阶段，精密工程测量主要依赖 CPⅠ、CPⅡ(线路平面控制网)和线路水准基点，进行控制网加密测量。这包括建立并定期复测轨道控制网 CPⅢ和全线二等水准高程控制网，以确保高精度的位置和高程控制。此外，还包括施工控制点的加密测量以及线下工程结构变形的监测等任务。

3. 竣工阶段

在竣工阶段，精密工程测量主要包括轨道竣工测量，以确保轨道的质量和精度。同时，还需要继续进行线下工程结构变形的监测，以确保工程结构的稳定性。

4. 运营阶段

在运营阶段，精密工程测量涵盖了变形监测及相关的复测工作。这确保了高速铁路系统在长期运行中的安全性和稳定性。

高速铁路精密工程测量是高速铁路工程不可或缺的一部分，它贯穿整个工程的生命周期，从设计到运营，以确保高速铁路的运营安全和稳定性。

1.3 高速铁路精密工程测量的国内外现状

1.3.1 国外高速铁路建设精密测量现状

国外高速铁路建设的工程测量工作通常会根据各国自身的国家基础测绘成果和铁路工程建设的需求来进行。在国外，尚未形成专门针对高速铁路建设特点和需求的行业规范和标准。这意味着在国外的高速铁路工程测量领域，通常需要根据具体项目的特点和国家的要求来进行控制测量和施工测量等工作，以确保工程的安全和质量。因此，国际上的高速铁路建设通常会根据各自国家的情况，采用适当的测量方法和技术，以满足项目的特殊需求。这也强调了高速铁路工程测量领域的复杂性和多样性，需要根据具体情况来制定适当的测量策略和标准。

1. 美国

美国的大地测量局、联邦地理数据委员会和联邦大地控制测量委员会等部门制定了全国适用的公共工程测量规范。对于铁路行业，美国铁路工程和道路维护协会（AREMA）2009 年发布了《铁路工程手册》，该手册共分为 4 卷，第 1 卷为轨道，第 2 卷为结构，第 3 卷为基础设施和旅客，第 4 卷为系统管理。针对测量的技术规定，《铁路工程手册》在第 4 卷第 2 章第 1 部分轨道测量系统中对轨道几何状态检测作了说明。美国各个州的交通部门或测量行业协会，如加州土地测量师协会（California Land Surveyors Association）、全国专业测量师协会（National Society of Professional Surveyors，NSPS）等协会制定了相关测量手册，以指导具体土地、房屋或交通工程测量工作。

平面控制网：没有依据测量方法的不同来区分测量的等级，对控制网等级的划分比较统一，以距离相对精度区分控制网等级，分为一等、二等和三等，其中二等和三等下又划分为两级。

高程控制网：以高程相对精度区分控制网等级。

2. 日本

日本的国家平面和高程基准点均由国土地理院管理，有专门的测量法。平面和高程控制点分布较密，平面设有1 238处GPS连续运行参考站，沿主要国道每2 km设置有高等级水准点，并由国土地理院在全国范围内定期复测。

日本没有统一发布的铁路测量规范及标准，即使是同一条铁路也会有多个不同的施工单位，并且由于每个单位对基准的理解都不尽相同，因此需要对基准进行整合，由各方在现场协调解决。日本公共测量的平面控制分为1级～4级四个等级，高程分为1级～4级和简易基准点共五个等级，不同的施工单位布设等级可能不相同。平面控制网：1级（1/50 000）、2级（1/33 333）、3级（1/14 151）、4级（1/6 329），偏重于线路的相对精度；高程控制网：1级（$2\sqrt{L}$）、2级（$5\sqrt{L}$）、3级（$10\sqrt{L}$）、4级（$20\sqrt{L}$）、简易（$40\sqrt{L}$）（L为水准路线长，以km计）；对平面控制网测量技术要求及精度指标规定相对较粗，具体精度指标由各施工单位确定。

3. 德国

德国的铁路部门专门在德国境内建立了一套独立的坐标系统用于高速铁路施工，它的内符合精度大大高于一般的国家基础控制网，但其并未明确适用的高速铁路设计速度，从其建成和运营高铁来看，可以满足设计速度350 km/h的铁路，其试验最高速度突破400 km/h大关。德国高速铁路采用MKS定义的特殊技术平面坐标系统。MKS可根据需要把地球表面投影到设计平面上，发生的（不可避免的）长度变形限定在10 mm/km的数量级上。德国铁路标准RIL 833.0020把无砟轨道施工控制网分为四级：PS1、PS2、PS3、PS4。PS1是在国家基础控制点PS0下发展的平面控制点，沿线路方向大约每1 000 m一个控制点；PS2沿线路方向每150～250 m一个控制点；PS3是水准基点；PS4是固定在接触网杆上的控制点。

在上述四种控制点中，PS1、PS2是可置镜的平面控制点，而PS4是只能安置反射镜的控制点，德国旭普林和博格公司PS4采用后方交会法测量。博格公司在京津城际和郑西客专建设中提出了轨道控制网的水平和高程绝对精度为1 mm，其他具体精度指标见表1-3。德国铁路标准RIL 833.0020和德国旭普林公司控制网测量要求相邻水准点间高差最大误差应不大于$5\sqrt{L}$ mm（L为水准路线长，以km计）。

表1-3 博格板式无砟轨道铺设测量的技术指标

控制网级别	精度要求
基础网	每1 000 m，水平位置10 mm，高程2 mm
线路导线	约每250 m，水平位置5 mm，高程1 mm
建筑物特殊网	小于100 m，水平位置3 mm，高程1 mm
轨道设标网	每60 m有两个点，水平位置1 mm，高程0.5 mm
轨道基准网	每块板接缝处有一个点，水平位置0.2 mm，高程0.1 mm

1.3.2 国外高速铁路轨道检测、养护维修测量技术现状

国外铁路发展的共同特点是将铁路线路转变为少维修甚至不维修的轨道，以实现省力、经济和高效的新型线路维护为目标。这种维护水平主要表现在采用先进的检测系统、高度机械化的操作方式、科学的诊断和自动化管理。国外铁路的研究和经验表明，直接影响和控制列车速度的主要因素是线路的平整度和线路的平滑度。例如，日本铁路专家佐藤吉彦在国际会议上指出："日本东海道新干线能以最低的运营成本确保高速列车的安全运行，其秘诀在于建立科学的轨道平整度维护管理系统。"法国 TGV 的成功经验也证明，通过提高和维护轨道的平滑度，可以满足高速列车行驶需求。因此，国外铁路近年来特别注重轨道的诊断检测、高度机械化维护和自动化科学管理，以保持轨道的持续平顺状态，以提高乘客舒适度，同时缩短列车的运行时间。

近年来，发达国家在轨道维护管理现代化方面正在实现三个关键转变：

一是，从定性和传统经验管理向定量化科学管理的转变。

二是，对轨道状态和质量的检测从静态检测向动态检测和综合检测的转变。

三是，轨道管理系统从分散的独立系统向全线路覆盖的综合化、网络化和智能化系统的转变。

发达国家的铁路系统通常都设定了本国铁路管理的目标标准，并采用先进的检测车辆进行监测，以对高速铁路线路的平顺状态进行严格管理。

1. 日本高速铁路轨道检测

(1)轨道检查车检测

日本新干线拥有 4 辆检测车，分别负责检测 4 条新干线的轨道状况。这些轨道检测车可进行两种类型的数据检测，分别是 10 m 弦长和 40 m 弦长的检测，也就是中波长检测和长波长检测。其主要检测项目包括轨道的高低、轨向、水平、轨距、扭曲等不平顺状况，检测周期通常是每 10 d 进行一次。这些轨检车由线路技术株式会社负责使用和维护。

①中波长检测：中波长检测主要用于测量 10 m 弦长内的轨道高低、轨向等影响高速列车安全性和平稳性的轨道不平顺。

②长波长检测：长波长检测是指将原始检测数据进行滤波处理，然后将其换算为 40 m 弦长内的轨道高低、轨向不平顺。这种长波长的轨道不平顺对乘客的舒适度产生较大影响。

(2)振动加速度检测

日本新干线的高速列车配备了车体振动加速度仪，每天进行车体振动加速度测试，以检测可能存在的轨道异常情况。

(3)人工检查

除了轨检车每 10 d 进行一次轨道不平顺检测外，保线管理人员也会进行步行巡回检查。出于安全考虑，他们在白天会在距离轨道 1 m 外的通道内巡查，而在夜间的天窗时间

段内，则可以在轨道上检查整个线路的情况。巡查项目包括：

①钢轨和道岔的精密探伤，每年进行2次。

②道岔设备的检查，每月进行1次。

③对轨枕、扣件等材料的检查，每年进行1次。

④徒步巡视，对有砟区段每周进行1～2次检查，对无砟区段每2周进行1次检查。

(4)探伤车检查

日本新干线高速铁路共配备了3辆钢轨探伤车，其使用和维护都由线路技术株式会社负责。每年，这些探伤车对新干线进行2次钢轨探伤。

(5)动力测试

日本的轨检车在检测轨道几何状态的同时，还测量轮轨垂直力、横向力、脱轨系数等动力参数。

2. 法国高速铁路轨道检测

(1)轨道检查车检测

法国国铁使用名为“莫赞”的轨检车，总共有5辆，由法国铁路总局管理，其中一辆专门用于高速线的检查。“莫赞”轨检车能够检测轨道的高低、轨向、水平、扭曲、轨距等不平顺，并使用轴箱加速度来测量轨道表面的1.6 m波长短波不平顺。根据不同的维修需求，检测数据可以以不同的方式输出。在法国的高速铁路线上，对于“莫赞”轨检车，检测周期是每3个月进行一次。

(2)人工检查

除轨道检查车定期检查外，白天利用1～1.5 h的列车间隔时间在轨道上徒步检查；其他通过路边或添乘TGV列车检查。

(3)随车检查

工区负责人每2周添乘TGV列车一次。

(4)振动加速度检测

每2周将一辆检查车编入TGV车组内，进行车体、转向架的垂直、横向加速度检测。

(5)探伤车检查

用探伤车对钢轨和道岔每年进行1～2次探伤检查。

(6)无乘客TGV列车检查

每日凌晨在开行第一列TGV旅客列车前，开行一列以160 km/h速度运行的无乘客TGV列车，以检查轨道有无异常情况。

3. 德国高速铁路轨道检测

德国高速铁路工务检查包括轨道和道岔的检查、人工建筑物的检查以及土工物(路基)的检查。轨道和道岔的检查可以分为运行检查(使用轨道车进行检查)、运行线路检测、钢轨

检查和道岔检查。人工建筑物(例如桥梁和隧道等人工构筑物)的检查在形式上分为主要检查、辅助检查和特殊检查。这些检测包括:

(1)为了确保高速列车的安全行驶,避免在长隧道中进行人工检查,需要使用轨道车进行巡视检查。

(2)现有的轨道检查车将被新研制的轨道检查车(OMWE)所替代,这种新型轨检车能够完成高速线路的维护和养护工作。

(3)通过超声波探伤车对钢轨进行检查,可以发现钢轨的损伤,包括钢轨裂缝和焊接质量问题。检查速度已从原来的 50 km/h 提高到目前的 100 km/h。

(4)道岔通常需要人工检查,但在隧道内可以使用轨道车进行检查。

(5)在隧道内的检查过程中,现代光学仪器、电子数据处理以及非接触式测试方法得以应用,以确保在高速行驶时也能进行隧道检查。需要制定隧道测试车的运行速度标准。

(6)除了桥面的检查外,桥梁的检查无须封锁线路。新研制的桥梁检查车在行驶状态下利用现有承重结构的路肩人行道进行检查。

(7)人工建筑物的检查通过路肩人行道进行。除了清理盲沟和隧道排水沟外,还可以使用机械设备来巡视和清理管道。这些机械设备在轨道上行驶时通过反光镜来检查水沟,并能够完成清理工作。

线路的检测不仅提供了线路设备技术状态信息,还有助于了解线路设备的变化趋势,编制维修作业计划以及分析设备的问题。近年来,随着计算机技术和检测技术的不断发展,轨道检查车为线路的"状态维护"提供了重要的技术支持,其动态检测数据为线路的养护维修提供了科学的依据。轨道检查车在日本、法国、德国等国家广泛应用于高速铁路线路的检测,主要以综合轨道检查车为主,辅以营运列车和人工巡道。检测的结果通过专用网络传输到相关部门,并建立相应的管理系统来处理检测数据,以指导线路的维护工作。

目前,在动态综合检测车领域,日本的 JRTR 11 型轨道检测车具有高达 300 km/h 的检测速度,而英国的 HSTRC 高速检测车以及奥地利普拉塞公司于 1993 年开发的 EM250 轨道检测车,其检测速度也均超过了 200 km/h。这些轨道检测车不仅拥有高速检测能力,还能执行多种测量任务并保持高精度。它们的投入使用对提高线路质量、维修效率以及确保列车安全运行发挥了至关重要的作用。

国外的高速铁路轨道全几何参数的静态精密检测技术和设备已经相当成熟,典型的例子如美国的 T10 型轨道检测小车、德国的 GEDO 轨道检测小车,以及瑞士安博格公司的 GPR 系列轨检小车。随着传感器技术的不断提高,这些传感器技术也将继续应用于轨道检测技术,国外的轨道全几何参数精密检测技术和设备也将朝着更迅速、更智能的趋势发展。在德国的"线路和施工测量"规范中,施工过程中采用坐标法来定位轨道位置,强调确保轨道几何状态符合设计要求,并保证轨道的绝对位置正确。检测工作通常采用静态轨道检测车结合全站仪对线路的轨道几何形态进行测量,以检测每根轨枕处的轨道静态几何参数以及线路的短波和长波不平顺数值。

1.3.3 国内高速铁路精密工程测量技术现状

我国自1990年开始立项研究高速铁路相关技术，在高速铁路基础理论、技术标准、结构设计等方面取得了重大进展，尤其是京津城际铁路，作为国务院批复的《中长期铁路网规划》中环渤海地区城际客运系统的重要组成部分，它是国内最早开工建设并已投入运营的第一条高速城际铁路。全线长119.378 km，其中桥梁占总长度的80%以上，大段铺设无砟轨道。该线于2008年8月1日正式开通运营。由铁道第三勘察设计院集团有限公司(简称铁三院)在2006年初提出并设计建立的精密工程测量控制网在京津城际铁路的成功建设中发挥了至关重要的作用，同时也对其他正在建设中的客运专线具有一定的示范作用。

1. 高速铁路控制测量技术

我国的高速铁路建设，结合了国家的国情和路况，引进、吸收和消化国外先进、成熟、经济、适用以及可靠的高速铁路技术。同时，我国也在加强自主创新，推动中国铁路的跨越式发展。京津城际铁路是我国首条设计时速达350 km的客运专线，该项目不仅是我国铁路跨越式发展的标志性和示范性工程，也代表了我国无砟轨道建设的引进、消化、吸收和再创新的过程。通过京津城际工程及广大工程勘察、设计和建设者的努力，基本建立了我国无砟轨道从勘察、设计、加工、铺设、检测到运营维护的整套体系。这一体系也得到了哈大、武广、郑西、京石等长大干线客运专线以及京沪高速铁路等项目的应用和推广，并得到了进一步的完善。京津城际还提出了“三网合一”的勘测控制网、施工控制网和运营维护控制网的理念，并发布了《客运专线无碴轨道铁路工程测量暂行规定》(铁建设〔2006〕189号)等规范和指南，为指导客运专线铁路的建设提供了设计、施工管理的标准、验收标准以及保证工程质量的行业标准规范。

德国高速铁路采用了MKS定义的特殊技术平面坐标系统。MKS系统可以根据需要将地球表面正形投影到设计和计算平面上，以使(不可避免的)长度变形限制在每千米10 mm的数量级内。在京津城际铁路工程测量中，博格公司要求基础控制网平面相对精度达到1/100 000。武广线、郑西线的无砟轨道CPⅢ控制网的测量实践也表明，在满足投影长度变形值不大于10 mm/km的条件下，CPⅢ观测距离无须进行投影修正，便可满足CPⅢ控制网的精度要求。然而，如果投影变形值超过10 mm/km，CPⅢ观测距离不进行投影修正将很难满足CPⅢ控制网的精度要求。通过参考国外先进的控制测量技术并总结京津城际、武广、郑西客运专线的经验，我们也得出结论，投影长度的变形值不应大于10 mm/km。对于那些特定地段，其投影长度变形值大于10 mm/km的情况，施工过程中需要进行高斯投影和高程投影修正，以确保通过坐标反算的距离值与测量值的互差不超过10 mm/km。

高速铁路轨道的几何线形必须非常精确，精度需要控制在毫米级范围内。为了实现轨道的准确铺设以及确保轨道的几何参数与设计的目标位置之间的最小偏差，测量控制网的精度必须同时满足线下和线上工程施工控制测量的要求。轨道的铺设施工以及与线下工程路基、桥梁、隧道、站台等工程的施工放样，都是通过不同级别的平面和高程控制网组成的测量系统来实现的。为了确保轨道与线下工程路基、桥梁、隧道、站台的空间位置坐标和高程相匹配协调，需要分级建立平面控制网和高程控制网，以满足高速铁路的勘测、施工和运营维护的需求。

目前国内高速铁路平面控制网在框架控制网 CP0 的基础上按三级布设：第一级是基础平面控制网（CPⅠ），其主要为勘测、施工和运营维护提供坐标基准；第二级是线路控制网（CPⅡ），其主要为勘测和施工提供控制基准；第三级是轨道控制网（CPⅢ），其主要为轨道铺设和运营维护提供控制基准。高速铁路平面控制网关系示意如图 1-1 所示。

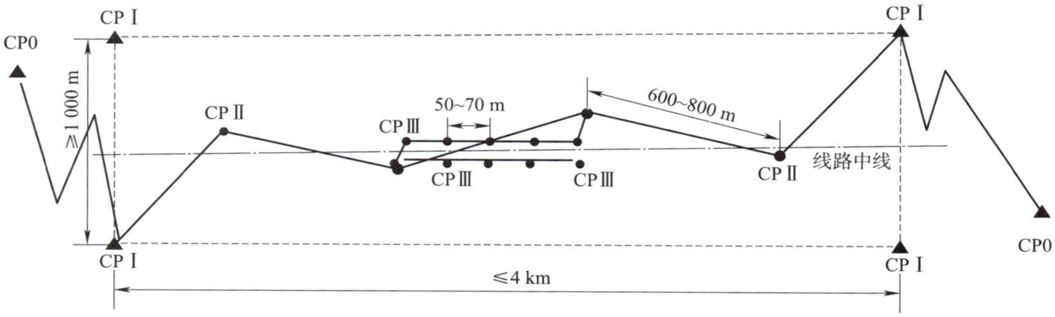

图 1-1　高速铁路平面控制网关系示意

高速铁路工程测量的高程控制网分为两级：第一级是线路水准基点控制网，为高速铁路工程的勘测设计和施工提供高程基准；第二级是轨道控制网（CPⅢ），为高速铁路轨道的施工和维护提供高程基准。

在布设高程控制网时，需要考虑沿线的地质条件以及地面的不均匀沉降和变形程度。水准点的埋设，通常分为基岩点、深埋水准点和普通水准点三种标石埋设形式。这些点按照二等水准测量观测进行，而 CPⅢ 高程测量则采用精密水准测量的方法进行测量。

2. 高速铁路轨道板铺设定位、轨道检测、养护维修测量技术

作为无砟轨道的重要组成部分，轨道板替代了传统的道砟和轨枕，通过扣件系统直接安放钢轨。轨道板的精确铺设对轨道的最终平顺性产生直接影响。为满足高速列车对轨道几何尺寸的特殊要求，在安装轨道板时必须进行精确定位。轨道板安装定位的最终精度需要控制在亚毫米级的精度范围内，以满足所设计的偏差要求。尽管全套进口设备价格昂贵且维护成本高昂，但为了满足高速铁路轨道施工定位测量的紧迫需求，实现自动化、数字化、一体化和高效率的测量作业，国内引进了国外技术和设备。同时，国内也进行了相关领域的开发研究，已经开发出一些拥有自主知识产权的软件和硬件设备。这些设备目前在高速铁路建设中发挥着巨大的作用，但仍需进一步地研究和优化改进，以满足我国快速发展的高速铁路建设和运营维护需求。国内多个机构已经研制出了无

砟轨道精调和检测的整体解决方案，以满足高速铁路轨道板精确调整作业的需求。这些解决方案有效地解决了软件和设备的国产化问题，降低了施工成本，建立了高速铁路轨道板施工控制体系，形成了具有自主知识产权的高速铁路轨道板和轨道定位测量技术。我国目前已经研究和开发了无砟轨道精确调整系统和轨道几何尺寸检测系统，以满足无砟轨道铺设、精确调整和轨道检测的需求。

1.4 国内高速铁路精密工程测量技术体系的形成

1.4.1 国内高速铁路精密工程测量体系建立的背景

我国的高速铁路工程测量技术体系是随着我国铁路客运专线无砟轨道工程的建设而逐步建立和完善的。我国从20世纪90年代开始研究高速铁路技术，高速铁路测量标准体系的建立经历了从无到有的过程，逐步形成。在20世纪，我国并没有具有实际指导意义的高速铁路测量技术标准。随着高速铁路技术的发展，我国铁路工程测量专业工程师逐渐认识到测量在高速铁路建设中的重要性。在成功完成秦皇岛至沈阳客运专线的基础上，2003年发布了《京沪高速铁路测量暂行规定》(铁建设〔2003〕13号)，该规定在京沪高速铁路勘察设计中得到应用。

2004年，铁道部决定在遂渝线开展无砟轨道综合试验后，发现原有的测量控制网精度及控制网布设方法不能满足无砟轨道施工要求。为解决这个问题，铁道第二勘察设计院与西南交通大学合作，在遂渝线进行了无砟轨道铁路工程测量技术的研究，并建立了遂渝线无砟轨道综合试验段的精密工程测量控制网。借鉴遂宁至重庆客运专线无碴轨道综合试验段的测量实践经验，于2006年发布了《客运专线无碴轨道铁路工程测量暂行规定》(铁建设〔2006〕189号)，并在2007年发布了《时速200～250公里有砟轨道铁路工程测量指南(试行)》(铁建设函〔2007〕76号)。这些规定和指南对我国早期高速铁路测量提供了很好的指导。

2003年编制的《京沪高速铁路测量暂行规定》和2006年编制的《客运专线无碴轨道铁路工程测量暂行规定》，是按照铁路传统测量模式的思路研究制定的。尽管它们在部分控制精度上提高了等级，但与现行高速铁路精密测量技术标准和方法相比，存在一定差距。因此，为适应高速铁路建设的需要，需要进一步完善和更新工程测量规定和标准，以确保高速铁路建设的测量工作能够达到最高水准的精度和可靠性。

随着高速铁路建设规模的扩大，结合我国高速铁路建设的特点和现代测绘技术的发展，针对《客运专线无碴轨道铁路工程测量暂行规定》，进行了进一步研究和改进。这包括“高速铁路CPⅢ测量标准及软件研制”和“基于自由测站的高速铁路CPⅢ高程网测量及其标准的研究”等。通过总结京津、武广、郑西、京沪、哈大、合宁、合武、石太等高速铁路工程测量的经验，根据原始创新、集成创新和引进消化吸收再创新的原则，进一步完善了《客运专线无碴轨道铁路工程测量暂行规定》。这一工作于 2009 年完成，形成了具有自主知识产权的我国高速铁路工程测量技术标准，即《高速铁路工程测量规范》(TB 10601—2009)。

1.4.2 建立高速铁路精密工程测量体系的必要性

1. 传统的铁路工程测量方法及不足

(1)传统的铁路工程测量方法简介

传统的铁路工程是以线路中线控制桩作为铁路勘测设计和施工的坐标基准，其测量作业模式和流程如下：初测→定测→线下工程施工测量→铺轨测量。

①初测

平面控制测量(初测导线)：坐标系统为 1954 年北京坐标系；测角中误差 12.5″($25''\sqrt{n}$)(n 为测站数)，导线全长相对闭合差：光电测距时要求不小于 1/6 000，钢尺丈量时要求不小于 1/2 000。

高程控制测量(初测水准)：高程系统为 1956 年黄海高程/1985 国家高程基准；测量精度：五等水准($30\sqrt{L}$)(L 为水准路线长，以 km 计)。

②定测

以初测导线和初测水准点为基准，按初测导线的精度要求放样出交点、直线控制桩、曲线控制桩(五大桩)。

③线下工程施工测量

平面测量以定测测设的交点、直线控制桩、曲线控制桩(五大桩)作为线下工程施工测量的基准；高程测量以初测水准点为基准。

④铺轨测量

直线段用经纬仪穿线法测量；曲线段用弦线矢距法或偏角法进行铺轨控制。

(2)传统铁路工程测量方法的缺陷

上述铁路工程测量方法是一百多年来我国一直沿用的传统的铁路测量方法，在过去测量方法主要靠经纬仪、钢尺丈量测距的年代，是一种行之有效的方法，适合于那个年代的普速铁路工程测量。但是在测量行业已广泛采用 GNSS、全站仪、电子水准仪新技术的今天，这一传统的铁路工程测量方法已不能适应我国现代化铁路建设的要求。其存在以下不足：

①平面坐标系投影差大。采用 1954 年北京坐标系 3°带投影，投影带边缘边长投影变形值最大可达 340 mm/km，不利于 GNSS、RTK、全站仪等新技术采用坐标定位法进行勘测和施工放线。

②线路平面测量可重复性较差。以线路中线控制桩作为铁路勘测设计和施工的坐标基准，没有采用逐级控制的方法建立完整的平面和高程控制网，线路施工仅靠定测放出交点、

直线控制桩、曲线控制桩(五大桩)进行控制，当出现中线控制桩连续丢失后，就很难进行恢复；由于路基地段没有分级建立平面控制网，没有稳固的平面控制基准，施工后线路中线控制桩就被破坏，只是在路基工程施工期间根据中线控制桩设置护桩进行平面控制，无法使用统一的平面控制基准进行线下工程和轨道工程施工。

③测量精度低。由于导线方位角测量精度要求较低($25''\sqrt{n}$)，施工单位复测时，经常出现曲线偏角超限问题，施工单位只能以改变曲线要素的方法来进行施工，在普通速度条件下不会影响行车安全和舒适度，但在高速行车条件下就有可能影响行车安全和舒适度。

④轨道铺设精度难以满足设计线形和平顺度要求。轨道的铺设不是以测量控制网为基准按照设计的坐标定位，而是按照线下工程的施工现状采用相对定位进行铺设，这种铺轨方法由于测量误差的积累，往往造成轨道的几何参数与设计参数相差甚远。在浙赣线提速改造时，采用相对定位进行铺轨就出现了圆曲线半径与设计半径相差太大、大半径长曲线变成了很多不同半径圆曲线的组合、曲线五大桩位置与设计位置相差太大、纵断面整坡变成了很多碎坡等问题。

2. 建立高速铁路精密工程测量技术标准体系是我国高速铁路建设的要求

传统的铁路测量方法采用定测中线控制桩作为联系铁路勘测设计与施工的线路平面测量控制基准，中线控制桩在线路竣工后已不复存在，铁路平面控制基准已经失去，因而在竣工和运营阶段的线路复测也只能通过相对测量的方式进行，这种方式只适合测量精度要求低的普速铁路测量。而高速铁路轨道必须具有非常精确的几何参数，使轨道的几何参数与设计的目标位置之间的偏差保持在最小，精度要保持在毫米级范围以内。从浙赣线提速发现轨道几何参数与设计值存在巨大的差异，说明仅仅依靠相对测量方法对线路进行维护是远远不够的，必须引入绝对测量系统，建立一套完整的精密工程测量系统。

1.5 国内高速铁路精密工程测量技术体系的特点

1. 确定了“三网合一”的测量体系

高速铁路工程测量的平面、高程控制网，按施测阶段、施测目的及功能不同分为勘测控制网、施工控制网、运营维护控制网。我们把高速无砟轨道铁路工程测量这三个阶段的测量控制网，简称为“三网”。

勘测控制网：包括CPⅠ控制网、CPⅡ控制网、线路水准基点控制网。

施工控制网：包括CPⅠ控制网、CPⅡ控制网、线路水准基点控制网、CPⅢ控制网。

运营维护控制网：包括CPⅡ控制网、线路水准基点控制网、CPⅢ控制网、加密维护基标。

“三网合一”是为了确保高速铁路轨道空间的几何形位一致性，以满足不同阶段的测量需求和高速铁路工程的建设和运营管理。这意味着勘测控制网、施工控制网和运营维护控制网都采用相同的基准，即以 CPⅠ为基础平面控制网，并以线路水准基点控制网作为高程控制网。这种一致性的控制网基准将有助于确保铁路线路在不同阶段测量的几何形位的一致性，从而提高高速铁路工程建设和运营管理的效率和准确性。

“三网合一”的实施需要建立统一的标准和流程，以确保不同阶段的测量工作都遵循相同的基准和规范。这有助于简化测量工作，降低成本，并确保高速铁路的轨道在整个生命周期内保持高精度和一致性，从而确保列车的安全和舒适性。

2. 提出建立框架控制网 CP0 作为平面控制基准

高速铁路建立框架控制网 CP0，是在总结京津城际铁路以及郑西、武广、哈大、京沪、石武高速铁路平面控制测量实践经验基础上提出的。高速铁路线路长、地区跨越幅度大且平面控制网沿高速铁路呈带状布设，为了控制带状控制网的横向摆动，沿线必须每隔一定间距联测高等级的平面控制点，但是由于沿线原国家高等级控制点之间的兼容性差，基础平面控制网 CPⅠ经国家点约束后使高精度的 CPⅠ控制网发生扭曲，大大降低了 CPⅠ控制点间的相对精度，个别地段经国家点约束后的 CPⅠ控制点间甚至不能满足规范要求的 CPⅠ控制点相对中误差≤1/180 000。为此，在测量中不得不采用一个点和一个方向的约束方式进行 CPⅠ控制网平差，但这种平差方式给 CPⅠ控制网复测带来不便。因此，在京津城际铁路以及哈大、京沪、石武高速铁路平面控制测量时，首先采用 GPS 精密定位测量方法建立高精度的框架控制网 CP0，作为高速铁路平面控制测量的起算基准，不仅提高了 CPⅠ控制网的精度，也为平面控制网复测提供了基准。建立高精度的框架控制网作为高速铁路工程平面控制网的坐标框架起算基准，不仅可以克服国家高等级平面控制点稀少的问题，还可以使高速铁路勘测、施工、运营有一套稳固的、高精度的起算基准。

3. 确定了高速铁路精密工程测量控制网的分级布网原则

高速铁路各级平面和高程控制网精度应满足勘测设计、线下工程施工、轨道施工及运营养护的要求。

由于过去铁路建设的速度目标值较低，对轨道的线形和平顺性要求不高，传统的铁路工程测量在勘测、施工中没有要求建立一套适合于勘测、施工、运营维护的完整的控制测量系统。控制网测量的精度指标主要是根据满足线下土建工程的施工控制要求而制定。轨道的铺设不是以控制网为基准按照设计的坐标定位，而是按照线下工程的施工现状采用相对定位进行铺设，这种铺轨方法由于测量误差的积累，往往造成轨道的几何参数与设计参数相差甚远。

高速铁路工程施工需要根据设计的线形，采用绝对坐标进行线下工程施工和轨道工程的施工放样，以确保轨道的精准铺设。而在运营和维护阶段，需要根据竣工时交付的线形进行维护管理。因此，各级平面和高程控制网的精度必须同时满足线下工程施工、轨道施工的定位和运营维护的要求。各阶段的精密测量成果的主要目的是确保高速铁路轨道的三维空间线形能够保持精确的定位和维护，以满足工程的高标准和高质量要求。

(1)平面控制网分级布网的原则

高速铁路工程测量平面控制网按三级布设,以框架控制网(CP0)为基础。第一级是基础平面控制网(CPⅠ),用于提供坐标基准,满足勘测、施工、运营维护的需求;第二级是线路平面控制网(CPⅡ),用于勘测和施工的控制基准;第三级是轨道控制网(CPⅢ),用于轨道铺设和运营维护的控制基准。这三级平面控制网构成了高速铁路工程测量的基础,确保了工程的精确度和质量。

高速铁路工程测量平面控制网以框架控制网(CP0)为基础分三级布设,这是因为测量控制网的精度必须在满足线下工程施工控制测量要求的同时,也要满足轨道铺设的精度要求,以确保轨道的几何参数与设计的目标位置之间的偏差最小。轨道的铺设施工以及线下工程路基、桥梁、隧道、站台等工程的施工放样都依赖于各级平面和高程控制网组成的测量系统。为了确保轨道与线下工程的空间位置坐标和高程相互匹配协调,必须按照分级控制的原则来建立高速铁路测量各级控制网。

(2)各级平面控制网的主要技术要求

高速铁路工程平面控制测量各级平面控制网的主要技术要求见表1-4。

表1-4 平面控制网的主要技术要求

控制网	测量方法	布设等级	点间距	相邻点相对点位中误差/mm	备注
CP0	GNSS	—	50 km	20	
CPⅠ	GNSS	二等	≤4 km一对点	10	点间距≥800 m
CPⅡ	GNSS	三等	600～800 m	8	路基、桥梁段
	导线	三等	400～800 m	8	隧道段,附合导线网
CPⅢ	自由测站边角交会	—	50～70 m一对点	1	

(3)高程控制测量的布网要求

高速铁路工程测量高程控制网分为两级布设:第一级是线路水准基点控制网,用于为高速铁路工程的勘测设计和施工提供高程基准;第二级是轨道控制网(CPⅢ),用于为高速铁路轨道的施工和运营维护提供高程基准。在平原和城市地段以及地面沉降严重的区域,提出并建立了高速铁路高程控制测量所需的基岩水准点和深埋水准点的解决方案,以确保为高速铁路工程提供稳定可靠的高程基准。

高速铁路高程控制测量布网要求见表1-5。

表1-5 高速铁路高程控制网布网要求

控制网	测量等级	点间距
水准基点控制网	二等水准	2 km一个点
CPⅢ高程网	精密水准	50～70 m一对点

4. 提出高速铁路平面坐标系统的要求

高速铁路工程测量的平面坐标系统应采用投影长度变形值不超过 10 mm/km 的工程独立坐标系，这是因为高速铁路工程的测量精度要求很高，需要确保测量数据的坐标反算与实测值一致，以保持尺度的统一。地球的表面是一个椭球曲面，所以将地面上的测量数据投影到平面时，不可避免地会发生一定的变形。采用国家 3°带投影的平面坐标系统，投影带边缘的边长投影变形值最高可达 340 mm/km，这对无砟轨道的施工是不利的，会对工程施工产生系统性的影响。理论上，投影长度变形值越小越有利。举例来说，德国的高速铁路采用 MKS 定义的特殊平面坐标系统，它能够将地球表面几何形状投影到设计和计算平面上，将长度变形限制在 10 mm/km 数量级内，也就是将投影变形误差控制在 1/100 000 以内。在京津城际高速铁路工程测量中，博格公司要求基础控制网平面相对精度达到 1/100 000。同样，在武广线和郑西线的无砟轨道 CPⅢ控制网的测量实践中，证明在投影长度变形值不超过 10 mm/km 的情况下，线下工程施工不需要进行边长投影改正，可以直接利用坐标反算距离进行施工放线。这种方法能够满足 CPⅢ控制网的精度要求。

5. 提出 CPⅢ采用自由测站边角交会测量

CPⅢ是轨道控制网，用于确定铺轨加密基标和轨道精调的基准。为了确保测量的精度，CPⅢ控制网中点位之间的纵向间距应大约为 60 m。建立 CPⅢ控制网时，通常采用自由测站边角交会的方法，以确保测量的准确性。在这种网形中，每个 CPⅢ控制点通常由 3 个自由测站点的距离和方向交会来确定，自由测站之间的间距大约为 120 m。这样的设置有助于提高 CPⅢ控制网的精度和可靠性。

CPⅢ自由测站边角交会网测量相对于常规导线网测量具有以下优点：

(1)点位均匀分布。CPⅢ自由测站边角交会网的点位分布均匀，这有助于更好地控制铺轨加密基标和轨道精调作业的精度。

(2)均匀对称的网形。这种测量网的网形均匀对称，具有较高的图形强度。每个 CPⅢ控制点通过 3 个方向的交会确定，这种多余的观测有助于提高网的可靠性和测量精度。

(3)相邻点间相对精度高。相邻点之间的相对精度很高，这增强了测量网的兼容性，能有效控制轨道的平顺性。

(4)强制对中标志。控制点采用强制对中标志，自由测站没有对中误差，消除了点位对中点误差对控制网精度的影响。

6. 建立完整、有效的高速铁路工程测量管理体系

在高速铁路精密测量的过程中，明晰了建设单位、勘察设计单位、施工单位、监理单位、咨询评估单位之间的关系和职责，确保了高速铁路建设测量工作的顺利进行。实现了全线统一测量技术方案、全线统一测量标志、全线统一测量平差软件、全线统一整网平差计算的目标，从而确保了高速铁路各阶段测量工作的一致性和精确性。此外，在每个测量环节全程

引入了测量咨询评估验收体制，以确保测量技术的高标准和测量管理的高效率。这种整体的协同工作和严格的监督体系，对于确保高速铁路精密测量工作的成功至关重要。

7. 实现了高速铁路工程测量软硬件的自主研发和创新

高速铁路建设过程中，国内多个单位联合进行了高速铁路精密控制测量的试验和研究，取得了一系列具有自主知识产权的成果，如具有高精度的测量标志、全站仪机载测量程序、测量数据平差软件等。随着高速铁路建设的迅速发展，这些成果得到了广泛的推广和应用。通过高校、科研机构、设计单位、施工企业等各方面的协同合作，相关领域的专家和技术人员在较短时间内掌握了高速铁路无砟轨道板精调测量和轨道检测技术，这些技术的国产化也得以实现，并广泛应用于高速铁路建设项目中。这一联合合作的模式推动了我国高速铁路建设技术的自主发展和提升，使中国高速铁路技术水平更具竞争力。

第2章 高速铁路精密测量控制网分级布设技术创新

高速铁路列车以 250～350 km/h 的高速行驶，因此轨道必须具备高度平顺性和准确的几何线形参数，其精度要求维持在毫米级范围内。为满足高速铁路在勘测设计、施工建设和运营维护各个阶段的要求，需要建立一套完整的、高效的、高精度的精密控制测量体系。这一控制测量技术体系已成为高速铁路建设中不可或缺的关键组成部分，发挥着决定性的作用。

2.1 高速铁路各级精密测量控制网的布设

高速铁路工程测量平面控制网按照分级布网、逐级控制的原则分为三个级别布设，这三个级别分别是基础平面控制网(CPⅠ)、线路平面控制网(CPⅡ)、轨道控制网(CPⅢ)。

基础平面控制网(CPⅠ)：主要用于勘测、施工和运营维护，作为“三网合一”的坐标基准，为整个高速铁路系统提供全面的平面控制支持。

线路平面控制网(CPⅡ)：主要用于勘测和施工，提供相对较详细的控制基准，针对具体的铁路线路，确保测量和施工的准确性。

轨道控制网(CPⅢ)：主要用于轨道的铺设和运营维护，提供详细的轨道控制基准，确保轨道的平顺性和精度。

这三个级别的平面控制网共同构成了高速铁路工程测量的关键基础，为不同阶段的工作提供必要的控制和坐标基准。

高速铁路工程测量平面控制网的三级布设，主要目的是确保测量控制网的精度能够同时满足线下工程施工控制测量和轨道铺设的精度要求。三级布设的平面控制网体系能够有效支持高速铁路工程的各个阶段，从而确保施工和轨道铺设的准确性和精度。这样的分级布设，主要考虑：

(1)满足轨道铺设的精度要求。高速铁路轨道对几何参数和精度有极高的要求，因此需要建立能够满足这些要求的高精度平面控制网，即轨道控制网(CPⅢ)。这一级别的控制网直接支持轨道的铺设和运营维护。

(2)保证线下工程施工控制测量。线下工程包括路基、桥梁、隧道、站台等，需要进行精确的施工控制测量。为了协调轨道与线下工程的空间位置坐标、高程，必须建立高精度的平面控制网，即基础平面控制网(CPⅠ)和线路平面控制网(CPⅡ)。

(3)实现分级控制的原则。分级控制的原则是根据工程的需要,按照不同级别的控制网来实现。这种分级的方式有助于灵活应对不同阶段和工程要求,确保测量系统在整个高速铁路工程中的一致性和协调性。

高速铁路工程测量高程控制网分两级布设:第一级为线路水准基点控制网,为高速铁路工程勘测设计、施工提供高程基准;第二级为轨道控制网(CPⅢ),为高速铁路轨道施工、维护提供高程基准。

高速铁路的高程系统应采用 1985 国家高程基准。在某些个别地区缺乏 1985 国家高程基准的水准点时,可以引用其他高程系统的数据或以独立高程起算。然而,一旦全线的高程控制测量完成,应该消除断高,将高程数据换算成 1985 国家高程基准。即便在困难的情况下,也应该努力将高程数据转换为全线统一的高程系统,以确保高程测量的一致性和可比性。在进行高程控制测量时,应以线路水准基点控制网为基准,以保证高程数据的准确性和可靠性。

2.1.1　平面控制网的布设

1. 布网原则

高速铁路工程平面控制网应按逐级控制的原则布设,各级平面控制网设计的主要技术要求应符合表 1-4 的规定。

为了确保各阶段平面测量成果的一致性,各阶段的平面控制测量应使用同一个平面位置基准,该基准由 CP0 确定。CP0 的建立采用 GNSS 定位技术,技术标准执行特等 GNSS 控制网的规定。

CPⅠ主要为勘测、施工、运营维护提供坐标基准。当前,所有的高铁精密平面 CPⅠ控制网均采用 GNSS 定位技术,技术标准按照《高速铁路工程测量规范》(TB 10601—2009)中的二等 GNSS 控制网执行。

CPⅡ主要为勘测和施工提供控制基准。目前,高铁精密平面 CPⅡ控制网主要采用 GNSS 定位技术,极少数 GNSS 观测条件受限的地点采用全站仪边角测量导线网的方式。CPⅡ网 GNSS 测量技术标准执行《高速铁路工程测量规范》(TB 10601—2009)中的三等 GNSS 控制网,CPⅡ导线网测量技术标准执行《高速铁路工程测量规范》(TB 10601—2009)中的三等或隧道二等导线网。

CPⅢ主要为线上工程轨道铺设和运营维护提供控制基准。CPⅢ的建立采用全站仪自由测站方式,观测方式区别于传统的全站仪观测方法,但在数据处理上属于边角网平差,观测精度指标按照《高速铁路工程测量规范》(TB 10601—2009)中的相关规定执行。

2. 框架控制网(CP0)的布设

(1)CP0 控制网应在初测前采用 GNSS 测量方法建立,全线一次性布网,统一测量,整体平差。

(2)CP0 控制点应沿线路走向每 50 km 左右布设一个点,在线路起点、终点或与其他线路衔接地段,应至少有 1 个 CP0 控制点。当国家既有 GNSS 控制点的精度和位置满足 CP0 控制网要求时,应将其作为高速铁路 CP0 控制点。

(3)CP0 控制网应执行表 2-1 中的测量要求。

表 2-1 CP0 控制网观测技术要求

卫星截止高度角	数据采样间隔	同时观测有效卫星数	有效卫星的最短连续观测时间	观测时段数	有效时段长度
15°	30 s	≥4	≥15 min	≥4	≥300 min

3. 基础平面控制网(CPⅠ)的布设

(1)CPⅠ控制点应按表 1-4 的要求沿线路走向布设,并附合于 CP0 控制网上。点位埋设在距线路中心 50～1 000 m 范围内不易被施工破坏、稳定可靠和便于测量的地方,并做详细的点之记。控制点宜兼顾桥梁、隧道及其他大型构(建)筑物布设施工控制网的要求。

(2)CPⅠ采用边联结方式构网,形成由三角形或大地四边形组成的带状网;在线路勘测设计起点、终点或与其他铁路平面控制网衔接地段,必须有两个以上的 CPⅠ控制点相重合,并在测量成果中反映出相互关系。CPⅠ控制网宜与附近的已知水准点联测。

(3)CPⅠ控制网应与沿线的国家或城市三等及以上平面控制点联测,一般每 50 km 宜联测 1 个平面控制点,全线(段)联测平面控制点的总数不宜少于 3 个,特殊情况下不得少于 2 个。当联测点数为 2 个时,应尽量分布在网的两端;当联测点数为 3 个及以上时,宜在网中均匀分布。

(4)CPⅠ控制网应执行表 2-2、表 2-3 中的二等 GNSS 测量要求。

表 2-2 各等级 GNSS 测量控制网的主要技术指标

等级	固定误差 *a*/mm	比例误差系数 *b*/(mm · km⁻¹)	基线方位角中误差/(″)	约束点间的边长相对中误差	约束平差后最弱边边长相对中误差
一等	≤5	≤1	0.9	1/500 000	1/250 000
二等	≤5	≤1	1.3	1/250 000	1/180 000
三等	≤5	≤1	1.7	1/180 000	1/100 000
四等	≤5	≤2	2	1/100 000	1/70 000
五等	≤10	≤2	3	1/70 000	1/40 000

注:当基线长度短于 500 m 时,一、二、三等边长中误差应小于 5 mmn,四等边长中误差应小于 7.5 mm,五等边长中误差应小于 10 mm。

表 2-3 各等级 GNSS 测量作业的基本技术要求

项目		一等	二等	三等	四等	五等
静态测量	卫星截止高度角/(°)	≥15	≥15	≥15	≥15	≥15
	同时观测有效卫星数	≥4	≥4	≥4	≥4	≥4
	有效时段长度/min	≥120	≥90	≥60	≥45	≥40
	观测时段数	≥2	≥2	1～2	1～2	1
	数据采样间隔/s	10～60	10～60	10～60	10～30	10～30
	接收机类型	双频	双频	双频	单/双频	单/双频
	PDOP 或 GDOP	≤6	≤6	≤8	≤10	≤10

续上表

项　　目		一等	二等	三等	四等	五等
快速静态测量	卫星截止高度角/(°)	—	—	—	≥15	≥15
	有效卫星总数	—	—	—	≥5	≥5
	观测时间/min	—	—	—	5～20	5～20
	平均重复设站数	—	—	—	≥1.5	≥1.5
	数据采样间隔/s	—	—	—	5～20	5～20
	PDOP 或 GDOP	—	—	—	≤7(8)	≤7(8)

4. 线路平面控制网(CPⅡ)的布设

(1)CPⅡ测量应在 CPⅠ的基础上采用 GNSS 测量或导线网测量方法施测。

(2)CPⅡ控制点应按表 1-4 的要求沿线路布设，并附合于 CPⅠ控制网上。CPⅡ控制点一般选在距线路中线 50～200 m 范围内且不易被施工破坏、稳定可靠和便于测量的地方，并做详细的点之记。

(3)在线路勘测设计起点、终点及不同单位测量衔接地段，应联测 2 个以上 CPⅡ控制点作为共用点，并在测量成果中反映出相互关系。

(4)采用 GNSS 测量时，CPⅡ控制网应采用边联结方式构网，形成由三角形或大地四边形组成的带状网，并与 CPⅠ联测构成附合网。CPⅡ控制网应按表 2-2、表 2-3 中三等 GNSS 测量要求施测。

(5)采用导线方法测量时，CPⅡ导线应起闭于 CPⅠ控制点，并应符合表 2-4 中的规定。导线附合长度 2 km 以上时，应采用导线网方式布网，导线网的边数以 4～6 条为宜。导线的水平方向观测应符合表 2-5 和表 2-6 中三等或隧道二等导线测量的技术要求，边长测量应符合表 2-7 中三等导线测量的要求。

表 2-4　CPⅡ控制网导线测量的主要技术要求

控制网	附合长度/km	边长/m	测距中误差/mm	测角中误差/(″)	相邻点的相对点位中误差/mm	导线全长相对闭合差限差	方位角闭合差限差/(″)	导线等级
CPⅡ	≤5	400～800	5	1.8	8	1/55 000	$\pm 3.6\sqrt{n}$	三等
CPⅡ	>7	300～600	3	1.3	5	1/100 000	$\pm 2.6\sqrt{n}$	隧道二等

注：n 为测站数。

表 2-5　导线测量的主要技术要求

等　级	测角中误差/(″)	测距相对中误差	方位角闭合差/(″)	导线全长相对闭合差	测回数			
					0.5″级仪器	1″级仪器	2″级仪器	6″级仪器
二等	1	1/250 000	$2\sqrt{n}$	1/100 000	6	9	—	—
隧道二等	1.3	1/250 000	$2.6\sqrt{n}$	1/100 000	6	9	—	—
三等	1.8	1/150 000	$3.6\sqrt{n}$	1/55 000	4	6	10	—
四等	2.5	1/80 000	$5\sqrt{n}$	1/40 000	3	4	6	—

续上表

等　级	测角中误差/(″)	测距相对中误差	方位角闭合差/(″)	导线全长相对闭合差	测回数			
					0.5″级仪器	1″级仪器	2″级仪器	6″级仪器
一级	4	1/40 000	$8\sqrt{n}$	1/20 000	—	2	2	—
二级	7.5	1/20 000	$15\sqrt{n}$	1/12 000	—	—	1	3

注：1. n 为测站数。

2. 当边长短于 500 m 时，二等边长中误差应小于 2.5 mm，三等边长中误差应小于 3.5 mm，四等、一级边长中误差应小于 5 mm，二级边长中误差应小于 7.5 mm。

表 2-6　水平角方向观测的技术要求

等　级	仪器等级	半测回归零差/(″)	一测回内 2C 互差/(″)	同一方向值各测回互差/(″)
四等及以上	0.5″级仪器	4	8	4
	1″级仪器	6	9	6
	2″级仪器	8	13	9
一级及以下	2″级仪器	12	18	12
	6″级仪器	18	—	24

注：当观测方向的垂直角超过 ±3°的范围时，该方向 2C 互差可按相邻测回同方向进行比较，其值应满足表中一测回内 2C 互差的限值。

表 2-7　边长测量技术要求

等　级	测距仪精度等级	每边测回数		一测回读数较差限值/mm	测回间较差限值/mm	往返观测平距较差限值/mm
		往　测	返　测			
二等	Ⅰ	4	4	2	3	$2m_D$
	Ⅱ			5	7	
三等	Ⅰ	2	2	2	3	$2m_D$
	Ⅱ	4	4	5	7	
四等	Ⅰ	2	2	2	3	$2m_D$
	Ⅱ			5	7	
	Ⅲ	4	4	10	15	
一级及以下	Ⅰ	2	2	2	3	$2m_D$
	Ⅱ			5	7	
	Ⅲ			10	15	
	Ⅳ	4	4	20	30	

注：1. 一测回是指全站仪盘左、盘右各测量一次的过程。

2. 测距仪精度等级划分如下：

Ⅰ级　$m_d \leqslant 2$ mm

Ⅱ级　2 mm $< m_d \leqslant 5$ mm

Ⅲ级　5 mm $< m_d \leqslant 10$ mm

Ⅳ级　10 mm $< m_d \leqslant 20$ mm

m_d 为每千米测距标准偏差，即按测距仪出厂标称精度的绝对值，归算到 1 km 的测距标准偏差。

3. m_D 按下式计算：

$$m_D = a + b \times D$$

式中　m_D——仪器测距中误差，mm；

a——标称精度中的固定误差，mm；

b——标称精度中的比例系数，mm/km；

D——测距长度，km。

5. 轨道控制网(CPⅢ)的布设

(1)CPⅢ平面网测量应采用自由测站边角交会法施测，控制网设计应符合表 1-4 的规定。

(2)CPⅢ平面网测量应在线下工程竣工并通过沉降变形评估后施测。CPⅢ测量前应对全线的 CPⅠ、CPⅡ控制网进行复测，并采用复测后合格的 CPⅠ、CPⅡ成果进行 CPⅢ控制网测设。

(3)CPⅢ平面网应附合于 CPⅠ、CPⅡ控制点上，每 600 m 左右(400～800 m)应联测一个 CPⅠ或 CPⅡ控制点，自由测站至 CPⅠ、CPⅡ控制点的距离不宜大于 300 m。当 CPⅡ点位密度和位置不满足 CPⅢ联测要求时，应按同精度内插方式增设 CPⅡ控制点。

2.1.2　高程控制网的布设

1. 高程控制测量技术要求

高程控制测量等级划分依次为二等、精密水准、三等、四等、五等。各等级技术要求应符合表 2-8 的规定。

表 2-8　高程控制网的技术要求

水准测量等级	每千米高差偶然中误差 M_Δ/mm	每千米高差全中误差 M_W/mm	附合路线长或环线周长/km	
			附合路线长	环线周长
二等	≤1	≤2	≤400	≤750
精密水准	≤2	≤4	≤3	—
三等	≤3	≤6	≤150	≤200
四等	≤5	≤10	≤80	≤100
五等	≤7.5	≤15	≤30	≤30

注：M_Δ和M_W应分别按下列公式计算：

$$M_\Delta = \sqrt{\frac{1}{4n}\left[\frac{\Delta\Delta}{L}\right]}$$

$$M_W = \sqrt{\frac{1}{N}\left[\frac{WW}{L}\right]}$$

式中　Δ——测段往返高差不符值，mm；
L——测段长或环线长，km；
n——测段数；
W——附合或环线高差闭合差，mm；
N——水准路线环数。

线路水准基点控制网、轨道控制网(CPⅢ)的高程控制测量等级及布点要求，应按表 2-9 的要求执行。长大桥梁、隧道及特殊路基结构等施工的高程控制网，应根据相关专业要求确定测量等级和布点要求。

表 2-9　高程控制测量等级及布点要求

控制网级别	测量等级	点间距
线路水准基点测量	二等	≤2 km
CPⅢ控制点高程测量	精密水准	50～70 m

各级高程控制测量宜采用水准测量。山岭、沼泽及水网地区，水准测量有困难时，三等及以下高程控制测量可采用光电测距三角高程测量，二等高程控制测量可采用精密光电测距三角高程测量。

2. 水准测量

各等级水准测量限差应符合表 2-10 的规定。

表 2-10　水准测量的限差要求

水准测量等级	测段、路线往返测高差不符值/mm		测段、路线的左右路线高差不符值/mm	附合路线或环线闭合差/mm		检测已测测段高差之差/mm
	平　原	山　区		平　原	山　区	
二等	$\pm 4\sqrt{K}$	$\pm 0.8\sqrt{n}$	—	$\pm 4\sqrt{L}$		$\pm 6\sqrt{R_i}$
精密水准	$\pm 8\sqrt{K}$		$\pm 6\sqrt{K}$	$\pm 8\sqrt{L}$		$\pm 8\sqrt{R_i}$
三等	$\pm 12\sqrt{K}$	$\pm 2.4\sqrt{n}$	$\pm 8\sqrt{K}$	$\pm 12\sqrt{L}$	$\pm 15\sqrt{L}$	$\pm 20\sqrt{R_i}$
四等	$\pm 20\sqrt{K}$	$\pm 4\sqrt{n}$	$\pm 14\sqrt{K}$	$\pm 20\sqrt{L}$	$\pm 25\sqrt{L}$	$\pm 30\sqrt{R_i}$
五等	$\pm 30\sqrt{K}$		$\pm 20\sqrt{K}$	$\pm 30\sqrt{L}$		$\pm 40\sqrt{R_i}$

注：1. K 为测段水准路线长度，km；L 为水准路线长度，km；R_i 为检测测段长度，km；n 为测段水准测量站数。

2. 当山区水准测量每公里测站数 $n \geqslant 25$ 站以上时，应采用测站数计算高差测量限差。

各等级水准观测应符合表 2-11 的规定。

表 2-11　水准观测的主要技术要求

等级	水准仪最低型号	水准尺类型	视距/m		前后视距差/m		测段的前后视距累积差/m		视线高度/m		数字水准仪重复测量次数
			光　学	数　字	光　学	数　字	光　学	数　字	光学(下丝读数)	数　字	
二等	DS_1	因瓦	≤50	≥3 且 ≤50	≤1.0	≤1.5	≤3.0	≤6.0	≥0.3	≤2.8 且 ≥0.55	≥2 次
精密水准	DS_1	因瓦	≤60	≥3 且 ≤60	≤1.5	≤2.0	≤3.0	≤6.0	≥0.3	≤2.8 且 ≥0.45	≥2 次
三等	DS_1	因瓦	≤100	≤100	≤2.0	≤3.0	≤5.0	≤6.0	三丝能读数	≥0.35	≥1 次
	DS_2	双面木尺 单面条码	≤75	≤75							
四等	DS_1	双面木尺 单面条码	≤150	≤100	≤3.0	≤5.0	≤10.0	≤10.0	三丝能读数	≥0.35	≥1 次
	DS_3	双面木尺 单面条码	≤100	≤100							
五等	DS_3	双面木尺 单面条码	≤100	≤100	大致相等		—		中丝能读数	≥0.35	≥1 次

各等级水准测量的观测方法应按表 2-12 的规定执行。

表 2-12　水准测量的观测方法

等　级	观测方式		观测顺序
	与已知点联测	附合或环线	
二等	往返	往返	奇数站：后—前—前—后 偶数站：前—后—后—前
精密水准	往返	往返 单程闭合环	奇数站：后—前—前—后 偶数站：前—后—后—前
三等	往返/左右路线	往返/左右路线	后—前—前—后
四等	往返/左右路线	往返/左右路线	后—后—前—前 或后—前—前—后
五等	单程	单程	后—前

水准观测的测站限差应符合表 2-13 的规定。

表 2-13　水准观测的测站限差

等　级		基、辅分划[黑红面]读数之差/mm	基、辅分划[黑红面]所测高差之差/mm	检测间歇点高差之差/mm	上下丝读数平均值与中丝读数之差/mm
二等		0.5	0.7	1	3
精密水准		0.5	0.7	1	3
三等	光学测微法	1	1.5	3	—
	中丝读数法	2	3		
四等		3	5	5	—
五等		4	7	—	—

水准线路跨越江河、湖海、深沟时，应参照《铁路工程测量规范》(TB 10101—2018)及《国家一、二等水准测量规范》(GB/T 12897—2006)跨河水准测量有关规定执行。

3. 线路水准基点布设

线路水准基点应沿线路布设成附合路线或闭合环，每 2 km 布设一个水准基点，重点工程(大桥、长隧及特殊路基结构)地段应根据实际情况增设水准基点。点位距线路中线 50～300 m 为宜。

4. 轨道控制网(CPⅢ)高程测量

(1)CPⅢ控制网的水准测量应与线路水准基点附合，遵循精密水准测量技术标准，水准路线附合长度不得超过 3 km。在 CPⅢ水准网与线路水准基点联测时，应进行往返观测，满足精密水准测量的技术要求。CPⅢ控制网水准测量在构建水准闭合环时，应对相邻的 4 个 CPⅢ点组成的水准闭合环进行高差闭合差检核，确保相邻 CPⅢ点的水准环高差闭合差不超过 1 mm。在区段之间衔接时，前后区段独立平差的重叠点高程差值应保持在±3 mm 的范围内。满足上述条件后，后一区段 CPⅢ网的水准平差应采用本区段联测的线路水准基点以及重叠段前一区段连续1～2对CPⅢ点高程成果进行约束平差，这确保了CPⅢ网水准测量的准确性和一致性。

(2)CPⅢ控制点高程测量可利用CPⅢ平面网测量的边角观测值，采用CPⅢ控制网自由测站三角高程测量方法与CPⅢ平面控制测量合并进行。在CPⅢ控制网自由测站三角高程测量中，应采用不同测站所测得的相邻点间的高差，按照《高速铁路工程测量规范》(TB 10601—2009)的规定构网。CPⅢ自由测站三角高程网应与线路水准基点附合，每2 km左右与线路水准基点进行高程联测。在CPⅢ高程网与线路水准基点联测时，应进行往返观测，确保符合精密水准测量的技术要求。这一过程旨在保障CPⅢ控制点高程测量的准确性和一致性。

2.2 "三网合一"的内容和意义

高速铁路工程测量的平面和高程控制网根据施测阶段、施测目的以及功能的不同划分为三类控制网，即勘测设计控制网、工程施工控制网、运营维护控制网，通常简称为"三网"。

为确保三个阶段控制网的测量成果质量能够满足高速铁路勘测、施工和运营维护的要求，同时适应高速铁路工程建设和运营管理的需要，平面控制测量和高程控制测量在这三个阶段必须采用统一的基准。具体而言，勘测设计控制网、工程施工控制网、运营维护控制网均以CPⅠ控制网为平面控制测量基准，以线路水准基点控制网为高程控制测量基准。按照这一基准，对三个阶段的控制网进行统一的布设和管理，通常简称为"三网合一"。这种统一的基准和管理体系有助于提高测量成果的一致性和准确性，满足高速铁路不同阶段的测量需求。

1. "三网合一"的内容

(1)勘测控制网、施工控制网、运营维护控制网坐标和高程系统的统一

为确保高速铁路无砟轨道在勘测设计、线下施工、轨道施工及运营维护的各个阶段均采用坐标测量定位，必须保证三个阶段控制网的坐标和高程系统的统一。这种统一性对于保障无砟轨道的勘测设计、线下施工、轨道施工及运营维护工作的顺利进行至关重要。勘测控制网、施工控制网、运营维护控制网的坐标和高程系统需要在整个高速铁路系统中保持一致，以确保各个阶段的测量成果具有相同的基准和精度。这种一致性有助于无砟轨道工程在不同阶段的测量和定位工作的协调和衔接，提高工程的整体效率和准确性。

(2)勘测控制网、施工控制网、运营维护控制网起算基准的统一

确保高速铁路勘测控制网、施工控制网、运营维护控制网在坐标和高程系统以及起算基准上的统一至关重要。具体来说，需要遵循以下原则：

①平面测量基准的一致性。勘测控制网、施工控制网、运营维护控制网的平面测量应以基础平面控制网(CPⅠ)为基准，以确保各阶段的平面测量结果在相同的基准下进行，提高

坐标的一致性和可比性。

②高程测量基准的一致性。高程测量应以线路水准基点为高程控制测量基准，以确保各阶段的高程测量结果在相同的基准下进行。这有助于保持高程数据的一致性，使其能够在不同阶段间进行衔接和比较。

③线下工程施工和轨道施工的统一。线下工程施工控制网与轨道施工控制网的坐标和高程系统以及起算基准需要保持一致。这有助于确保线下工程与轨道施工之间的平面和高程数据的衔接，提高整个工程的测量精度。

通过以上的统一原则，可以保证勘测、施工和运营维护各个阶段的控制网具有相同的基准和一致性，从而促进高速铁路工程的顺利进行。

(3)勘测控制网、施工控制网、运营维护控制网测量精度的协调统一

在确保勘测控制网、施工控制网、运营维护控制网的测量精度时，需要采取协调统一的措施，以提高整个工程测量系统的一致性和可靠性。

2. “三网合一”的重要性和意义

“三网合一”作为高速铁路工程测量技术体系的基础和核心，体现了高速铁路建设中对测量数据一致性和精度的高要求。

(1)坐标一致性。在“三网合一”中，线路及其附属建筑物的里程和坐标之间建立了一一对应的关系。每个里程点都有唯一的坐标(平面坐标 x、y 和高程 h)，确保了线路上的每个位置都有精确的坐标信息和唯一的里程。

(2)施工和养护便利性。通过“三网合一”，施工和运营维护团队可以按照设计线形进行工作，因为每个位置的坐标都已经准确确定。这有助于保证施工过程中的精度和设计的一致性，进而维护高速铁路轨道的平顺性和稳定性。

(3)信息化和数字化支持。“三网合一”为工务管理信息化和数字化铁路的建设创造了条件。所有位置的坐标信息可以被数字系统精确记录和管理，为铁路的现代化管理提供了技术支持。

(4)核心地位。由于“三网合一”直接关系高速铁路的建设和运营，因此被视为高速铁路工程测量技术体系的基础和核心。这一一致性和高度集成的体系为高速铁路的可持续发展提供了关键的技术支持。

2.3　“三网合一”的需求

1. “三网合一”是高速铁路设计精度的必然要求

高速铁路设计现代化的关键在于广泛采用计算机辅助设计(CAD)，确保每一里程都拥有准确的坐标。随着测绘技术的飞速发展，诸如全球导航卫星系统(GNSS)和全站仪等高

级测绘工具已成为铁路勘测设计和施工的主流。这些工具的运用，尤其是在坐标定位测量方面，不仅提高了测量的准确性，还显著提升了勘测、设计和施工的整体效率。GNSS 和全站仪的广泛应用使得高速铁路在设计和施工阶段能够严格按照预定的线位坐标进行工作。这些现代测绘工具的使用不仅为施工提供了精确的空间定位，同时也为运营和养护提供了可靠的基础。为确保测量成果符合高速铁路工程的要求，各级高速铁路精密工程测量控制网都按照“三网合一”的标准进行建立和管理，以确保整个工程的平稳进行和高效运营。这一现代化测绘技术的应用为高速铁路各个阶段提供了坚实的基础，确保了工程的顺利进行和可持续发展。

2. “三网合一”是高速铁路精确施工的前提条件

在高速铁路的各个阶段，包括勘测设计、线下施工、轨道施工以及运营维护，均采用坐标定位控制。这意味着必须确保各阶段测量控制网的平面坐标和高程系统保持一致，以确保高速铁路的各项工作能够顺利进行。如果勘测控制网和线下工程施工控制网的平面坐标和高程系统不一致，就无法按照设计的坐标和高程进行施工，从而导致线位偏离设计位置、高程净空限界不足。

此外，如果线下工程施工的控制基准与轨道施工的控制基准不一致，就无法按照设计要求进行轨道施工。这样的情况在我国高速铁路无砟轨道工程建设初期曾经出现过。这些问题的发生可能导致工程质量下降，甚至影响高速铁路的正常运营。因此，确保各阶段测量控制网平面坐标和高程系统的一致性对于高速铁路工程的成功进行至关重要。

在某铁路客运专线无砟轨道试验段建设过程中，线下工程的勘测设计和施工均按照 1954 年北京坐标系 3°带投影进行，其中边长投影变形值达到 210 mm/km，导线测量则按照初测导线 1/6 000 的精度要求进行施测。在无砟轨道的施工阶段，为了满足无砟轨道施工控制的要求，特地建立了高精度的 B 级 GNSS 平面控制网和二等水准高程控制网，作为轨道施工的控制基准。然而，由于线下工程平面控制网与无砟轨道平面控制网在精度和投影尺度方面存在不一致，导致按照无砟轨道高精度平面控制网测量的线路中线与线下工程中线在横向平面位置上存在差异。为了解决这一问题，施工单位不得不反复调整线路平面设计，将线路横向平面位置误差调整到路基段进行消化，以确保无砟轨道试验段的铺设能够顺利进行，同时避免产生废弃工程。这一经验表明，在工程建设中确保不同阶段的测量控制网的一致性对于避免不必要的工程调整和调解工作至关重要。

在我国早期高速铁路建设过程中，特别是在勘测阶段，控制网的精度和边长投影变形值相对宽松。然而，到了施工阶段，按照《客运专线无碴轨道铁路工程测量暂行规定》的要求，建立了 CPⅠ和 CPⅡ平面控制网以及二等水准高程控制网。但是，这两套控制网在精度和尺度上存在较大差异，导致新旧两套坐标系统的不一致性。在实际操作中，由于坐标系统的不一致，只能通过单个曲线的坐标转换来修改设计。这一过程对于启用新网给设计施工带来了极大的困难。因为需要在设计和施工中进行频繁的坐标转换，不仅增加了工作量，而且容易引入误差。经验表明，为确保各阶段控制网的一致性，特别是在勘测和施工之间，需要更为严格和一致的标准和规范，以避免后期的调整和修改带来的不便和困扰。

3. “三网合一”是高速铁路轨道误差的控制要求

(1)满足轨道绝对定位的要求

为了保证高速铁路旅客列车运行的安全性和舒适性，要求高速铁路轨道必须严格按照设计的线形进行施工。过去采用相对定位铺轨作业方法，由于测量误差的积累，往往造成轨道的几何参数与设计参数相差甚远。以弯道为例：

曲线矢高计算公式为

$$F=\frac{C^2}{8R} \tag{2-1}$$

式中　F——曲线上的矢高，m；

C——曲线上对应的弦长，m；

R——圆曲线半径，m。

一半径为 2 800 m(时速 200～250 km 有砟轨道铁路的最小曲线半径)的曲线，铺轨时按 10 m 弦长 3 mm 的轨向偏差(即用 20 m 弦长的矢高偏差)来控制曲线。通过式(2-1)可以计算出：当轨向偏差为 0 时，$F=17.86$ mm，$R=2\ 800$ m；当轨向偏差为$+3$ mm 时，$F=20.86$ mm，$R=2\ 397$ m；当轨向偏差为-3 mm 时，$F=14.86$ mm，$R=3\ 365$ m，一个长曲线由几个不同半径的曲线组成，且半径相差几百米。由此可见，采用相对定位方法进行轨道施工不严密。为了消除相对定位进行铺轨作业所产生的误差积累，使轨道的几何线形与设计线形保持高度的一致性，在高速铁路轨道施工中必须采用绝对定位和相对定位相结合的方法。轨道的绝对定位就是按照设计的线路空间位置，采用绝对坐标进行轨道工程的施工放样，使轨道的几何参数(半径、缓长、高程等)与设计参数保持高度一致；轨道的相对定位则是在轨道绝对定位的前提下，采用轨检小车(又称轨道几何状态测量仪)通过测量轨道的三维坐标和轨距、水平等参数来确定和调整轨道上相邻点的相对位置关系，给列车平稳运行提供一个理想的轨道几何状态，以确保轨道的平顺性。

(2)满足无砟轨道施工的要求

在板式无砟轨道的施工过程中，布板设计是一个重要的步骤。对于不同型号的轨道板，如 CRTSⅡ型、CRTSⅢ型、CRTSⅠ型等，布板设计需要根据线路的平纵断面和线下工程构筑物情况进行。每块轨道板都有唯一的编号和位置，因此必须依赖于设计坐标和轨道控制网，基于统一的平面高程基准，将轨道板精确铺设到设计位置。

具体来说，对于 CRTSⅡ型板，布板设计完成后还需要进行精细打磨；对于 CRTSⅠ型板，布板设计要考虑线下工程的结构情况，包括凸形挡台施工和轨道板生产；对于 CRTSⅢ型板，在桥梁地段需要考虑桥梁的孔跨进行布板设计，并按照设计要求进行轨道板安装。对于 CRTSⅡ型双块式无砟轨道，需要根据线下工程结构进行轨排设计，并按照设计要求组装轨排和测设轨排精调支脚(铺轨基标)。CRTSⅠ型双块式无砟轨道轨排的粗调、精调,也都需要严格按照设计坐标进行施工。这种基于设计坐标和统一控制网的施工方式确保了轨道板的准确铺设,使其与线路的设计要求高度一致。

由此可见,如果设计与勘测脱节、施工与设计脱节(都不是绝对定位),没有一个“三网合一”的高速铁路精密控制网,就不可能完成高速铁路建设目标及满足精度要求。

4. “三网合一”是高速铁路运营安全的重要保障

高速铁路在勘测设计和工程施工阶段都建立了平面和高程控制网,确保基于同一坐标和高程基准。在这个系统中,线下工程和轨道工程的施工都严格按照设计坐标进行,使得线路上的每个里程及其构筑物都有一个唯一的、精确的坐标。这为运营阶段的工务管理提供了数字化的线位和构筑物的空间几何状态。

通过坐标测量,可以准确确定线路及构筑物的现状位置与设计位置之间的偏差,为线路及构筑物的安全使用和养护维修提供了重要依据。然而,为了实现高速铁路的精确维护,运营维护测量控制网必须与勘测设计控制网、工程施工控制网基于共同的平面和高程起算基准。只有这样,才能采用坐标测量方法对线路现状及构筑物实际位置与设计位置进行对比,确保高速铁路的运营维护工作得以有效进行。

2.4 “三网合一”的创建

要实现高速铁路精密工程控制测量的“三网合一”,应在勘测设计、工程施工和运营维护阶段做好以下工作:

2.4.1 勘测设计阶段精测网的建立

在高速铁路的勘测设计阶段,控制网的建设是至关重要的,包括CP0控制网、CPⅠ控制网、CPⅡ控制网以及线路水准基点控制网的建立和维护。勘测工作首先采用GNSS静态相对定位测量方法,测量高速铁路框架控制网CP0,并在此基础上建立CPⅠ控制网、CPⅡ控制网以及线路水准基点控制网。

在初测阶段,建立高速铁路框架控制网CP0,并在此基础上建立初测平面控制网。同时,进行初测高程控制测量,以满足初测所需的资料收集要求。

在定测阶段,重点建立CPⅠ控制网、路基和桥梁段CPⅡ控制网、线路水准基点控制网。以CPⅡ控制网和二等水准基点为基准进行定测放线及专业调查测绘工作。在山区等二等水准测量困难的地方,可以先使用四等水准替代二等水准,但在施工前需要确保贯通全线的二等水准测量。

在整个勘测设计阶段,CP0控制网、CPⅠ控制网、CPⅡ控制网、线路水准基点控制网的维护工作是不可忽视的，确保各项控制网的数据精度和一致性，为后续的施工和运营提供可靠的测量基准。

2.4.2　施工阶段平面和高程控制测量的重点

1. 施工前做好精测网复测工作

在高速铁路的施工阶段，首要任务是完成 CPⅠ控制网、CPⅡ控制网和水准基点控制网的交桩和复测工作。精测网交桩是勘测设计向工程施工过渡的重要环节，所有的施工测量必须以设计单位提供的 CPⅠ控制网、CPⅡ控制网和线路水准基点控制网为基准。施工前精测网的复测则是对设计单位精测网成果的复核和确认。

在复测中，需要进行评估验收工作，以确保精测网成果的精度和可靠性。这个过程不仅评定了设计单位提供的精测网成果的正确性，还对施工单位的测量能力、技术水平和测量方法进行了检验。通过对复测成果的评估验收，可以为高速铁路施工测量工作提供良好的基础，确保施工过程中的测量准确性和可靠性。

2. 做好施工控制网加密工作

在进行施工控制网的加密工作时，应采用同精度内插的方式进行，以确保精度的一致性。在平面控制网的加密过程中，应选择相邻的 CPⅡ控制点作为已知点进行加密；而在高程控制网的加密过程中，应选择相邻的二等水准控制点作为已知点进行加密。

这样的加密方式确保了施工控制网与勘测控制网具有相同的起算基准，同时也保持了施工加密点与勘测网相邻点之间精度的连续性和匹配性。通过这种方式，可以有效地保持控制网的一致性，使得施工控制网的加密结果更好地与勘测控制网相契合，为施工阶段的测量提供可靠的基准，有助于确保高速铁路工程的施工质量和准确性。

3. 做好施工期间精测网的定期复测

在高速铁路建设过程中，由于建设周期长，施工过程可能对 CPⅠ控制网、CPⅡ控制网和线路水准基点控制网的稳定性产生影响。因此，在施工期间应定期对精测网进行复测，以确保平面和高程控制基准的稳定性。通常，每年应进行一次精测网的全面复测，对于区域沉降较为显著的地区，应增加高程控制网的复测频次，以便及时地监测地表变化。

此外，在轨道控制网 CPⅢ建立之前，还应对 CPⅠ控制网、CPⅡ控制网和线路水准基点控制网进行全面复测，以确保线下工程和轨道工程施工控制网 CPⅢ的起算基准一致。通过这些复测措施，可以有效地监测和维护控制网的精度和稳定性，为高速铁路的建设提供可靠的测量基准。

2.4.3　运营期间测量控制网的维护与使用

高速铁路精密控制网是高速铁路工程的重要组成部分，其建设需要按照规范要求进行竣工验收工作。竣工测量包括 CP0 控制网、CPⅠ控制网、CPⅡ控制网、CPⅢ控制网、线路水准基点控制网的复测以及轨道维护基标的测量。在运营期间，重点是对运营维护控制网的维护工作，包括 CPⅠ控制网、CPⅡ控制网、CPⅢ控制网、线路水准基点控制网和加密维护基标。

运营维护控制网的复测频次应根据线路所在地的地形、地质条件等具体情况来确定，通常每年不少于一次。这样的复测工作旨在保证高速铁路在运营期间有一个稳定可靠的测量控制和变形观测评价的基准，以确保线路和构筑物的几何状态能够得到及时的监测和评估，这是保障高速铁路运营安全性和有效维护的关键步骤。

2.5 工程案例

2.5.1 京津城际铁路

2.5.1.1 工程概况

京津城际铁路是我国第一条设计时速 350 km 的高速铁路。该铁路首次采用 CRTSⅡ型板式无砟轨道系统，是我国铁路建设进程中的标志性和示范性工程。工程位于华北地区，连接北京、天津两大直辖市。

工程自北京南站站中心起，由北京南站东端引出并行京山线至玉蜓桥，途经北京市东城区、丰台区、朝阳区、通州区，经兴隆屯东进入天津市；线路在天津市经过武清区、北辰区、河北区、河东区，沿既有京山线，下钻金纬路立交桥引入终点天津站，线路全长 118.276 km。线路设北京南站、亦庄站、永乐站、武清站和天津站，如图 2-1 所示。工程于 2005 年 7 月 4 日开工建设，2008 年 8 月 1 日通车运营。

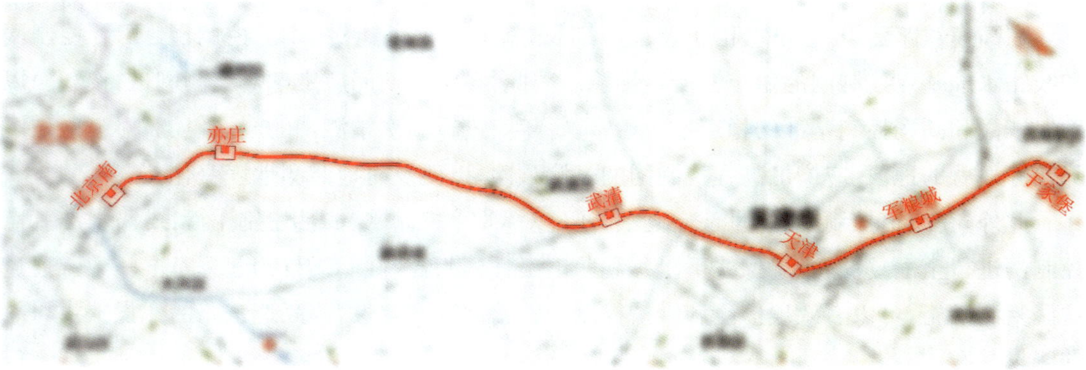

图 2-1 京津城际铁路线路平面示意

本项目主要工程测量技术创新如下：

(1)建立了一套适合京津城际高速铁路的无砟轨道工程独立坐标系，提出了工程测量平面控制网按照 GNSS 基站网、加密 GNSS 网、精密导线网和轨道设标网进行分级；高程控制网采用水准网，包括基岩水准点、深埋水准点和加密水准点。京津城际工程独立坐标系的建立，满足无砟轨道施工所需精度；基岩水准点的设计，克服了区域沉降对高程控制点稳定性的不利影响。

(2)按照铺设无砟轨道的轨道设标网(2009 年颁布的《高速铁路工程测量规范》将其定义为轨道控制网 CPⅢ)的技术要求，研制了轨道设标网点标志；在京津城际无砟轨道设标网观测中通过摸索实践，提出了简便易行的观测方法。平面测量：以建立的京津城际精密工程控制测量网为基础，通过自由测站边角交会测量方式取得轨道设标网点的平面成果；高程测量：提出“不量仪器高和棱镜高的三角高程测量的方法”来代替二等水准测量，解决轨道设标网点与水准基点的“上桥”高程传递问题。京津城际轨道设标网测量的顺利实施，保证了京津城际工程建设的工期。

(3)根据无砟轨道的精度要求，外业观测均采用最新的、精度最高的测量机器人，并在测量机器人上开发了机载程序，每站自动观测完成后，现场在仪器上完成测站平差，现场判断观测成果的质量。项目测量技术团队自主研发的精密测量平差软件和轨道基准网平差软件，算法先进，平差后的精度指标客观、可靠，满足轨道控制网 CPⅢ 的平差计算要求。

(4)京津城际建设过程中由于控制网布设阶段的不同，提出了“应急控制网”的概念，先期满足线下工程需要。为便于京津城际铁路运营过程中形变观测，避免行车干扰无法对高程形变进行观测，建立了“高程代用网”，将线上的轨道设标网点高程成果引测到桥梁下部，为后续养护维修提供控制基准。

京津城际工程控制测量为高速铁路建设提供了平面和高程相对精度分别优于 1 mm、0.5 mm 的精密工程测量控制网成果，满足时速 350 km 高速铁路轨道的三维空间精密定位，保证了高速铁路轨道的平顺性，实现了本工程的顺利建成通车。

2.5.1.2　关键技术问题

京津城际铁路是国内首次采用 CRTSⅡ型板式无砟轨道系统，具有轨道结构稳定性高、刚度均匀、结构耐久性强、维修工作量少等突出优点，但 CRTSⅡ型板式无砟轨道的铺设对基础测量的要求相当高，如要求轨道沿线 60 m 内相邻设标点平面相对精度优于 1.0 mm，高程相对精度优于 0.5 mm 等。建立高精度的基础测量控制网是确保轨道几何状态高精度、高稳定性和耐久性的必要条件。

京津城际铁路工程是一项高精度、高难度的工程。施工测量工作是工程施工的一个重要环节，高精度的工程控制网是保障工程施工放样精度的必要前提。因此，如何建立有效的、经济实用的施工测量控制网，确保施工放样的精度，是本项工程的核心技术内容之一，主要工作包括以下几个方面：

(1)平面、高程控制点的稳定性和埋设方式；

(2)平面、高程控制网的布设方式和技术要求；

(3)平面、高程控制网与前期应急控制网的衔接；

(4)轨道设标点制作工艺；

(5)轨道设标网网形设计；

(6)轨道设标网的数据处理方法和软件研发。

2.5.1.3 方案与实施

1. 精密工程控制网的布设方案

京津城际精密工程控制网分为平面控制网和高程控制网两部分。按照分级布设、逐级控制的原则，平面控制网分 GNSS 基准网、加密 GNSS 控制网、精密导线网和轨道设标网；高程控制网由基岩水准点、深埋水准点及加密水准点组成。

1)高程控制网的布设方案

高程控制网的深埋水准点按 5 km 左右的间距布设，基岩水准点在北京和天津各布设一座。

CRTS Ⅱ型板式无砟轨道铺设，要求基础网每公里布设一个高程精度优于 2 mm 的加密水准点，即高程的相对精度应达到 2 mm/km。根据《国家一、二等水准测量规范》(GB/T 12897—2006)，二等水准测量的往返测高差较差限差 $\Delta=\pm 4\sqrt{L}$ (mm)(Δ 为测段往返高差不符值，L 为测段长)，每公里高差的偶然中误差与全中误差的限差分别为 1 mm 与 2 mm，因此采用二等水准网的高程能够满足精度要求。

2)平面控制网的布设方案

结合工程实际，布设 GNSS 基准网和加密网、高精度线路导线网和轨道设标网四级平面控制网。按照从高级到低级逐级控制的原则，根据轨道铺设要求，从低级控制网开始，确定各级平面控制网布设精度及布设方案。

首级基准网布设 5 个点，如图 2-2 所示，直接联测 IGS 站，其位置选在基岩或稳定的基础上。我国境内有 6 个 IGS 站，基准网点距最近 IGS 站点距离小于 1 000 km，需要双频 GNSS 接收机观测 24 h，采用精密基线解算软件，能够求得 10 mm 精度的基准点坐标，约束平差后最弱边边长相对中误差能达到 1/250 000。

加密 GNSS 网以 GNSS 基准网为起算，是线路精密导线网的高一级网，其约束平差后最弱边边长相对中误差设计为 1/180 000。轨道设标网附合在线路精密导线网上，根据控制网分级布设原则，线路精密导线网平面相对精度设计为 1/55 000。线路精密导线网的测角精度优于 1.8″，测距精度优于 5 mm，可保证线路精密导线网平面相对精度 1/55 000。

CRTS Ⅱ型板式无砟轨道铺设，需要布设高精度的轨道设标网。轨道设标网沿京津城

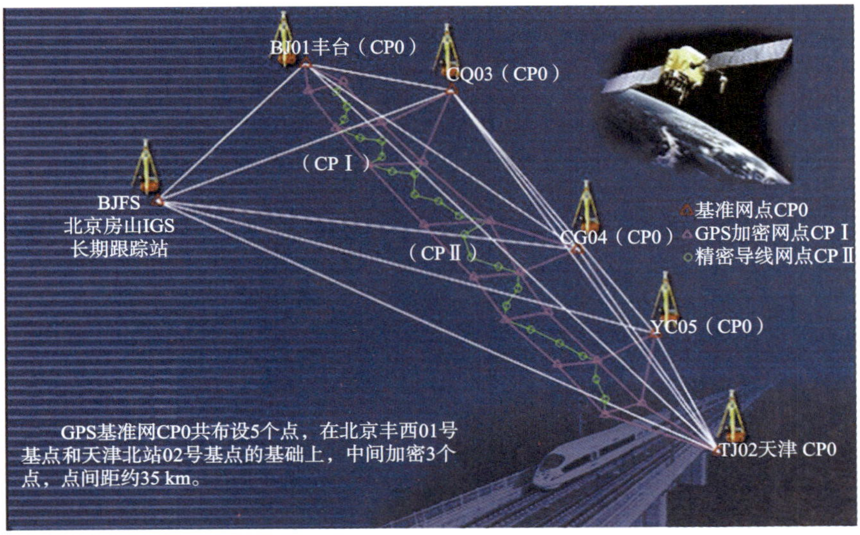

图 2-2　京津城际铁路 GNSS 基准网示意

际线路方向布设，每隔 60 m 布设一对横向间隔约 15 m 的轨道设标点。轨道铺设要求轨道设标网 60 m 内相邻点平面相对精度优于 1 mm，即达到 1/60 000 的相对精度。

轨道设标点不需要摆放仪器，轨道设标网采用自由测站法测量，沿轨道线路中线方向，每隔 2 对轨道设标点设置一个自由测站，每个自由测站观测前后各 3 对共 12 个轨道设标点。

2. 精密工程控制网的埋设

京津城际铁路工程中的高程控制点标石分为三种形式，分别是基岩点、深埋水准点和普通水准标石。平面控制点标石包括 GNSS 基准网点、加密 GNSS 网点、线路导线点和轨道设标网点四种。

1）高程控制点埋设

高程控制点沿京津城际线路布设。根据沿线地质条件，基岩点埋设至基岩；深埋水准点埋设至持力层，其深度一般在 50～60 m 之间；加密水准点的埋设深度设计为 4 m。

（1）基岩点的埋设

根据基岩点的埋设进度将基岩点的施工分为开工准备、施工过程及终孔和竣工验收三个阶段。北京和天津两个基岩点施工结束后，在施工现场进行了基岩点的竣工验收工作。

①天津基岩点

在 810.6 m 处挖掘出岩性坚硬的岩芯，经过鉴定认为岩性较好，可作为持力层，可以在此深度设标，最终标底深度 811.86 m。

由于天津基岩点施工工艺复杂，为更好地对标点进行维护和使用，在标点上修砌标房一座，如图 2-3 所示。

图 2-3　天津基岩点

②北京基岩点

该基岩点施工工艺与天津基岩点相同，只是深度较浅，最终钻孔深度 127 m。

(2)深埋水准点的埋设

深埋水准点施工前经过了技术方案设计、设备进场、挖探、安装钻具、钻孔和安装标座标具的过程。每座标点均按照设计和现场判释，安装于稳定层位。全线共布设 28 座深埋水准点。

深埋水准点多埋设在砂黏土、粉质黏土、粉土等持力层，埋设实际深度在 45～65 m 之间，累计 28 点钻孔深度共 1 600 余米。

深埋水准点底部是特制标座，上部与保护套管和标杆连接，保护套管与标座之间是密封活塞式连接，保护套管与标座压标到持力层后要往上提升 30 cm，以便保护套管的上下活动对标座不产生影响。标座与标杆连接到地面的水准点标头，与持力层形成一个整体，不受外部保护套管随浅层地表活动的影响，只是随持力层的变化而变化。保护套管与标杆安装好后，在上面安装标头及保护套管盖。井口浇筑混凝土，修砌保护井，井上面采用防盗井盖，如图 2-4 所示。

图 2-4　深埋水准点保护井

(3)加密水准点的埋设

加密水准点埋设时，在埋设区域先人工将工作面开挖 1.5 m 的深度，然后打入 3 根直径 12 cm、壁厚 5 mm、长 4 m 的钢管，并在此基础上设置控制点的上部结构。

2)平面控制点埋设

(1)基准网点和加密 GNSS 点的埋设

首级基准网点位均选在建筑物顶，安装强制归心标。全线共建设 5 个 GNSS 基准点，全部为强制归心标形式，控制网平均边长约为 50 km。

加密 GNSS 网不大于 2 km 布设一对通视点，桩点为现场浇筑混凝土标石，规格为上部 30 cm×30 cm，下部 40 cm×40 cm，深度大于 1.5 m，底部垂直打入直径 7 cm 的钢管 3 根，保证标石的长久稳定。全线共布设加密 GNSS 点 144 个(72 对)。

(2)线路精密导线点的埋设

线路精密导线点选择在土质好的位置，先挖深 1.7 m、长 0.4 m、宽 0.4 m 的基坑，现场直接浇筑混凝土；土质条件不好时，埋设标准同加密 GNSS 点。标石表面镶嵌点号，加水泥盖保护。精密导线点平均 150～250 m 设置一个，全线共布设 480 点。

(3)轨道设标网点的埋设

针对京津城际轨道设标网点特点，为使设标点能够更稳定、更精确地置平和归心，研制出轨道设标网棱镜支架和适宜精密工程测量的强制归心装置，并申请了实用新型专利。全线共布设轨道设标网点 3 700 个。

轨道设标点的埋设分为桥梁段和路基段两种埋设方法。桥梁段和路基段轨道设标网点安装方式不同，所以设计出不同的结构组合形式，其对应设标网点结构如图 2-5 和图 2-6 所示。

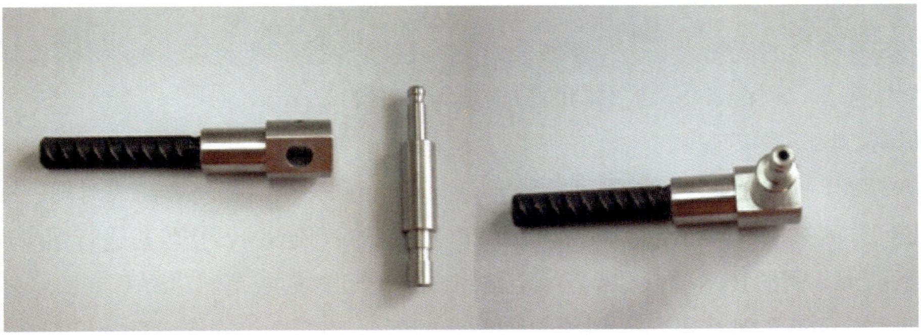

图 2-5　桥梁防撞墙上设标网点结构

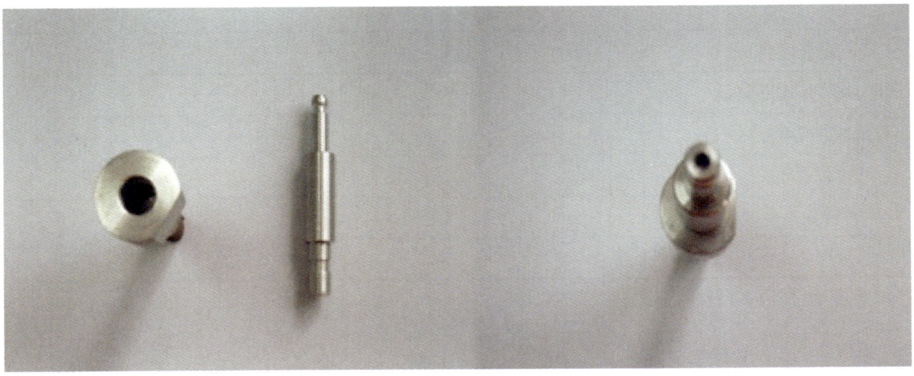

图 2-6　路基地段接触网底座上设标网点结构

3. 精密工程控制网的观测

1)GNSS 基准网的观测

GNSS 基准网采用双频 GNSS 接收机观测，按照 GNSS A 级网要求观测 24 h，GNSS 基准网点采用强制归心标志，GNSS 基准网构成三角形与四边形独立闭合环，以确保控制网有足够的多余观测数。

GNSS 基准网实测技术要求参考《全球定位系统(GPS)测量规范》(GB/T 18314—2001)中 A 级网的技术指标。A 级网和 GNSS 基准网施测的技术要求见表 2-14。

表 2-14　GNSS 基准网测量的技术要求

项　　目	A 级网的技术要求	GNSS 基准网的技术要求
卫星截止高度角/(°)	10	15
同时观测有效卫星数	≥4	≥4
有效观测卫星总数	≥20	≥9
观测时段数	≥6	2
时段长度/h	≥9	24
采样间隔/s	30	30

注：观测时段长度是指多台接收机的公共观测时间。

GNSS 基准网的观测时长为一昼夜，以消除或削弱一些周期性误差的影响，以便求得高精度的基线向量，确保 GNSS 基准网的最弱点误差小于 1 cm。

2)加密 GNSS 网的观测

京津城际工程加密 GNSS 网点间的距离在 1～2 km 之间，沿线路方向成对均匀布设。加密 GNSS 网施测采用 8 台精度为 $5\ \text{mm}+1\times10^{-6}\times D$ 的双频 GNSS 接收机进行同步观测。

加密 GNSS 网的技术要求在《全球定位系统(GPS)测量规范》(GB/T 18314—2001)中 B 级网技术指标的基础上适当放宽，B 级网和 GNSS 加密网施测的技术要求见表 2-15。

表 2-15　GNSS 加密网测量的技术要求

项　　目	B 级网的技术要求	GNSS 加密网的技术要求
卫星截止高度角/(°)	15	15
同时观测有效卫星数	≥4	≥4
有效观测卫星总数	≥9	≥6
观测时段数	≥4	1
时段长度/h	≥4	2
采样间隔/s	30	15

注：观测时段长度是指多台接收机的公共观测时间。

3)线路精密导线网的观测

线路精密导线网采用 Lecia TCA2003 全站仪施测，仪器测距精度为 $1\ \text{mm}+1\times10^{-6}\times$

D，D 为测边长度。TCA2003 全站仪测角与测距分别按表 2-16 与表 2-17 的技术指标执行。根据表 2-16 中方向测回互差 4″的技术指标，对应的一次观测方向误差为 2.83″，在京津城际工程精密导线野外测量中，实际观测 8 个测回，以实现方向误差为 1″(对应的测角精度为 1.41″)的要求。

表 2-16　TCA2003 全站仪水平方向观测限差

两次照准读数差/(″)	半测回归零差/(″)	一测回内 2C 互差/(″)	同一方向值各测回互差/(″)
0.5	4	8	4

表 2-17　TCA2003 全站仪边长观测限差

一测回读数次数	测回数		一测回读数间互差/mm	单程测回间互差/mm	同一水平面上往返测距离较差/mm
	往测	返测			
4	3	3	$1+1\times10^{-6}\times D$	$1+1\times10^{-6}\times D$	$2\times(1+1\times10^{-6}\times D)$

由于测量时大部分的作业现场正处于施工阶段，在观测过程中经常遇到不通视或点位被破坏的情况。在这种状况下，为了不影响工作进度及成果精度，在不通视或点位被破坏情况下，通过增加临时点的方式联测导线，临时点的观测也按照上述技术要求，且每段导线中临时点不超过 2 个。

4)轨道设标网的观测

(1)轨道设标网平面观测

轨道设标网测量采用自由测站边角交会法，沿轨道线路中线方向，每隔 2 对轨道设标点设置 1 个自由测站，每个自由测站观测前后各 3 对共 12 个轨道设标点，自由测站最大视线长度约为 150 m。

轨道设标网点多布设于桥梁上，无法与地面布设的 300 m 左右的导线点直接通视，需要在桥面上布设临时转点。临时转点沿线路方向布设在桥梁边缘，其间距约 200 m，每个转点与对侧的 2 个以上轨道设标网点通视，并与地面的导线点联测，形成三角形。

转点观测按《精密工程测量规范》(GB/T 15314—1994)中的三级精密角度测量和三级光电测距仪精密距离测量的技术要求执行。根据采用的仪器型号不同，轨道设标网角度与距离观测的各项技术指标见表 2-18、表 2-19。

表 2-18　TCRA1201 全站仪水平方向观测限差

两次照准读数差/(″)	半测回归零差/(″)	一测回内 2C 互差/(″)	同一方向值各测回互差/(″)
1	6	9	6

表 2-19　TCRA1201 全站仪边长观测限差

一测回读数次数	测回数		一测回读数间互差/mm	单程测回间互差/mm	同一水平面上往返测距离较差/mm
	往测	返测			
4	3	3	$1+2\times10^{-6}\times D$	$1+2\times10^{-6}\times D$	$2\times(1+2\times10^{-6}\times D)$

京津城际精密工程测量采用基于测量机器人的一体化测量技术，工程测量技术团队开发了全站仪机载测量程序和内业后处理软件——精密工程测量平差软件 TSDI _ HRSADJ。外业测量时，使用测量机器人进行点位照准学习后，仪器可以自动完成全部测点的自动观测与记录，作业人员只需在旁值守即可，大大提高了测量作业效率和观测数据质量。

(2)轨道设标网高程观测

水准线路分段布设，每条线路长 2 km 左右。按照国家二等水准测量标准进行施测。

由于京津城际全线大部分为桥梁，平均高度为 10 m 左右，因此采用不量仪器高和棱镜高的三角高程测量与精密水准测量相结合的方法进行高程测量。

不量仪器高、棱镜高的三角高程测量作业时，垂直角测角标称精度小于±1″，测距仪的标称精度必须达到±$(1\ mm+1\times10^{-6}\times D)$。前后视所用的棱镜是同一个，不必量取其高度。每次测量的技术要求见表 2-20。

表 2-20　不量仪器高、棱镜高的三角高程测量观测技术指标

垂直角测量				距离测量			
测回数	两次读数差/(″)	测回间指标差互差/(″)	测回差/(″)	测回数	每测读数次数	四次读数差/mm	测回差/mm
4	±1.0	±3.0	±2.0	4	4	±2.0	±2.0

4. 精密工程控制网的数据处理

1)GNSS 基准网与加密 GNSS 网的数据处理

(1)NSS 基准网的数据处理

①GNSS 基准网的基线解算与检核

GNSS 基准网的基线解算，以 IGS 站 BJFS(北京房山)的 ITRF2000 坐标为起算数据。采用 IGS 精密星历和 Gamit 软件进行计算。各个时段基线解算时的参数设置如下：

a. 钟差改正采用广播星历中的钟差参数，接收机钟差改正由伪距观测值计算；

b. 电离层折射影响用 LC 观测值消除，对流层折射根据标准大气模型用萨斯坦莫宁(Saastamoinen)模型改正，并在每个测站上每隔 4 h 加一个天顶方向上的折射量偏差参数；

c. 卫星天线相位中心偏差改正采用 Gamit 软件的设定值，若量取接收机天线高时计入了其相位中心偏差，则将接收机天线的相位中心偏差设置成 0；

d. 截止高度角为 15°，历元间隔为 30 s；

e. 固定 IGS 轨道，固定起算点坐标；

f. 数据处理时首先采用 AUTCLN 模块自动对失周进行处理，如果 AUTCLN 不能全部修复或标定失周，再用 CVIEW 进行人工修复或标定。

由 Gamit 解算的精密基线的同步环闭合差严格为 0，基线解算质量主要通过重复边和异步环闭合差来检核。基线的异步环闭合差满足下列公式：

$$
\begin{aligned}
W_x &\leqslant 2\sqrt{n}\sigma \\
W_y &\leqslant 2\sqrt{n}\sigma \\
W_z &\leqslant 2\sqrt{n}\sigma
\end{aligned} \tag{2-2}
$$

式中　n——闭合环的边数；

　　σ——相应等级 GNSS 基线的平均误差。

重复基线相当于两条基线组成的异步环。根据前面的技术要求，异步环的相对闭合差优于 0.5×10^{-6}。

②GNSS 基准网的平差解算

GNSS 基准网平差解算采用 TGPPS 软件。先对 GNSS 基准网进行无约束平差，无约束平差时选取 BJFS 站点作为起算数据；求出各 GNSS 基准网点在 ITRF 框架下的地心坐标和大地坐标，各基线的改正数和基线向量平差值，各基线的地心坐标分量、大地坐标分量及其精度信息。无约束平差过程中，做方差分量因子估值 σ^2 检验；根据残差值进行粗差检验，并将粗差剔除后重新计算。GNSS 基准网的约束平差以北京丰西 01 号基点和天津北站 02 号基点为起算点，求得 GNSS 基准网点在该起算基准下的坐标。平差后各基准点的精度均优于 10.0 mm。

(2)加密 GNSS 网的数据处理

①加密 GNSS 网的基线解算与检核

加密 GNSS 网基线解算使用 Leica Geomatic Office 软件，采用 GNSS 基准网中某个 GNSS 点的 WGS-84 坐标为起算坐标进行基线解算。基线观测值的异步环闭合差满足式(2-2)，加密 GNSS 网异步环的相对闭合差优于 2×10^{-6}。

②加密 GNSS 网的平差

加密 GNSS 网平差采用 TGPPS 软件，先进行无约束平差，无约束平差选取 1 个 GNSS 基准网点作为起算数据，求出各 GNSS 点在 ITRF 框架下的地心坐标和大地坐标，各基线的改正数和基线向量平差值，各基线的地心坐标分量、大地坐标分量及其精度信息。无约束平差中，做方差分量因子估值 σ^2 检验，根据残差值进行粗差检验，并将粗差剔除后重新计算。

加密 GNSS 网的约束平差是以 GNSS 基准网的成果为起算数据，分别求得 ITRF 框架下的坐标和工程施工坐标系坐标，平差后点位精度均优于 10.0 mm。平差时将全站仪测得的精密测距边长作为距离约束，一起参与加密 GNSS 网平差。

2)线路精密导线网的数据处理

平差计算前对观测距离进行高斯投影改化，平差处理软件采用 NASEW95，选择加密 GNSS 点作为线路精密导线的起算点。

3)轨道设标网的数据处理

轨道设标网数据处理采用 TSDI_HRSADJ。先采用拟稳平差选择兼容的起算点，再应用间接平差模型平差，平差过程中，用 Baarda 粗差探测的方法逐个剔除粗差，再用 Helmert

方差分量估计方法合理地确定边、角的权比。

4)精密工程控制网与应急测量控制网测量成果的衔接处理

(1)应急测量控制网的建立

全线精密工程控制网建立前,为及时配合桥梁施工,先期建立了应急测量控制网,确保其能够满足桥梁施工精度控制需要,待全线精密工程控制网建立后再与应急测量控制网进行联测和联合平差,将应急测量控制网纳入精密工程控制网之中,实现两网协调。

(2)应急测量控制网与精密工程控制网测量成果的衔接处理

精密工程控制测量的主要工作是在施工应急控制测量的基础上,进一步提高工程控制网的测量等级和精度,为铺设无砟轨道提供高精度的平面及高程控制成果。应急测量控制网与精密工程控制网有较多公共点位。

①应急测量控制网与加密 GNSS 控制网的衔接

采集数据时,联测 5 个 GNSS 基准网点、1 个应急网起算点、13 个应急网控制点与加密 GNSS 网点。使用 Leica Geomatic Office 软件解算基线,再采用 TGPPS 软件无约束平差。

为了保证应急测量控制网与精密工程控制网的正确衔接,引入 5 个基准网点、1 个应急网的起算点和 13 个应急控制网点的坐标成果作为起算点,进行约束平差。

计算所得基线向量改正数与无约束平差同名基线向量改正数两者差值小于限差。平差后加密 GNSS 点最弱点点位中误差为±6.6 mm,小于限差 10.0 mm,应急测量控制网可以与加密 GNSS 网协调衔接。

②应急测量控制网与精密导线网的衔接

选择施工经常使用的稳定的应急网控制点与线路精密导线网联测,尽量使点位每隔 5 km 均匀分布。使用 TCA2003 全站仪置镜精密网点,后视线路精密导线点,再联测应急网点。观测 6 测回,外业观测指标同精密导线测量。数据处理采用 NASEW95 平差软件。

应急网点新测坐标与既有坐标相比较,90%应急网点坐标差值在 10 mm 之内,线路精密导线网与应急测量控制网平面衔接较好。

③应急测量控制网与高程控制网的衔接

每隔 5 km 对应急网水准点和精密水准点进行高差联测,在联测过程中选择保存比较完好的且施工单位经常使用的应急点进行高差联测。

最终选择 7 个应急点的高程成果作为起算数据对精密水准网进行平差计算,全线按整体网进行平差,从而获得精密水准网中所有点的高程。根据精密水准点的高程成果与应急控制网点的联测高差,反推出应急控制网点的现测高程,通过成果比较发现精密网的高程成果与施工应急网的成果相当接近,很好地解决了精密网高程成果和施工应急控制网成果的衔接问题。

2.5.1.4 项目总结

在京津城际的工程实践中,工程测量技术团队深入开展了高速铁路精密工程控制测量技术与方法的研究,研究了京津城际精密工程测量控制网的布设方案、测设技术和数据处理技术,首次提出控制网分级布设形式、观测方法、精度指标和数据处理方法,满足了京津城际高速铁路建设需要,为高速铁路无砟轨道的建设提供了借鉴。

在京津城际工程测量过程中,针对京津城际沿线地面不均匀沉降,首次提出并实施 GNSS 基站网(框架网 CP0)、基岩点和深埋水准点的精密测量方案,首次采用 WGS-84 椭球参数建立高速铁路工程独立坐标系,使用精密星历处理 GNSS 长基线观测数据,基线最弱边相对精度高达上百万分之一,解决了高速铁路高精度平面和高程基准的建立问题。

依据精密工程测量原理和严密平差理论,工程测量技术团队在京津城际工程实践中,研制的轨道设标网(CPⅢ)点的测量标志简单易用,获得了专利;研发的"客运专线轨道设标网(CPⅢ)测量系统(TSDI _ HRSADJ)"数据处理软件,数据处理采用的数学模型正确,算法先进可靠,实现了 CPⅢ网的自动测量,数据质量得到有效控制,观测数据与网平差软件的无缝衔接提高了作业效率。

基于京津城际的工程实践,工程测量技术团队在引进、消化、吸收外部经验的基础上,实现了再创新,开发出测量机器人自动化测量程序,提高了观测效率,研发的软件取代了昂贵的国外软件,多项研究成果纳入《高速铁路工程测量规范》(TB 10601—2009)中,对其他高速铁路工程的顺利开展起到了积极的借鉴作用。京津城际铁路精密工程控制测量的科技创新成果和经验已被广泛地推广到京沪、京石、石武、长吉、哈大、津秦、合武等一大批高标准铁路建设项目中,效果良好,取得了较好的技术效益、经济效益和社会效益。

2.5.2　京沪高速铁路

2.5.2.1　工程概况

京沪高速铁路是我国也是当今世界一次建设线路最长、投资规模最大、技术标准最高、运行速度最快的一条具有世界先进水平的高速铁路,位于我国东部沿海地区,如图 2-7 所示,线路起自北京南站,经廊坊、天津,过沧州、德州,跨黄河后至济南,经泰安、曲阜、枣庄、徐州、宿州,跨淮河后至蚌埠,过源州,跨长江后至南京、镇江,经常州、无锡、苏州,终到上海虹桥站,线路长度 1 318 km。北京至济南属冀鲁平原,地形平坦开阔,地面高程 0.1～42.0 m。济南以南至徐州属鲁中南低山丘陵及丘间平原,地形起伏大,地面高程 40～324 m。徐州至上海段线路主要通过黄淮冲积平原,淮河一、二级阶地,长江及其支流河谷阶地和长江三角洲平原区,局部通过剥蚀低山丘陵区。黄淮冲积平原地势平坦开阔,略向南倾,地面高程20～40 m。京沪高速铁路于 2008 年 4 月 18 日开工,2011 年 6 月 30 日正式通车运营。

京沪高速铁路精密工程控制测量任务的主要工作内容为全线平面及高程精密工程控制网的建立和复测。2007 年完成建网,平面网每年进行一次复测,高程网每年进行两次复测。

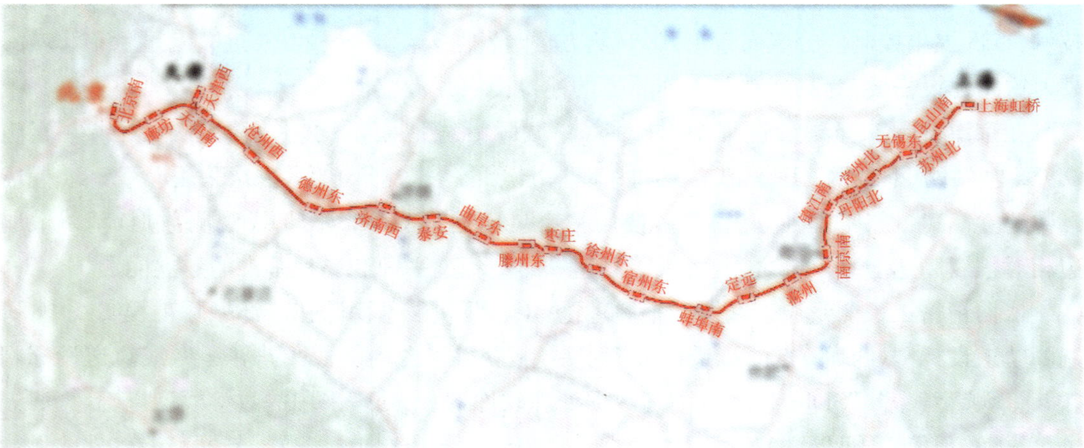

图 2-7　京沪高速铁路线路平面示意

京沪高速铁路精密工程控制测量全线统一技术方案、统一测量标志、统一平差计算软件，全线整网平差计算，真正体现了“三网合一”的理念，并在各个环节全程进行专家评估验收，精测网建设管理严谨，测量标准和精度高。在高速铁路工程测量的历史上，工程测量技术团队牵头在京沪高速铁路精测网首次提出并布设了框架网 CP0，采用精密星历进行长基线解算，并整网平差，解决了高速铁路高精度平面基准的建立问题。

2.5.2.2　关键问题

京沪高速铁路设计时速 350 km，除黄河和长江大桥外，全线铺设无砟轨道，需要建立高精度的测量控制网以满足无砟轨道的平顺性要求。框架控制网 CP0 的建网从 2003 年开始，跨度 1 300 余公里的带状稀疏超高精度平面控制网测量，在国内外尚属首次，无可借鉴的项目实践经验，并且数据处理分析难度大。京沪高速铁路北京至济南段（黄河以北）沿线存在不同程度的区域地面沉降，高程控制网的建立需要根据实际情况布设不同等级的水准点。

本项目勘察设计阶段定测工程控制网的精度，满足《京沪高速铁路测量暂行规定》相关要求，但与无砟轨道施工控制网要求存在较大差距，不能满足无砟轨道铺设技术要求，除框架控制网 CP0 外，需重新在全线建立精密工程控制网。精密控制测量与线路、轨道设计的结合，既要满足线下土建工程的需要，又要保证线路、无砟轨道平顺性的测量要求。京沪高速铁路北京至徐州段与徐州至上海段的测量成果衔接经过铁三院和铁四院的充分沟通和专家评审后才得以确定。

2.5.2.3　方案与实施

1. 研究制定的技术设计方案可行，满足施工建设需要

针对京沪高速铁路线路长、投影长度变形值不大于 10 mm/km 的要求，根据分级布网、逐级控制的原则，确定统一的建网方案，分级布网原则如下：

（1）统一勘测设计、施工建造、运营维护各个阶段的控制网；

（2）控制网控制全线、统一布网、统一测量、整体平差；

（3）根据控制网作用和精度要求进行分级布网、逐级控制；

（4）满足本工程全生命周期对测量点位足够精度和密度的需要。

精测网体现“三网合一”的特点，即勘测控制网、施工控制网、运营维护控制网坐标和高程系统统一、起算基准统一。

平面控制网分四级布设：第一级为 GNSS 框架控制网（CP0），主要为全线提供平面坐标基准和高精度的起算数据；第二级为基础平面控制网（CPⅠ），主要为勘测、施工、运营维护提供坐标基准；第三级为线路平面控制网（CPⅡ），主要为勘测和施工提供控制基准；第四级为轨道控制网（CPⅢ），主要为轨道铺设和运营维护提供控制基准。

高程控制网分两级布设：第一级为线路水准基点控制网，为勘测设计、施工提供高程基准，由基岩点、深埋水准点和普通线路水准基点组成；第二级为轨道控制网（CPⅢ），为轨道施工、维护提供高程基准。第一级按二等水准测量标准施测，CPⅢ高程网测量按精密水准测量标准施测。

2. 特别设计的平面和高程控制点测设方案保证了各等级控制点的稳定性及高精度

平面控制网 CP0 选在不易被破坏且容易长期保存、稳固的地方，在楼层不高的楼顶设强制归心标。CPⅠ、CPⅡ点埋深至最大冻土深度线以下 0.5 m，且 CPⅠ埋深不低于 1.4 m，CPⅡ埋深不低于 1.2 m。各级平面控制网设计的主要技术指标见表 2-21。

表 2-21　各级平面控制网设计的主要技术指标

控制网级别	测量方法	测量等级	点间距	相邻点的相对点位中误差/mm	备　注
CP0	GNSS	国家 B 级	50 km	20	
CPⅠ	GNSS	二等	≤4 km 一个点或一对点	10	点间距≥800 m
CPⅡ	GNSS	三等	600～800 m	8	
	导线	三等	400～800 m	8	

高程控制网沿线布设基岩点、深埋水准点和一般水准点三种类型的高程控制点，组成统一的高程控制网。北京至济南段部分路段地处区域性地面沉降区，每 6～8 km 设置一个深埋水准点。济南至徐州段地质条件较好，按每 25 km 左右布设一个深埋水准点。徐州至上海段按照每 25 km 左右布设一个深埋水准点。

深埋水准点深度根据地质地层条件及桥梁墩台设计深度单独进行设计。各类水准点布点要求见表 2-22。

表 2-22 高程控制测量等级及布点要求

水准点类型	测量方法	测量等级	点 间 距
基岩点	水准	二等	50～100 km
深埋水准点	水准	二等	根据地层地质情况确定，区域地面沉降区按 6～8 km，其他地区 25 km 左右
普通水准点	水准	二等	2 km

普通平面和高程控制点标石标心钉均为定制的标准尺寸的不锈钢标心钉，顶面直径 5 cm，中间为半径 1 cm 半球，球顶中心钻直径 1 mm、深 3 mm 的圆孔，标心钉柱长 20 cm，直径 2 cm，下部做成 3 cm 直径圆盘。控制点大部分选择在便于使用、保存和不易被扰动的地方。控制点均采用现场灌注混凝土的方式埋设。

3. 配备最先进的高精度、高工效测量仪器进行观测

配备 Leica1230 GNSS 和 Trimble5800 接收机、Trimble DINI12 和 Leica DNA03 电子水准仪等国际先进的测量仪器设备。GNSS 仪器标称精度不低于$\pm(5\ \text{mm}+1\times10^{-6}\times D)$，电子水准仪配备铟瓦条码尺，标称精度不低于 DS_1 级。

4. 数据处理严密、平差方法合理

CP0 基线向量采用 IGS 精密星历，采用 Gamit 精密基线解算软件计算。CPⅠ基线向量解算采用广播星历和商用软件，重复基线及环闭合差检验均满足技术标准的要求。CPⅠ网平差以 CP0 点三维空间坐标作为起算点进行全线整网三维约束平差。CPⅠ控制点的成果点位中误差均小于±10 mm，基线边方向中误差均小于 1.3″，最弱边相对中误差均小于 1/180 000。CPⅡ数据处理方法及要求与 CPⅠ基本相同，基线解算、重复基线、同步环、独立环检验合格后，以 CPⅠ为起算点进行二维约束平差计算。CPⅡ控制点的点位中误差均小于±10 mm，基线边方向中误差均小于 1.7″，最弱边相对中误差均小于 1/100 000。

水准测量各测段往返测高差不符值均小于 $4\sqrt{L}$ mm（L 为水准路线长，以 km 计），按测段往返测高差不符值计算偶然中误差小于 1 mm。对起算点的兼容性和稳定性进行检查后，对附合和闭合路线高差闭合差进行计算，均小于 $4\sqrt{L}$ mm。全线水准采用测段路线长度定权，以沿线国家基岩点及一等国家水准点高程成果作为起算数据，进行全线整体严密平差。

数据处理时，铁三院段落与铁四院段落整网平差，济南黄河大桥控制网、南京大胜关长江大桥控制网与线路控制网顺利衔接。

为了将京沪高速铁路的测量成果纳入国家坐标系统，同时满足规划和利用其他测量部门成果的需要，各段落的铁路工程独立坐标系均引入 1954 年北京坐标系，在北京、天津、济南、上海等均与地方坐标系进行联测，以便当地规划部门进行审核，并利于铁路工程与当地城市轨道工程等顺利衔接。

2.5.2.4　项目总结

京沪高速铁路精密工程测量技术的研究与实践充分体现了中国特色，紧密结合高速铁路建设需要和现代测绘技术的发展特点，坚持了原始创新、集成创新和引进消化吸收再创新的原则，体现了“三网合一”的测量要求，形成了具有自主知识产权的中国高速铁路精密工程测量技术标准体系。京沪高速铁路精密工程控制测量成果，满足路基、桥梁、隧道等线下工程施工及 CRTS Ⅱ型板式无砟轨道施工对工程测量精度的要求。

随着高速铁路技术的发展，中国铁路工程界测量专业工程师认识到测量对于高速铁路建设的重要性，在吸收秦沈客运专线成功建设经验的基础上，2003 年发布的《京沪高速铁路测量暂行规定》(铁建设〔2003〕13 号)在京沪高速铁路勘察设计中使用。在汲取遂渝线无砟轨道综合试验段测量的实践经验基础上，2006 年发布《客运专线无碴轨道铁路工程测量暂行规定》(铁建设〔2006〕189 号)，2007 年发布《时速 200～250 公里有砟轨道铁路工程测量指南(试行)》(铁建设〔2007〕76 号)，对中国高速铁路测量具有较好的指导意义。2009 年，在《客运专线无碴轨道铁路工程测量暂行规定》的基础上，吸纳京津城际、武广、郑西、哈大、合宁、合武、石太等高速铁路工程测量经验编制的《高速铁路工程测量规范》(TB 10601—2009)颁布实施，表明中国已初步形成了高速铁路工程测量技术体系。

2009 年，铁道部还颁布施行《铁路工程测量规范》(TB 10101—2009)和《改建铁路工程测量规范》(TB 10105—2009)，与《高速铁路工程测量规范》(TB 10601—2009)一起构成铁路工程测量通用技术标准。2010 年，铁道部颁布施行《铁路工程卫星定位测量规范》(TB 10054—2010)和《铁路工程摄影测量规范》(TB 10050—2010)，取代旧的技术标准，系铁路工程测量专用技术标准。2013 年，在《铁路工程测量规范》(TB 10101—2009)和《高速铁路工程测量规范》(TB 10601—2009)基础上，中国铁路总公司发布企业标准《新建时速 200 公里客货共线有砟轨道铁路轨道控制网测设补充规定》(铁总建设〔2013〕88 号)，与《铁路工程测量规范》(TB 10101—2009)配套使用。为规范高速铁路运营期精密测量控制网的维护管理工作和高速铁路运营期基础变形监测管理工作，2015 年 4 月，中国铁路总公司印发《运营高速铁路精密测量控制网管理办法》(铁总运〔2015〕126 号)和《运营高速铁路基础变形监测管理办法》(铁总运〔2015〕113 号)，规定了运营期开展高速铁路精测网维护工作和基础变形监测的职责分工和技术要求。

中国铁路工程系列测量技术标准的制订和颁布，形成了较完整的铁路工程测量技术体系和技术标准，体现了先进测量技术在中国铁路工程测量的应用范围和技术水平，对铁路工程勘察设计、施工建造和运营维护具有积极的指导意义。

第3章 高速铁路投影变形控制与坐标系设计技术创新

在现代交通运输的迅速崛起中，高速铁路已经成为全球重要的交通工具之一。高速铁路以其高速、高密度、高舒适度和高安全性等特点，在城际和跨城市的交通运输中得到了广泛的应用。在高速铁路的建设和精度控制过程中，投影变形控制和坐标系设计技术是确保工程成功建设和安全运营的关键基础。

高速铁路的建设需要精确的测量和规划，其中坐标系设计和投影变形控制是关键环节。由于地球呈椭球形状，直接在地球表面进行工程设计会遇到许多挑战，因此需要将地表区域投影到平面坐标系中，以便进行工程设计和施工。然而，投影过程中会产生变形，为了将这些变形控制在可接受的范围内，通常会采用地图投影方法。

在地图投影中，根据比例尺的大小，对投影变形的控制要求会有所不同。通常，地图比例尺越大，对投影变形的控制就越严格。常用的等角投影方法，如高斯投影和墨卡托投影等，在制作一般地图或工程建设图时都要求角度投影不产生变形，同时对长度变形进行控制。影响长度变形的因素主要有两个：一是将地球表面测量的实际长度归化至参考椭球面时产生的长度变形，这种变形的大小与地球表面距离参考椭球面的垂直高度有关；二是将参考椭球面长度投影至高斯平面（当采用高斯投影时）时产生的长度变形，这种变形的大小与投影区域距离投影中线的远近有关。

通常，工程测量控制网要求投影长度变形不大于25 mm/km（即1/40 000），而我国当前的高速铁路测量控制网则要求投影长度变形不大于10 mm/km（即1/100 000）。这种要求是为了确保由坐标反算的长度与地面实际测量的长度尽可能接近，以避免对工程施工产生影响。然而，按照这个投影变形的要求，采用高斯投影会给高铁工程建设带来许多困扰。因此，建立适用于高速铁路的工程独立坐标系显得尤为重要。

目前，全球的高速铁路建设正在蓬勃发展，投影变形控制和坐标系设计技术也在不断进步和完善。随着科学技术的持续发展和应用，新的技术和方法层出不穷，使得投影变形控制和坐标系设计技术的精度和效率得到了显著提升。展望未来，随着高速铁路工程的深入发展，投影变形控制和坐标系设计技术将继续发展和创新，为高铁工程建设提供更加稳健的技术支持。

3.1　椭球面与投影变形

3.1.1　椭球面

地球的自然形态是一个不规则的几何体，地球的自然表面极为复杂，包括高山、平原、丘陵和海洋。其中，最高的珠穆朗玛峰海拔高度为 8 848.86 m，而最低的马里亚纳海沟则低于海平面 11 022 m。然而，这样的高低起伏相对于地球半径 6 371 km 来说，其实是相当小的。考虑海洋约占地球表面的 71%，因此人们通常将海平面所围绕的地球形体视为地球的形状。

地球椭球体是一个非常接近地球实际形状的几何体，它能够用数学公式来描述其形状，作为地球的参考形状和大小。它是由一个椭圆围绕其短轴旋转形成的形体，其外表面被称为椭球面，是地球的数学表面，也是球面坐标系和测量内业的基准。构成地球椭球的基本几何参数包括椭圆的长半轴 a、椭圆的短半轴 b、椭圆的扁率 α、椭圆的第一偏心率 e、椭圆的第二偏心率 e'。

α、e、e'的计算式为

$$\alpha = \frac{a-b}{a} \tag{3-1}$$

$$e = \frac{\sqrt{a^2-b^2}}{a} \tag{3-2}$$

$$e' = \frac{\sqrt{a^2-b^2}}{b} \tag{3-3}$$

a、b 为长度元素，扁率 α 表示椭球体的扁平程度，当 $a=b$ 时，扁率 α 为 0；偏心率 e 和 e' 表示的是子午圆的焦点离开中心的距离与椭圆半径之比，偏心率越大，椭球越扁，其数值恒小于 1。

3.1.2　投影变形

椭球面是一个凸起且无法展平的曲面。如果这个曲面上的元素(如距离、方向、角度、图形)被投影到平面上，必然会与原来的对应元素产生差异，这种差异称为投影变形，包括长度变形、方向变形、角度变形和面积变形。在地图投影中，投影变形是无法避免的，但我们可以根据需要来控制它，使得某种变形减小或消除，同时使其他变形最小化。

1. 长度变形

投影长度变形是指将地面观测值先归算到参考椭球面上，然后再从参考椭球面归化到平面上，在变换的过程中，长度会发生变形。

长度变形是衡量投影变形大小的一个数量指标，要根据长度比来计算。长度比是投影面上一微小线段 $\mathrm{d}s'$ 和球面上的微小线段 $\mathrm{d}s$ 之比，如图 3-1 所示，设 u 表示长度比，则

$$u=\frac{\mathrm{d}s'}{\mathrm{d}s} \tag{3-4}$$

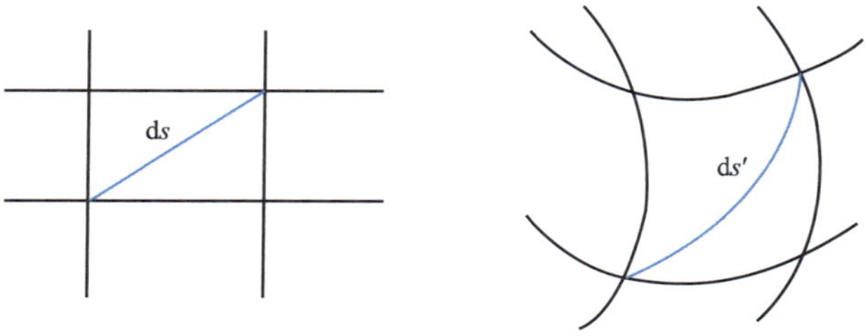

图 3-1　长度变形示意

长度比是一个变量，它随点的位置、方向变化而变化。

通常在研究长度比时，不一一研究各个方向的长度比，而是研究其中一些特定方向的长度比，即最大长度比（以 a 表示）、最小长度比（以 b 表示）、经线长度比（以 m 表示）和纬线长度比（以 n 表示）。投影后经纬线呈直角相交者，经纬线长度比就是最大和最小长度比；投影后经纬线不直交者，设其夹角为 θ，则 m、n 与 a、b 之间具有下列关系：

$$m^2+n^2=a^2+b^2 \tag{3-5}$$

$$m\cdot n\cdot\sin\theta=a\cdot b \tag{3-6}$$

长度变形是长度比与 1 之差，用 V_μ 表示长度变形，则

$$V_\mu=\frac{\mathrm{d}s'-\mathrm{d}s}{\mathrm{d}s}=\frac{\mathrm{d}s'}{\mathrm{d}s}-1=\mu-1 \tag{3-7}$$

如果知道某一点任一方向的长度比，则按式(3-7)可以求出长度变形。长度比只有大于 1 或小于 1 的数(个别地方等于 1)，没有负数。而长度变形有正有负。长度变形为正，表示长度增长；长度变形为负，表示长度缩短。

2. 方向变形

由于投影要产生变形，所以球面上两条相互垂直的微小线段投影后一般不一定正交，例如假设 O 为球面上一点，过 O 作两条垂线 AC 和 BD，投影后分别为 $A'C'$ 和 $B'D'$，这种变形不仅涉及角度的改变，同时在方向上也发生变化，如图 3-2 所示。

3. 角度变形

角度变形是指投影平面上两方向线夹角与椭球面上相应的两方向线夹角之差。在地球椭球中经线与纬线处处成直角相交，但经过投影会发生改变，角度变形会因投影不同而不同，在同一投影条件下，角度变形也会随地点和方向的变化而变化。

投影中，一定点上的角度变形的大小是用其最大值来衡量的，即称最大角度变形，通常

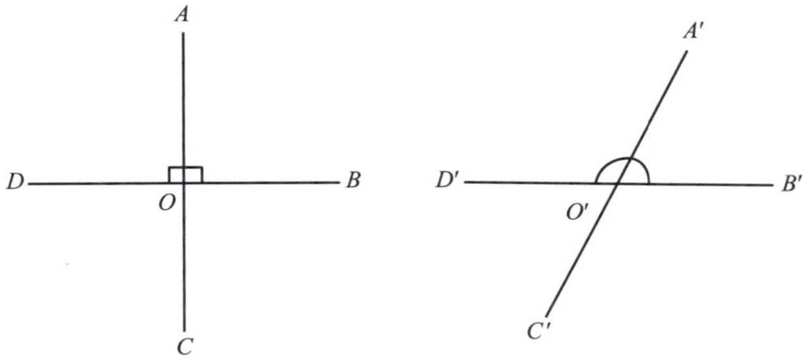

图 3-2　方向变形示意

用符号 ω 表示。ω 按下式计算：

$$\sin\frac{\omega}{2}=\frac{a-b}{a+b} \tag{3-8}$$

4. 面积变形

面积变形是指在投影过程中，投影面上微小椭圆与球面上的微小圆之间的面积之差。面积变形因投影不同而异。在同一投影上，面积变形因地点而变。

面积变形也是衡量投影变形大小的一个数量指标，要根据面积比来计算。面积比是投影面上微小椭圆面积 $\mathrm{d}F'$ 与球面上的微小圆面积(已按规定比例尺缩小)$\mathrm{d}F$ 之比，以 P 表示面积比，则

$$P=\frac{\mathrm{d}F'}{\mathrm{d}F}=\frac{\pi ab}{\pi}=ab \tag{3-9}$$

面积比等于主方向长度比的乘积，若经纬线不正交时，则

$$P=mn\sin\theta \tag{3-10}$$

式中　θ——投影后经纬线的夹角。

面积变形是指面积比与 1 的差值，用 V_P 表示面积变形，则

$$V_P=\frac{\mathrm{d}F'-\mathrm{d}F}{\mathrm{d}F}=\frac{\mathrm{d}F'}{\mathrm{d}F}-1=P-1 \tag{3-11}$$

因此，计算面积变形需要先计算面积比。面积比是一个相对数量，只有正数，没有负数。面积变形则有正有负。面积变形为正，表示面积增大；面积变形为负，表示面积减小。

5. 高速铁路相邻投影带的工程独立坐标系的角度变形性质

高速铁路工程的独立坐标系统由多个投影带组成，相邻投影带之间必然会出现坐标换带的问题。坐标换带的计算是根据高斯正反算公式完成的。由于存在高程归化变形和高斯投影变形，在坐标投影换带计算中，同一直线上的两个点构成的线段，在相邻投影带中的长度会不一致；同一直线上的三个点转换到相邻带中，两两连线不仅长度不一致，而且两两连线可能会出现一个小的折角(即三个点不在一条直线上)。根据相关研究，角度变形的性质

主要有:(1)相邻坐标投影带间中央子午线跨度越大,方位角差值(角度变形)也越大,即三点间的折角越大;(2)直线边越长,方位角差值也越大;(3)选择不同的投影面高度对角度没有影响;(4)直线为南北向时,相邻坐标投影带进行坐标换带计算后角度变形最大,直线为东西向时,相邻坐标投影带进行坐标换带计算后角度变形最小,直线为其他方向时,角度变形介于南北向角度变形和东西向角度变形之间。高速铁路线路设计的初步设计和施工图设计都采用工程独立坐标系,因此必然会出现坐标衔接和换带的问题。从上述分析可以看出,同一条直线在相邻投影带间存在长度和角度的变形,那么线路设计如何从一个坐标投影带平滑、合理地过渡到另一个坐标投影带,是线路设计理论和方法需要考虑的问题。大多数线路设计人员是在 CAD 中利用两个交点在相邻投影带中的两套坐标进行转换衔接,由于相邻投影带中的长度和角度变形,在投影分带衔接点上会产生纵向和横向的偏差,纵向偏差的影响相对较小,而横向偏差的影响是线路设计必须考虑的关键问题。

如图 3-3 和图 3-4 所示,A、B 为跨相邻投影带的两个交点,C 为坐标分带衔接点。在投影带 1 中,A、C、B 为同一条直线上的三个点,当把这三个点坐标转换到投影带 2 中时,A、C、B 三个点已经不在同一条直线上,产生了一个小的折角。如果仅仅利用 A、B 两个交点在相邻投影带中的两套坐标进行坐标转换衔接,那么施工单位利用精密控制点进行施工放样时,在投影带 1 中坐标分界衔接点放在 C 位置处,而在投影带 2 中坐标分界衔接点放在 C_1 位置处,两点并不重合,产生了横向和纵向偏差。横向偏差的大小与相邻投影带坐标转换后的角度变形大小以及 C 点距 A、B 两点的距离有关。

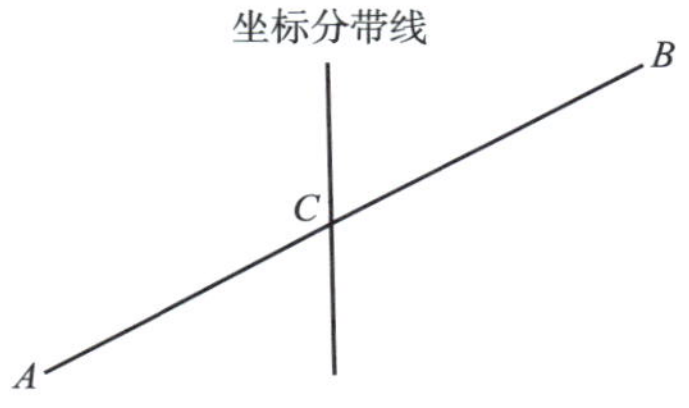

图 3-3 投影带 1 中的直线示意

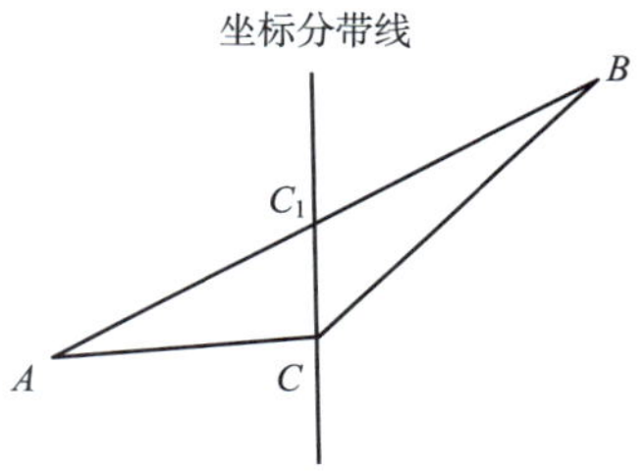

图 3-4 转换到投影带 2 中的直线示意

对于基于不同椭球的坐标系间的设计资料的转换,同样使用坐标转换的方式进行,同样的存在设计资料方向和长度的变化问题,需要在设计时正确合理地进行线路要素资料的推算和设计。

3.2 控制长度变形的意义

高速铁路的坐标系统是所有测量工作的基础,所有的测量成果和设计成果都是建立在坐标系统之上的。因此，坐标系统的选择是否适当，直接关系整个工程的质量。对于线路工程来说，控制长度投影变形在允许的精度范围内，是建立独立坐标系统需要解决的主要问题。因此，独立坐标系统的建立主要是根据线路的长度和所在测区的不同，建立与本测区及线路相适应的坐标系统，从而使其长度投影变形控制在允许的范围内。可以说，长度投影变形是铁路工程测量主要关注的变形。

变形是一种测量误差，测量误差分为偶然误差、系统误差和粗差，是伴随测量工作的不可避免的误差源。测量误差的定义：在重复性条件下，对同一被测量对象进行无限多次测量所得结果的平均值与被测量的真值之差。在相同的观测条件下，对某量进行一系列观测，如果观测误差的数值大小和正负号按一定的规律变化，或保持一个常数，这种误差称为系统误差。

系统误差产生的原因：第一，由于仪器结构上不够完善或仪器未经很好校准等会产生误差，例如仪器本身的精度；第二，由于本身所依据的理论、公式的近似性，或者对条件、测量方法的考虑不周也会造成误差；第三，由于测量者的身体特点，每个人的身体状况都不一样，例如在司镜的过程中每个人观测的结果都不一样。

系统误差的特点：(1)系统误差的大小(绝对值)为一常数或按一定规律变化；(2)系统误差的符号(正、负)保持不变；(3)系统误差具有累积性，即误差大小随单一观测值数量的倍数累积。系统误差有些是定值的，有些是累积性的，需要注意的是，系统误差总是使测量结果偏向一边，或者偏大，或者偏小，因此多次测量求平均值并不能消除系统误差。

系统误差消除的方法：系统误差对测量结果的影响，可以通过分析找出规律，计算出某项系统误差的大小，然后对观测结果加以改正，或者采用一定的观测程序和观测方法来消除系统误差的影响，把系统误差的影响尽量从观测结果中消除。

投影变形属于系统误差，从投影变形的产生机理上分析，投影变形符合上述系统误差的定义、产生原因、特点、消除方法中描述的多个方面。从定义上，投影变形数值大小和正负号按一定的规律变化，产生的原因是由于投影变形所依据的理论、公式的近似性。投影变形的特点：具有累积性，即变形大小随单一观测值(高程和横坐标自然值)数量的倍数累积。投影变形的消除方法是通过分析找出高程归化和高斯投影改化的变形规律，计算出投影变形值的大小，然后对坐标系统加以改正。投影变形对工程施工的影响呈系统性。

投影变形是球面(或者说椭球面)上的距离变换到平面上的距离的变形值，是一种数学模型变形。控制了投影变形值(高速铁路一般以 10 mm/km 设计控制，普速铁路以 25 mm/km 设计控制，一般城市坐标系或市政工程坐标系以 25 mm/km 设计控制，城市轨道交通工程坐标系以 15 mm/km 设计控制)的平面直角坐标系，一是可以满足现场实际测量的边长和设计图纸上的边长差值控制在设计要求内；二是可以满足设计图上的设计对象和通过控制网放样的对象点之间距离(一般几十米到几百米)的差值控制在设计要求内。

首先要从测量中的坐标系谈起。大地测量中的坐标系分为空间直角坐标系(X,Y,Z)、大地坐标系(B,L,H)和平面直角坐标系(x,y)+高程(h)，而平面直角坐标系+高程的坐标表示形式是工程测量、大地测量中广泛采用的坐标系统。将空间直角坐标系和大地坐标系转换成平面直角坐标系，就必然存在投影变形，只是采用的投影方式不同投影变形的形状和大小不同，也可以说，这种变形是现今理论水平下的数学模型误差，是避免不了的（函数模型的规定条件除外，如高斯投影的中央子午线的投影变形比例为1）。测量上常以投影变形不影响工程需求为条件选择投影方法。

从勘测阶段分析，目前使用GNSS-RTK或全站仪采用坐标法在实地现场放样，在设计了控制投影变形的工程独立坐标系的控制网和设计对象之间建立尺度和相对位置依附关系。尺度可以保证设计的距离以规定的投影变形放设在实地，相对位置依附关系可以保证设计对象和控制网以规定的投影变形建立相对关系（也即保证设计对象的平面位置满足设计对象点与最近控制网点的投影变形关系）。

3.3 高速铁路工程独立坐标系的建立方法和原则

3.3.1 高速铁路工程独立坐标系的建立方法

由3.2节论述可知，工程独立坐标系的建立就是为了设计一个满足线路工程勘测设计和施工建造需求的平面直角坐标系。根据地图投影理论，各个领域会根据需要采用不同的投影方法。在高速铁路线路工程建设中，需要重点考虑的是投影的长度变形，控制长度变形较好的方法有高斯正形投影、横轴墨卡托投影和兰勃特投影等。高斯正形投影是使用比较普遍的一种控制长度变形的投影方式，铁路勘测设计工作者长期使用高斯正形投影，其原理严密，计算模型成熟，操作程序简单，为本书论述的重点。采用高斯正形投影方法建立工程独立坐标系时，对于东西向或非南北向的线路，需要建立多个坐标系，彼此之间进行衔接。此外，测绘界还研究了斜轴投影，斜轴投影又分为基于地球圆球和基于地球椭球的两种理论模型。

基于地球圆球模型的斜轴墨卡托投影即假设地球为一个圆球体，通过在圆球上建立极坐标系过渡来计算斜轴圆球上各点的经纬度，或者是建立投影圆球空间直角坐标系来过渡计算圆球上的经纬度，进而再投影到平面上。将线路走向的中心线作为投影中线，在切圆柱投影时将圆柱面与线路中心线相切。同时通过选择参考圆球的半径，使圆球球面与测区表面大致吻合，以控制高差投影变形的影响。德国高速铁路采用MKS定义的特殊平面坐标系统即属于基于地球圆球模型的斜轴墨卡托投影。此方法适用于长度几百公里的高铁线路，若线路工程东西长度超过千公里，圆球表示地球带来的误差将不可忽视，应该分段处理。

鉴于圆球表示地球进行坐标投影的局限性，金立新和付宏平等研究提出了“法截面子午线椭球高斯投影”，该方法基于地球椭球模型，以线路走向中心线的法截弧所在的法截面子午线椭圆为基准构建新椭球，可以满足东西长度几千公里线路的工程坐标系按一个坐标系进行设计。但该方法理论和实践做法比较复杂，在工程中应用较少。当然，一条几百公里甚至几千公里长度的线路始终穿行在左右宽度仅 40 km 的长方形条带内也是不现实的，所以斜轴投影虽然可以有效减少坐标系的划分个数，但实用性不强。

基于高斯正形投影理论控制长度变形，目前使用的有椭球膨胀法、椭球平移法、椭球变形法和移动中央子午线法。其中椭球膨胀法、椭球平移法和椭球变形法主要控制高程归化改正，主要原因是其方法使椭球面与测区平均高程面（投影面）尽量接近，但对控制高斯投影变形的贡献微小，主要原因是横向坐标值变化较小，带边缘横向坐标值的数量值较大；移动中央子午线法主要控制高斯投影变形，横向坐标值的数量值较小。这四种方法只能处理东西跨度不大于 90 km（25 mm/km）和 40 km（10 mm/km）的投影分带区域。

控制投影变形可以通过选择不同的投影方式或者选择合适的投影面和投影带实现，主要有以下 3 种数学模型：

（1）对于铁路线路走向基本为东西向的，它既经过坐标系的中央，又穿越坐标带的边缘，通过选择合适的高程参考面和中央子午线，共同抵偿两项归算改正变形，这种方法称为任意带中央子午线的窄宽度坐标系统。

在导线测量中，观测边长 D 归化至参考椭球体面上时，其长度将会缩短 ΔD。设归化高程为 H，地球平均曲率半径为 R，其近似关系式为

$$\frac{\Delta D}{D}=\frac{H}{R} \tag{3-12}$$

据式(3-12)，高程归化变形比 $\frac{\Delta D}{D}$ 与归化高程 H 呈正比。下面列出 H 为 50～4 000 m 时变形比 $\frac{\Delta D}{D}$ 的数值，见表 3-1。

表 3-1　高程归化变形比

H/m	变形比 $\frac{\Delta D}{D}$
50	1/127 420
100	1/63 710
159	1/40 069
200	1/31 855
500	1/12 742
1 000	1/6 371
2 000	1/3 185
3 000	1/2 123
4 000	1/1 592

当不考虑高斯正形投影产生的变形（中央子午线附近 $y_m=0$）时，要使长度变形小于 1/100 000，则线路的高程至归化高程面的距离不宜大于 63.7 m（长度变形比为 1/100 000）。

归化到参考椭球体面上的边长 S，再投影至高斯平面时，其长度将会放长 ΔS。设该边两端点的平均横坐标为 y_m，则其近似关系式为

$$\frac{\Delta S}{S}=\frac{y_m^2}{2R^2} \tag{3-13}$$

据式(3-13)，高斯正形投影变形比与该边距中央子午线的平均距离的平方 y_m^2 呈正比。下面列出纬度分别为 19°、36°、53°，带宽分别为 0.5°、0.6°、0.7°、0.8°、1.0°，带边至中央子午线距离为 y_m 时，高斯正形投影变形比 $\frac{\Delta S}{S}$ 的数值，见表 3-2。

表 3-2 高斯正形投影变形比

带宽/(°)	纬度 19°		纬度 36°		纬度 53°	
	y_m/m	$\frac{\Delta S}{S}$	y_m/m	$\frac{\Delta S}{S}$	y_m/m	$\frac{\Delta S}{S}$
0.5	26 235	1/117 946	22 541	1/159 771	16 784	1/288 173
0.6	31 588	1/81 358	27 049	1/110 953	20 141	1/200 116
0.7	36 853	1/59 772	31 557	1/81 414	23 498	1/147 022
0.8	42 117	1/45 762	36 066	1/62 408	26 855	1/112 560
1.0	52 647	1/29 288	45 082	1/39 941	33 569	1/72 038

根据高斯投影近似公式 $\frac{\Delta S}{S}=\frac{y_m^2}{2R^2}$，当不考虑高程投影时，若使高斯正形投影变形值不大于 1/100 000，应将投影带边缘至中央子午线的距离控制在 28 km 以内，即投影带东西向的宽度应不大于 56 km。

高程归化时导线边长缩短，高斯正形投影时导线边长伸长，利用两者变形符号相反的特性，就存在着一定的抵偿地带。若使高程归化变形比与高斯正形投影变形比的差值不大于 1/100 000，即

$$\frac{y_m^2}{2R^2}-\frac{H}{R}=\frac{1}{100\ 000} \tag{3-14}$$

根据这一公式，可以计算出抵偿地带的高程 H 和相应的横坐标 y_m 之间的关系，见表 3-3。

表 3-3 抵偿地带的高程 H 和相应的横坐标 y_m 之间的关系

H/m	y_m/km
0	0～28
50	0～38
100	22～45
150	34～52
200	42～58

从表 3-3 中可以看出，对于一定的地面高程只存在一定的抵偿地带，抵偿后东西宽度也随地面高程的增加而变得愈狭窄。

(2)对于铁路线路走向基本为南北向的，且其东西摆动在一定范围内，则可通过改变投影面高程 H_m，使它与高斯正形投影变形相抵偿，这种方法不改变国家统一的高斯投影 3°带的中央子午线，此方法称为抵偿高程面的高斯正投影统一 3°带平面直角坐标系，简称抵偿坐标系统。

(3)对于铁路线路走向基本为南北向的，且其东西摆动在一定范围内，还可以通过改变中央子午线 y_m 的位置，不改变归化高程面，使它与高程归化引起的变形相抵偿，这种方法称为任意中央子午线的高斯正投影平面直角坐标系，简称任意中央子午线坐标系统。

基于高斯投影的工程独立坐标系设计方法是国内高速铁路建设中普遍采用的方案，技术成熟，容易掌握，需要准备的资料简单，并且形成了固定的设计模板。图 3-5 所示为中国铁路设计集团有限公司(以下简称“中国铁设”)设计的铁路工程独立坐标系设计模板界面，输入为可研设计的线路逐桩坐标和高程(一般 100 m 一个点)，通过在模板中调整投影面大地高和中央子午线数值，线路纵断面在变形双曲线内移动，从而确定合理的工程独立坐标系参数。

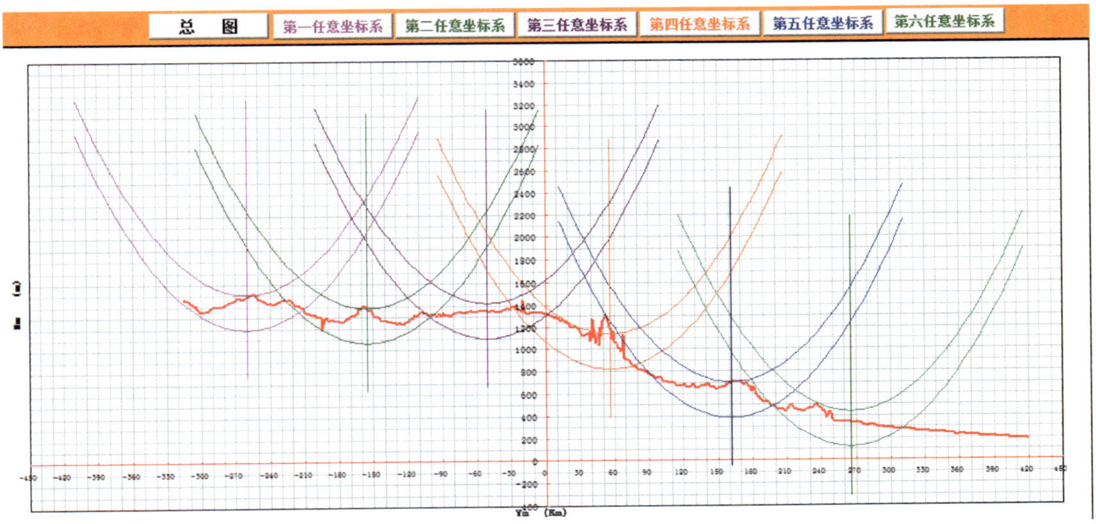

图 3-5　中国铁设研发的基于高斯投影的工程独立坐标系设计软件界面

2017 年中国铁设针对原 office 平台设计的工程独立坐标系设计软件的人为因素、自动化程度不高等缺点，开发了基于高斯投影的工程独立坐标系智能设计软件和斜轴投影坐标系设计及转换软件，无须人工干预，可全自动地设计最优的工程独立坐标系，软件提供椭球参数选择、投影参数选择及坐标系设计参数选择等多个设计参数，满足用户对不同项目的需求，软件参数设置界面、主界面如图 3-6、图 3-7 所示。用户甚至可以单独设置自己的椭球参数、坐标系参数、设计参数用于工程独立坐标系的设计。

图 3-6　中国铁设研发的工程独立坐标系智能设计软件界面(一)

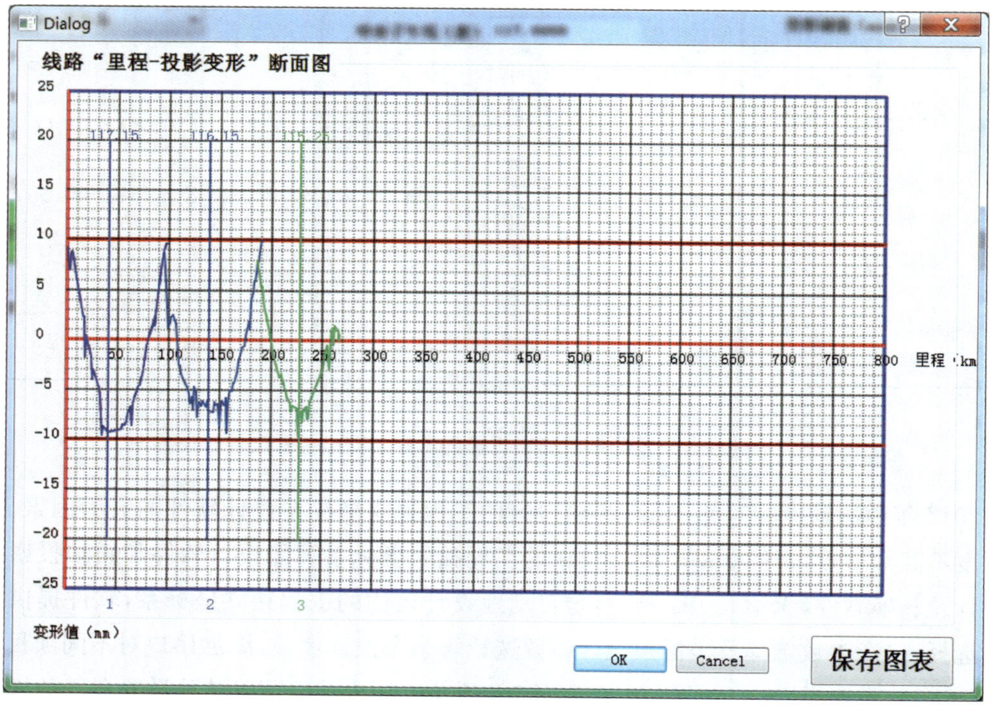

图 3-7　中国铁设研发的工程独立坐标系智能设计软件界面(二)

3.3.2　高速铁路工程独立坐标系的建立原则

1. 相邻工程独立坐标系分界点应选在直线段

相邻工程独立坐标系的分界点应选择在直线段上，这是基于多个因素的考虑。首先，直线段的固有特性使其成为坐标系统转换的理想位置。由于直线段上的轨道地理位置和方向是固定的，这大大降低了由于坐标转换产生误差的可能性。

此外，直线段在高速铁路设计中具有一定的长度，这为工程设计团队提供了更大的灵活性，使他们可以在整个直线段的任何位置选择分界点，而无须担心转弯、坡度或其他复杂因素的影响。这种方法提供了一种有效的方式来处理坐标系统转换的问题，同时也确保了工程的精度和效率。

2. 相邻工程独立坐标系分界点应避免选在车站、枢纽区域

铁路车站和枢纽区域由于其内部复杂性，被视为高速铁路网络的关键节点。这些区域不仅涉及多条轨道、交叉点、信号设备等，而且常常是人流和物流的高峰区域。在这些地方选择切换坐标系可能会增加混淆和误解的风险。例如，如果一个工程团队正在车站区域进行施工，并使用了与邻近工程不同的坐标系统，这可能会导致与其他团队的沟通和协作出现困难。在实际操作中，这样的问题可能会导致施工延误、成本增加，甚至可能带来安全隐患。因此，相邻工程独立坐标系的分界点应避免选择在车站或枢纽区域。这样可以有效地减少误解和混淆，确保工程的顺利进行。

3. 相邻工程独立坐标系分界点应避免将一座隧道断开

隧道也是高速铁路网络中的复杂区域，与车站和枢纽区域类似。虽然隧道通常是直线的，但其内部环境、结构和设计都可能对坐标转换的准确性产生影响。更为重要的是，隧道内部的 GNSS 和其他定位系统可能无法正常工作，这会增加测量和定位的难度。此外，隧道施工本身就是一个复杂的过程，涉及多个团队、多种工具和技术。在这样的环境中引入坐标系统的变换，可能会导致误差和混淆，从而增加施工的难度和风险。因此，选择在隧道区域进行坐标系统的切换需要谨慎考虑，以避免可能出现的问题。这是一个需要在实际工程中根据具体情况进行权衡考虑的问题，但是如果是一座一面坡的长大隧道或隧道群，为了避免出现投影变形超限，有时也不得不将工程独立坐标系的分界点设置在隧道中。

4. 工程独立坐标系参数应尽量保持与有衔接关系的既有工程一致

当新的高速铁路工程与既有工程相接时，坐标系的选择显得尤为重要。任何在交界处的不连续性或不匹配都可能出现工程问题，如轨道不对齐、信号系统不兼容等。因此，与既有工程接壤的新工程，其坐标系参数应与既有工程保持一致。这样不仅可以确保施工的顺利进行，还能简化后续的维护和管理工作。

高速铁路工程的独立坐标系建立是一个系统性、复杂的过程，需要考虑工程的实际需

求、地理环境、施工难度等多种因素。正确、适当的坐标系选择不仅能确保工程的准确性和高效性，还能为后续的运营、维护和管理提供便利。随着高速铁路技术的发展，坐标系建立的原则和方法也可能会有所变化，但无论如何，其核心目标都是为了确保高速铁路的安全、稳定和持久。

3.4 工程独立坐标系的搭接及使用

铁路是典型的线性工程，穿行于狭长的带状区域。在坐标投影的过程中，长度会发生很大的变形，使得图上距离与实地距离有较大差异，尤其在带边缘，变形更大。为了满足施工精度要求，就必须重新进行施工坐标系设计。然而，由于相邻坐标系变形程度不一样，在相邻的两个坐标系的边缘利用相同的制点放样同一个中线点可能会出现位置不一致的问题，这属于同基准下相邻投影带工程独立坐标系间衔接问题。另外一种情况是不同的工程项目由于各自采用的坐标系不一样，线路在接轨时需要进行坐标系衔接，这属于不同基准间坐标系的衔接问题。

一条客运专线的平面控制网会被划分为若干个工程独立坐标系，相邻两个坐标系相互搭接一定区域以满足设计及施工的要求。

在进行工程独立坐标系设计时，通常采用段落内平均轨面设计高程作为高程抵偿面，通过调整中央子午线的位置，达到段落内投影长度变形小于 10 mm/km 的要求。在此原则基础上，逐段考虑坐标系搭接后，建立整个高速铁路精测网的工程独立坐标系统。然而，在实际的坐标系设计时往往没有考虑两个坐标系搭接区投影变形之差，从而导致线路中线无法平顺衔接。举例说明，在某客运专线坐标系搭接区选取一对 CPⅡ 点进行分析，比较结果见表 3-4。

表 3-4　不同工程独立坐标系成果反算比较

第六工程独立坐标系成果			
点名	X 坐标/m	Y 坐标/m	坐标反算距离/m
CPⅡ259	3＊54 304.243 6	47＊419.019 7	418.546 0
CPⅡ260	3＊54 684.539 8	47＊244.218 2	
第七工程独立坐标系成果			
点名	X 坐标/m	Y 坐标/m	坐标反算距离/m
CPⅡ259	3＊54 366.607 4	52＊720.829 5	418.554 4
CPⅡ260	3＊54 746.130 0	52＊544.334 8	
		距离差值/m	0.008 4

注：为了保密，＊表示省略的数字。下同。

由表 3-4 可知，两个 CPⅡ点坐标反算的距离差达到 8.4 mm，相对精度仅为 1/49 827。如果用此对点放样线路同一中线点，在放样距离为 400 m 时就会产生约 8 mm 的互差，发生线路中线“穿袖”问题。通过分析工程独立坐标系设计来查找产生的原因，见表 3-5 和表 3-6。

表 3-5 第六工程独立坐标系设计节选

里　程	X 坐标(BJ54)/m	Y 坐标(BJ54)/m	轨面设计高程/m	投影变形值/(mm·km^{-1})
K243+200	3 * 53 075.0	4 * 8 748.0	562.278 3	−8.13
K246+000	3 * 53 539.0	4 * 5 989.0	588.038 3	−9.97

表 3-6 第七工程独立坐标系设计节选

里　程	X 坐标(BJ54)/m	Y 坐标(BJ54)/m	轨面设计高程/m	投影变形值/(mm·km^{-1})
K243+200	3 * 53 075.0	4 * 8 748.0	562.278 3	9.78
K246+000	3 * 53 539.0	4 * 5 989.0	588.038 3	7.76

通过表 3-5 和表 3-6 比较可知，在 K243+200 处，两个坐标系设计的投影变形值之差为 −8.13 mm/km−9.78 mm/km=−17.91 mm/km，这就导致点对 CPⅡ259、CPⅡ260 坐标反算距离差值较大，因而引起线路中线不顺直。

因此，在进行工程独立坐标系设计时，相邻两个坐标系在搭接区投影变形之差也要尽量控制在±10 mm/km 之内。相邻工程独立坐标系投影分带的位置，尽量选在东西方向处，避免在南北向直线段分带。

为解决不同中央子午线的相邻投影带间的线路衔接问题，应采取的办法和措施如下：

措施 1：坐标换带。线路设计在平面坐标换带处应进行坐标换带，以确保线路设计成果与平面测量控制网坐标系统保持一致。坐标投影换带计算应采用统一的专业软件进行严密坐标转换。

措施 2：线路位置的坐标换带。应采用线路交点（或直线点）、坐标换带衔接点进行坐标转换，不能在 CAD 上进行线位换带。当交点距离坐标换带衔接点太远时，应在交点与坐标换带衔接点间取一个直线点进行坐标转换，目的是控制投影角度变形值的大小。交点（或直线点）距离坐标换带衔接点的距离应根据投影角度变形值的大小控制。根据经验计算，相邻投影带间角度变形值最好控制在 0.5″以内。

措施 3：线路设计。线路设计人员根据坐标分带处的交点（或直线点）、线路坐标换带衔接点在相邻两个投影带中的坐标，固定坐标换带衔接点的里程，将坐标换带衔接点作为前一带的终点、后一带的起点，并以此为依据开展线路设计。

在高速铁路工程独立坐标系搭接区域或者称为重叠区域，勘察设计单位提交搭接区域的 CPⅠ、CPⅡ点的两套坐标成果，点数均应大于 2 个，以及对应相邻坐标系线路中线分界点（坐标换带衔接中线点）的两套坐标成果。以相邻坐标系衔接中线点的分界里程为界，线路设计专业分别提交线路中线逐桩坐标成果和断链表、曲线表及坡度表等，现场采用坐标法放设中线位置。

对于 CPⅠ、CPⅡ和 CPⅢ控制点的成果，应采用前一带成果向后一带成果进行坐标换带的严密坐标转换方式，以保持点的坐标成果在不同坐标系下的坐标转换数值唯一性。

这些措施可以有效地解决不同中央子午线的相邻投影带间的线路衔接问题，确保线路设计和施工的准确性和效率。

3.4.1 同基准下坐标系衔接处理

1. 搭接区域坐标系设计

目前，线路选线设计仍然在 1954 年北京坐标系或 1980 年西安坐标系下的地形图中进行。而精测网工程独立坐标系普遍设计在 WGS-84 或 CGCS2000 系统下。两个不同坐标系统的转换通过选取公共点求解四参数方式实现。为了保证坐标转换精度，通常将线路按照平均 20 km 的段落划分成若干个坐标系转换集，为了确保精准搭接，相邻坐标系转换集共用部分平面控制点。

2. 坐标系换带后角度变形

一条直线在高斯投影换带后，方位角会产生变化，如果忽视此变化，选用不合理的直线进行线路搭接，就会在线路中线设计及施工中出现“穿袖”问题。

3. 搭接区线路控制点转换方法不同

在坐标系搭接区会有不同工程独立坐标系下的两个四参数转换集，转换集内的控制点也不尽相同。对此区域的线路控制点进行转换时，可以采用坐标系换带及四参数转换集求解两种方法，两种方法产生的效果也有所区别。解决方案：在前一个工程独立坐标系下，线路控制点均采用四参数转换集进行转换；与其搭接的另一个工程独立坐标系下，相同的线路控制点必须采用坐标系换带方式求得。

3.4.2 不同基准下坐标系衔接处理

在不同基准下的坐标系衔接，通常是由于项目的异步施工导致的，其坐标系基准和施工坐标系的投影参数也会有所不同。无砟轨道接轨处的道岔中心位置是唯一的，这就要求后期建设的项目必须在该位置准确接轨，同时还需满足高速铁路线路平顺性的要求。

不同基准间的坐标转换常用方法有四参数法和七参数法。

在设计阶段，如果两个项目还未开始施工，只能从理论上利用两个项目公共的控制点，采用四参数法或七参数法进行线路坐标转换，以实现不同线路间的衔接。但由于该方法的数学模型存在不严密性（利用不同的公共控制点进行坐标转换的结果会有所不同）、工程建设的不同步，以及前期施工过程中由于测量仪器、施测方法、现场施工、轨道精调及其他误差等各种因素，会导致控制网绝对点位中误差，轨道精调时未能调到理论中线位置，从而使实地中线与理论中线存在一定的偏差。因此，尽管前期设计时采用了不同基准间的坐标转换进行线路衔接，但在后期施工期间，由于施工和测量等误差的影响，后建设的项目往往无法与先期建设的项目顺利衔接，在线路衔接处会出现一定的偏差，无法满足线路平顺性的要求。

上述问题的具体处理措施：为了确保无砟轨道的顺利衔接，在线上无砟轨道施工前，首先应测设衔接处的 CPⅢ控制网，在 CPⅢ控制点测设完成后，利用轨检小车测量既有无砟轨道的岔区和直线股的中心坐标，并评估是否满足线路设计要求。如果不满足要求，需要根据实测中线坐标进行无砟轨道中线的调整，对衔接处的线路中线进行重新设计，然后根据重新设计的线路资料进行施工，以满足相邻工程的衔接精度和轨道平顺性的要求。

3.5　工程案例

3.5.1　津潍高速铁路高斯投影工程独立坐标系设计

津潍高速铁路位于津冀鲁两省一市环渤海地区，线路起自天津枢纽滨海站，终到济青高速铁路潍坊北站，途经天津滨海新区、河北沧州市和山东德州市、滨州市、东营市、潍坊市。线路正线长度 348.257 km，其中天津市境内 60.152 km，河北省境内 65.442 km，山东省境内 222.663 km。

全线共设车站 10 个，分别为滨海站、滨海东站、滨海南站、黄骅北站、海兴西站、无棣站、滨州站、东营南站、寿光东站、潍坊北站。线路所 3 个，分别为黑猪河线路所、高新里线路所、黄埠村线路所。动车所 1 个，为滨海西动车运用所。线路平面示意如图 3-8 所示。

图 3-8　津潍高速铁路线路平面示意

1. 搜集线路中线资料

从线路设计专业搜集到全线正线的平纵断面数据，包含设计中线的 CGCS2000 坐标系坐标及路肩（轨面）设计高程数据，见表 3-7。

表 3-7　津潍高速铁路线路中线数据

CGCS2000 坐标系坐标，中央子午线 117°，1985 国家高程基准			
线路里程/m	北坐标/m	东坐标/m	轨面高程/m
15 900	4 319 107.7	558 804.7	−17.9
17 000	4 318 010.2	558 780.2	−14.5
18 100	4 316 978.2	558 435.4	−36.4
19 200	4 315 917.6	558 146.7	−44.2
20 600	4 314 635.4	557 592.5	−39.7
22 200	4 313 363.8	556 622.3	−25.3
23 499	4 312 408.3	555 744.9	−5.5
24 848	4 311 551.1	554 705.8	8.3
26 600	4 310 561.6	553 261.5	12.6
28 400	4 309 544.3	551 776.6	12.2
30 200	4 308 526.9	550 291.7	14.3
31 900	4 307 562.2	548 892.0	13.1
33 600	4 306 326.8	547 738.8	11.1
……	……	……	……

2. 坐标系设计

将线路中线数据 *.dat 导入坐标系设计软件，设置中线数据的椭球参数、中央子午线及坐标系设计参数（变形阈值、相邻坐标系的重叠范围），点击自动计算，可自动设计工程独立坐标系，如图 3-9 所示。

软件可输出工程独立坐标系设计结果（txt 文件）：

起算中央经线，117.0000，设计精度，100000，10 mm/km，起算中央经线−d，高程异常值（m），投影面大地高（m），变形最大值（mm/km），超限个数，起始里程（m），终止里程（m）

第 1 坐标系，117.4，0.0，−30，8.92654，0，15900，97600

第 2 坐标系，117.4，−6，−15，9.41632，0，92700，196800

第 3 坐标系，118.15，−4，−30，8.90557，0，191800，275200

第 4 坐标系，118.8，−2，−20，7.16428，0，270900，360000

第 5 坐标系，119.3，0.0，35，9.21687，0，356900，374223

图 3-9　坐标系软件设计主界面

第 1 坐标系，中央经线，投影面大地高，高程异常，起始里程，终止里程

117.4，—30，0.0，15900～97600

中线里程，北坐标(m)，东坐标(m)，路肩设计高程(m)，投影变形值(mm/km)

15900.0，4319107.7，558804.7，—17.90，5.19

17000.0，4318010.2，558780.2，—14.50，4.643

……

软件可实现图形化显示坐标系设计高斯投影变形值统计结果，如图 3-10 所示。

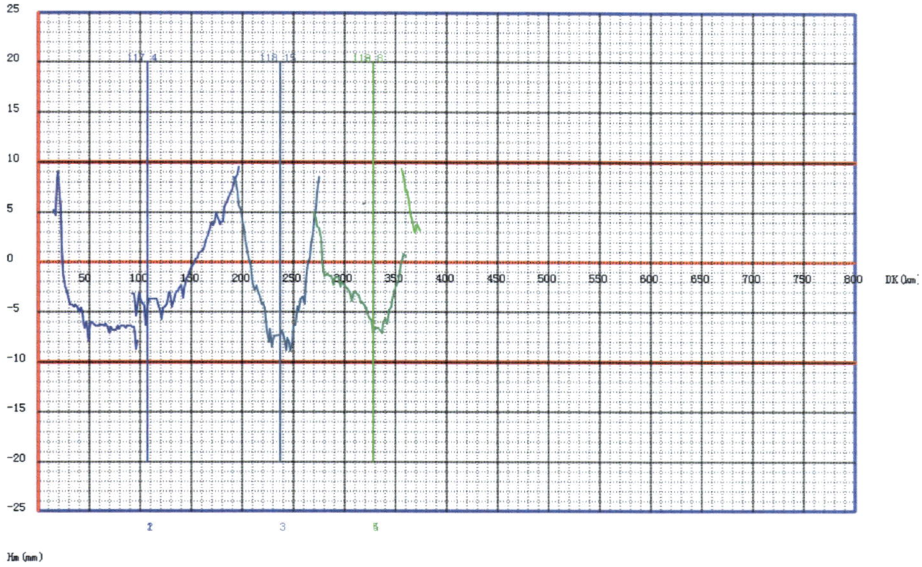

图 3-10　高斯投影变形值统计结果(截图)

3.5.2 工程独立坐标系搭接案例

在两个坐标系搭接区域，线路设计首先得到第一工程独立坐标系下同一直线下的三个点 JD75、DK338＋894.47 和 JD76，其中 DK338＋894.47 为换带衔接点，坐标值见表 3-8。

表 3-8 第一工程独立坐标系成果

点 名	X 坐标/m	Y 坐标/m
JD75	4 * 78 845.651 3	53 * 348.984 3
JD76	4 * 84 725.895 8	53 * 433.444 7
DK338＋894.47	4 * 83 017.118 5	53 * 537.111 9

注：为了保密，* 表示省略的数字。下同。

将此三点用坐标换带方法转换到第二工程独立坐标系下，成果见表 3-9。

表 3-9 第二工程独立坐标系成果

点 名	X 坐标/m	Y 坐标/m
JD75	4 * 78 827.616 2	48 * 920.646 2
JD76	4 * 84 687.983 2	48 * 042.659 8
DK338＋894.47	4 * 82 984.986 5	48 * 135.411 3

展点绘成图 3-11 进行分析，由于角度变形，换带后三个点不再共线，换带衔接点 DK338＋894.47 垂直偏离 JD75 与 JD76 连线 4.6 mm，如果在第二工程独立坐标系设计时仍然采用 JD75 至 JD76 连线作为控制边，这就在两个坐标系换带衔接点 DK338＋894.47 产生了较大的横向偏差，即出现"穿袖"问题。

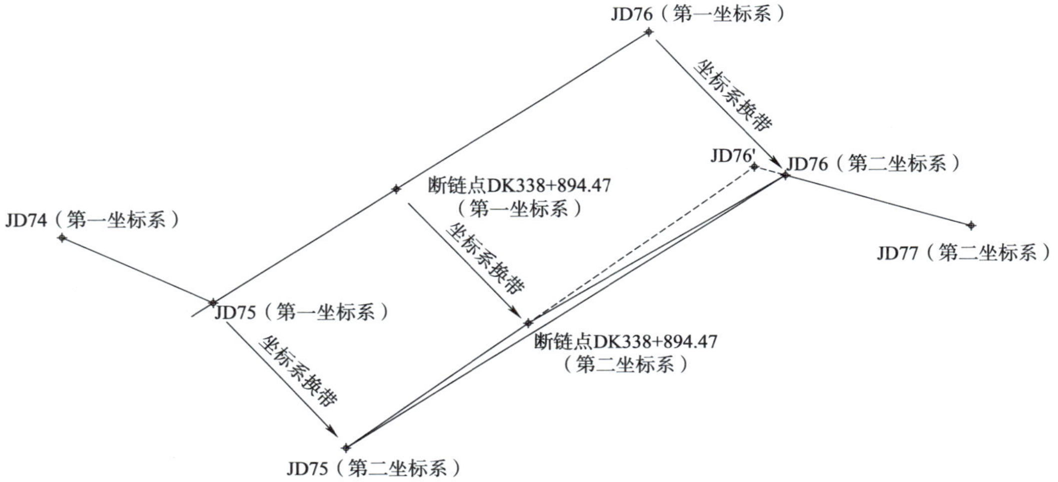

图 3-11 工程独立坐标系搭接示意

解决方案:在进行第二工程独立坐标系下的中线设计时,JD75至JD76直线边应该用JD75至DK338+894.47进行控制,即由JD76(第二工程独立坐标系)至坐标换带衔接点DK338+894.47与JD76(第二工程独立坐标系)至JD77(第二工程独立坐标系)重新穿线得出JD76′,这就避免了在换带衔接点出现的“穿袖”问题。

第4章 长大隧道和桥梁精密工程控制测量的创新与发展

4.1 长大隧道和桥梁建立独立控制网的作用

为确保长大隧道的顺利贯通，洞外控制网测量的精度必须满足要求，尤其是平面控制网的测设必须严格遵守相关规范规定。在平面控制测量过程中，可能会出现计算边长与实测边长不相符，以及洞口投点计算角度与实测角度不相符的情况，这些都可能导致较大的差值。这种差值会对隧道贯通测量和后续无砟轨道施工产生较大影响。

根据《高速铁路工程测量规范》(TB 10601—2009)的要求，隧道施工独立控制网的边长投影变形值必须小于10 mm/km，才能满足隧道施工的要求。如果无法满足这一要求，就需要建立一个满足上述投影变形要求的工程独立坐标系。对于长度超过6 km的隧道，设计单位通常会要求施工方建立工程独立坐标系。

建立长大隧道控制网时，需要综合考虑隧道的长度、工程施工方法、线路的平面形状以及断面的具体宽度等因素。一般来说，隧道越长，对控制网精度的要求就越高。

长大隧道控制网测量的基准精度直接影响隧道后续施工的质量。当线路平面控制网的精度无法满足隧道平面控制测量的要求时，应建立隧道独立平面控制网，并与隧道洞口附近的线路平面控制点进行联测。建立长大隧道独立控制网可以控制投影长度变形值，满足隧道贯通误差的要求，以及满足施工测量的需要。

在特大型桥梁的主桥施工中，尤其是桥面钢构件的施工，定位精度的要求很高，因此需要建立独立控制网。建立桥梁施工控制网的主要目的是进行桥梁各部位的施工放样。另外，为了保证桥梁工程的安全运营，在施工期间还需要利用施工控制网进行一定的变形监测。桥梁施工控制网是桥梁施工的基准，因此在工程开工之前，应根据工程的规模和要求，对施工控制网的布设方案进行认真研究，以确保工程的顺利施工。

桥梁施工控制网分为施工平面控制网和施工高程控制网两部分。桥梁施工平面控制网主要用于放样桥墩桥台的平面位置和跨越结构的各个部分，因此必须结合桥梁的桥长、桥型、跨度，以及工程的结构、形状和施工精度要求来布设合理的施工控制网。桥梁高程控制网的作用是统一本桥的高程基准面，满足施工中高程放样的需要，以及监测桥梁墩台的垂直变形。这些都是为了确保桥梁工程的顺利施工和安全运营。

4.2　长大隧道洞外控制网的建立

4.2.1　洞外平面控制网

1. 一般要求

(1)在进行隧道施工平面控制测量时,需要综合考虑隧道的长度、平面形状、辅助坑道的位置以及线路通过地区的地形和环境条件。可以采用 GNSS 测量、导线测量、三角形网测量以及这些方法的组合,进行隧道的平面控制测量。

(2)当线路平面控制网的精度无法满足隧道控制测量的要求时,应建立隧道独立的施工平面控制网。同时,需要将两端的线路控制点(CPⅠ、CPⅡ)纳入观测,并处理好与隧道两端线路控制网的衔接。

(3)每个洞口的平面控制点和水准点的布设,都不应少于 3 个。向洞内传递方向的洞外联系边的长度应大于 500 m,如果有困难,也不应短于 300 m。对于 GNSS 控制网进洞的联系边,其最大俯仰角不应大于 5°。

(4)隧道两相向开挖洞口施工中线在贯通面上的横向和高程贯通允许误差应符合表 4-1 的规定。

表 4-1　隧道贯通允许误差

项　目	横向贯通允许误差							高程贯通允许误差
相向开挖隧道长度/km	$L<4$	$4\leqslant L<7$	$7\leqslant L<10$	$10\leqslant L<13$	$13\leqslant L<16$	$16\leqslant L<19$	$19\leqslant L<20$	
洞外贯通中误差/mm	30	40	45	55	65	75	80	18
洞内贯通中误差/mm	40	50	65	80	105	135	160	17
洞内外综合贯通中误差/mm	50	65	80	100	125	160	180	25
贯通限差/mm	100	130	160	200	250	320	360	50

(5)洞外 GNSS 控制测量误差引起的隧道横向贯通中误差可按下列方法估算:

①控制测量前,应按式(4-1)估算测量设计时的验前横向贯通中误差。

$$M^2 = m_J^2 + m_C^2 + \left(\frac{L_J\cos\theta \times m_{\alpha_J}}{\rho}\right)^2 + \left(\frac{L_C\cos\varphi \times m_{\alpha_C}}{\rho}\right)^2 \tag{4-1}$$

式中　m_J, m_C——进、出口 GNSS 控制点坐标误差在贯通面上的投影长度;

L_J, L_C——进、出口 GNSS 控制点至贯通点的长度;

$m_{\alpha_J}, m_{\alpha_C}$——进、出口 GNSS 联系边的方位角中误差;

θ, φ——进、出口控制点至贯通点连线与贯通点线路切线的夹角;

ρ——常数，取值为 206 265″。

②控制测量后，应按式(4-2)估算控制测量的验后横向贯通中误差。验后贯通误差应满足表 4-1 的规定。

$$M^2=\sigma_{\Delta x}^2\cos^2\alpha_F+\sigma_{\Delta y}^2\sin^2\alpha_F+\sigma_{\Delta x\Delta y}\sin(2\alpha_F) \tag{4-2}$$

式中 $\sigma_{\Delta x},\sigma_{\Delta y},\sigma_{\Delta x\Delta y}$——由进、出口推算至贯通点的 x、y 坐标差的方差和协方差；

α_F——贯通面方位角。

(6)洞外导线网、三角形网误差引起的横向贯通中误差可按下列方法估算：

①控制测量前，应按式(4-3)估算测量设计时的验前横向贯通中误差。

$$M=\sqrt{m_{y\beta}^2+m_{yl}^2} \tag{4-3}$$

$m_{y\beta}$按式(4-4)计算：

$$m_{y\beta}=\frac{m_\beta}{\rho}\sqrt{\sum R_x^2} \tag{4-4}$$

m_{yl}按式(4-5)计算：

$$m_{yl}=\frac{m_l}{l}\sqrt{\sum d_y^2} \tag{4-5}$$

式中 $m_{y\beta}$——测角误差影响在贯通面上的横向中误差，mm；

m_{yl}——测边误差影响在贯通面上的横向中误差，mm；

m_β——控制网设计的测角中误差，″；

ρ——常数，取值为 206 265″；

R_x——控制网各点至贯通面的垂直距离，m；

$\frac{m_l}{l}$——控制网设计的边长相对中误差；

d_y——控制网各边在贯通面上的投影长度，m。

②控制测量后，应按式(4-3)估算控制测量的验后横向贯通中误差。验后横向贯通误差应满足表 4-1 的规定。

2. 平面控制网建立

在建立施工控制网平面坐标系时，可以采用以下几种方法：

(1)线路坐标系：以进、出口端的线路控制点为约束基准。

(2)独立坐标系：固定一点一方向。

(3)中线轴线法施工独立坐标系：以隧道长直线或曲线隧道切线(或公切线)为坐标轴的假定坐标系，原点纵坐标值与设计里程一致。

(4)隧道施工控制网：当隧道洞口两端的线路控制网(CPⅠ、CPⅡ)不在一个投影带内时，可以建立独立的隧道施工控制网。

4.2.2 洞外高程控制网

1. 一般要求

(1)隧道施工高程控制测量应起闭于隧道进出口线路水准基点，当线路水准基点精度不能满足要求时，应建立隧道独立施工高程控制网。

(2)洞外高程控制测量应从隧道一端的线路水准基点联测至另一端的线路水准基点。

(3)水准路线长度大于 5 000 m 时，应根据高程贯通中误差进行高程控制网设计。

2. 高程控制网建立

在布设高程控制网时，需要根据实地交通状况、卫星影像图、1∶10 000 地形图以及隧道进出口和斜井洞口的位置进行布设。在布网过程中，首先需要按照地图上的交通路线进行实地踏勘，然后选择最优的路线进行测量。

每个洞口应设置 2～3 个水准点，这些点一般选择在洞口附近土质坚实、通视良好、施测便利、高程适宜且便于保存的地方。在 3 个洞口水准点中，2 个应设置在洞口附近，两点之间的距离应按照能够安置一次仪器进行观测的原则来确定，另一个点应设置在更为安全的区域，以便于复核联测。

在进行水准网平差时，需要注意的是，为了保证隧道洞外与洞内高程控制测量的兼容性，隧道范围的二等水准测量路线应以线路里程作为计算该隧道测区两洞口间往返水准测量高差较差限差的长度参数。在高差较大的地区，应考虑对所测高差进行正常水准面的不平行改正，以尽量避免隧道贯通后断高的产生。

4.3　长大隧道洞内控制网的建立

4.3.1　洞内平面控制网

1. 一般要求

(1)由于隧道洞内的特殊环境限制了 GNSS 的信号接收，使得 GNSS 无法在洞内使用，因此目前隧道洞内平面控制测量仍然主要依赖全站仪的导线网测量的方式进行。

(2)在进行洞内导线测量时，应该从洞外联系边引入导线，且进洞导线点的后视方向不应少于 2 个。对于导线环或交叉导线，应该采用双线路向洞内引测。

(3)洞内 CPⅡ导线应与隧道洞内(或斜井内)施工控制导线点进行联测，并将施工导线点纳入洞内 CPⅡ导线网进行兼容性检查。当兼容性满足规范规定的精度要求时，应该将洞内施工导线控制点作为约束点，并参与洞内 CPⅡ导线约束平差。

2. 常见的几种导线(网)形式

导线网的形式通常包括附合单导线、导线环网和交叉导线网等。附合单导线布网简单，便于测量，但网的强度较差，多余观测较少，因此更适合进行隧道长度较短的 CPⅡ网的布设。导线环网的网形强度较高，多余观测较多，更适合进行中等长度隧道的洞内 CPⅡ网的布设。相比于导线环网，交叉导线网的网形强度更高，多余观测更多，能更好地控制横向摆动，因此更适合进行长大隧道洞内 CPⅡ网的布设。

受到布设 CPⅢ平面网所用的自由测站边角交会测量技术的启示，测量领域的学者和专家对其在长大隧道洞内 CPⅡ网的使用进行了探究，并得出了一系列的研究结果。这些结果证实了此方法在当前长大隧道洞内 CPⅡ建网及其复测方面应用的可行性。相比于传统的导线测量方法，使用自由测站边角交会的测量技术建立洞内 CPⅡ网可以有效地减少目标和仪器对中误差。由于控制点的位置在隧道侧壁，因此控制点不易移位，点位稳定。此外，点位布设均匀、网形强度高、多余观测数量多等优点是其他导线网所无法比拟的。

长大隧道通常通过设置斜井、横洞以及平行导洞等辅助坑道的方式实现长隧短打。由于斜井与正洞连接处通常较为狭窄且受交叉角度影响，通视边一般较短，因此短边方位角传递的精度往往难以控制。近年来，业内学者提出了自由测站与固定测站相结合的测量方法、多公共转点侧方边角交会测量的方法以提高短边方位角传递精度。这些方法都有助于提高隧道施工测量的精度和效率。

（1）附合单导线测量技术

附合单导线的网形非常简单，观测值数量少，操作容易，且观测的视线也没有平行于隧道壁两侧的，因此可以避免隧道旁折光的影响。如图 4-1 所示，CPⅠ01、CPⅠ02、CPⅠ03、CPⅠ04 为洞外的 GNSS 控制点，CPⅡ01、CPⅡ02、CPⅡ03、CPⅡ04 为洞内布设的单导线形式的 CPⅡ控制点。

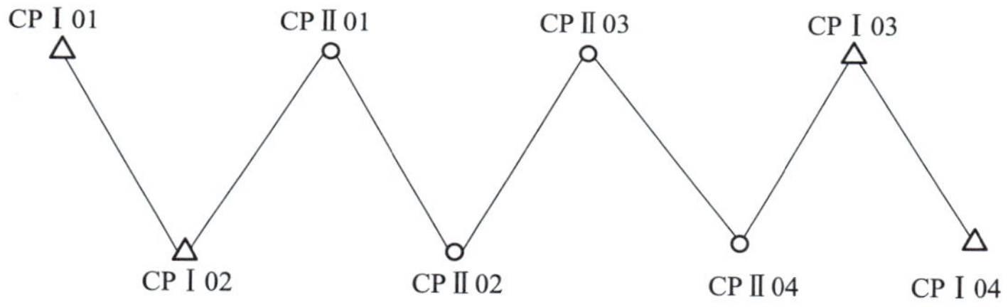

图 4-1　附合单导线测量网形示意

导线的观测值是距离和水平角（分别在 CPⅠ02、CPⅠ03、CPⅡ01～CPⅡ04 架设仪器进行观测），将观测的数据进行预处理后，得到符合精度指标的观测数据。要根据已知的 CPⅠ01、CPⅠ02、CPⅡ03、CPⅡ04 点坐标和处理过后的观测数据计算 CPⅡ01～CPⅡ04 控制点近似坐标，然后要进行严密平差处理，一般选择间接平差。要进行间接平差，首先要对其建立误差方程，误差方程的建立都是要基于函数模型的，目前一般选择以水平方向和水平距离为观测值的边角网函数模型来开列误差方程。

此方法建网由于网形简单，因此检核条件少，网整体强度低。综上可得，利用附合单导线网的形式进行洞内控制网的布设仅仅适用于短隧洞。

(2)导线环网测量技术

如图 4-2 所示,CPⅠ01～CPⅠ04 为洞外的平面控制点,CPⅡ01～CPⅡ08 为洞内 CPⅡ网的平面控制点。8 个 CPⅡ控制点成对分布,导线网的网形相较于单导线复杂,增加了图形条件,并且控制网的图形强度提高,缺点是由于网形的缘故观测时容易产生隧道旁折光的影响。

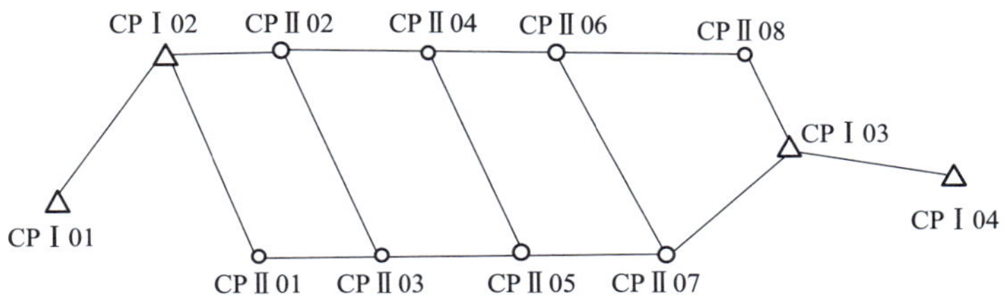

图 4-2　导线环网测量网形示意

观测过程中观测值仍为水平角和距离,误差方程建立所需的函数模型与单导线相同,仍旧需要建立误差方程进行严密平差。综上所述,此导线网测量技术适用于中等长度的隧道洞内进行 CPⅡ网的布设。

(3)交叉导线测量技术

如图 4-3 所示,CPⅠ01～CPⅠ04 为洞外的平面控制点,CPⅡ01～CPⅡ08 为洞内 CPⅡ网的平面控制点。洞内布设的两条导线平行延伸,并且每隔一边交叉一次。

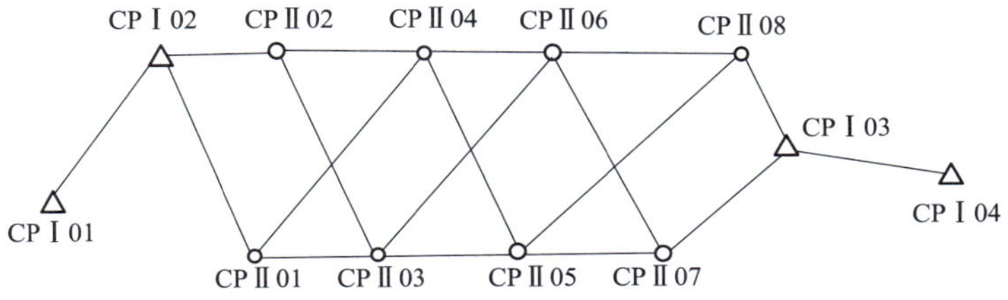

图 4-3　正形交叉导线网测量网形示意

交叉导线网有着比导线环网更加高的网形强度,而且有更多的多余观测,横向摆动较其他几种网形更易控制,因此横向精度高,此交叉导线网也称为正形交叉导线网。缺陷是由于网形中导线边平行于隧道壁的缘故,观测过程中仍旧受隧道旁折光的影响,并且每个点位都要架设仪器和棱镜,所以对中误差不可忽视。观测值仍旧为水平角和距离。综上所述,此种导线网形可以应用于长大隧道洞内平面控制网的布设。

(4)改进的交叉导线网测量技术

通过改进的交叉导线网,称为异形交叉导线网,如图 4-4 所示,由于网中没有平行于隧道侧壁的观测边,因此受旁折光影响将明显比正形交叉导线网小。

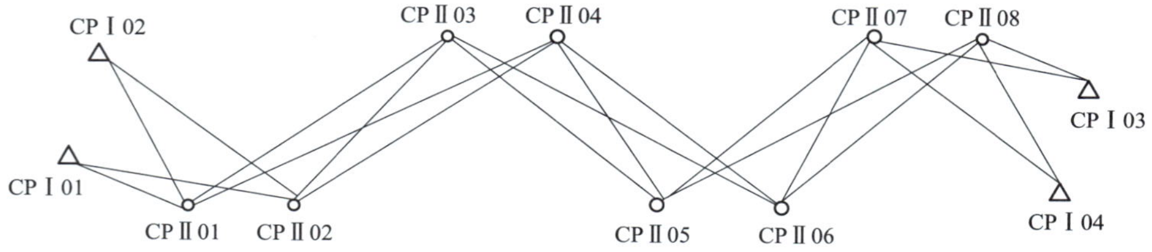

图 4-4　异形交叉导线网测量网形示意

(5)自由测站边角交会网

如图 4-5 所示,CPⅠ01～CPⅠ04 为洞外的平面控制点,CPⅡ01～CPⅡ08 为洞内 CPⅡ网的平面控制点,1～5 为仪器设站点。此形式导线网比导线环网有更多的多余观测,可以避免隧道壁旁折光影响、仪器和棱镜杆对中误差,但缺少对导线点间直接距离的重复观测。

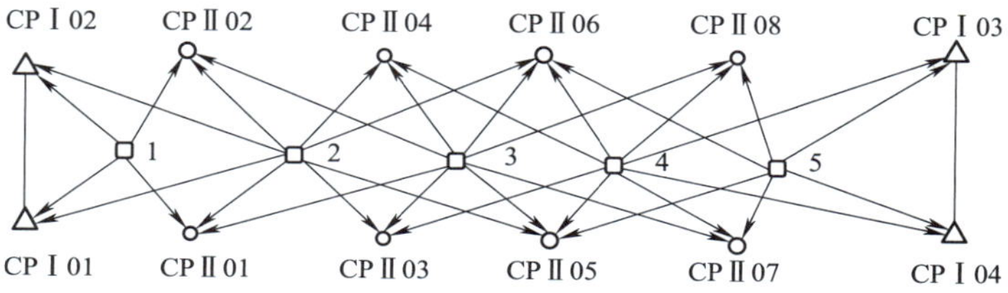

图 4-5　自由设站网形示意

4.3.2　洞内高程控制网

高程控制点应每隔 200～500 m 设置一对,洞内高程控制点应结合地质条件、施工方法和施工进度定期复测。水准路线起闭于隧道进、出口两端的线路水准基点,按二等水准测量要求施测。建立新一期高程控制点前应检测起算高程点。洞内高程控制测量精度要求详见表 4-2。

表 4-2　洞内高程控制测量精度要求

测量等级	两开挖洞口间高程路线长度/km	每千米高差测量偶然中误差/mm
二等	＞32	≤1.0
三等	11～32	≤3.0
四等	5～11	≤5.0
五等	＜5	≤7.5

高程控制测量应按下式计算高程贯通中误差:

$$M_{\Delta h}=m_{\Delta}\sqrt{L} \tag{4-6}$$

式中　m_{Δ}——每千米水准测量高差偶然中误差，mm；

L——洞外或洞内高程路线长度，km。

隧道洞内水准贯通高差闭合差满足$\leqslant 6\sqrt{L}$时，以隧道进、出口两端的二等水准点为固定点进行高程平差。当隧道洞内水准贯通高差闭合差不满足$\leqslant 6\sqrt{L}$时，应将水准路线向两头延伸，使之满足$\leqslant 6\sqrt{L}$后，固定两端点的高程，对该段水准路线进行约束平差，并调整平差范围内的二等水准点，消除隧道高程断高。

4.4　复杂大型桥梁施工控制网的建立

4.4.1　一般要求

(1)在桥梁工程的勘测设计各阶段，测量应采用与线路一致的坐标系统。对于复杂特大桥及重要大桥，其施工控制网应采用满足桥梁施工需要的桥梁施工独立坐标系。

(2)目前，建立桥梁施工控制网主要有两种方法：一种是传统的三角网法；另一种是利用GNSS技术。这两种方法各有其特色。传统的三角网建网方法具有观测量直观可靠、数据处理方法简单、质量控制标准完善且严格、建网技术成熟且经验丰富等优点，但劳动强度高，测量周期较长。而利用GNSS技术建立控制网则可以减轻劳动强度、降低控制点间的通视要求以及降低观测中对气象条件的要求，具有明显的优势。

(3)桥梁施工独立坐标系的位置基准和方位基准应符合下列规定：

①基于国家或线路坐标系统的桥梁施工独立坐标系：以施工控制网中一个稳定的控制点(宜为桥中线点)的国家或线路坐标作为起算坐标，以该点至另一点(宜为桥中线点)在国家或线路坐标系中的坐标方位角为起始方向。

②桥址里程坐标系统：以桥轴线为坐标纵(X)轴，里程增加方向为正向；与X轴垂直的方向为坐标横(Y)轴，X轴左侧为负，右侧为正；选定桥轴线上小里程侧较为稳定的一点作为坐标起算点，其里程值即为X值。

(4)桥梁施工独立坐标系的尺度基准应采用下列方法建立：

①当线路控制网的可靠性、兼容性良好，且尺度满足桥梁控制网的要求时，可将已知边确定的尺度作为桥梁控制网的尺度基准。

②采用卫星定位测量方法测定的长度作为控制网的尺度基准，取桥址测区中心处的经线作为中央子午线，以桥梁墩(台)顶或轨顶平均高程面作为坐标投影面。

③采用精密光电测距方法测量网中的一条长边，并将该边归化到桥梁墩(台)顶或轨顶平均高程面上，建立平面控制网的尺度基准。

(5)跨河正桥施工平面控制网中最弱点的坐标中误差及最弱边的边长相对中误差应满足按下式估算的精度要求：

$$m_x(m_y)\leqslant 0.4M \text{ 或 } \frac{m_S}{S}\leqslant\frac{0.4\sqrt{2}M}{S} \tag{4-7}$$

式中 M——施工中放样精度要求最高的几何位置中心的容许误差，mm；

S——最弱边的边长，mm；

m_x——x 坐标分量中误差，mm；

m_y——y 坐标分量中误差，mm；

m_S——最弱边边长中误差，mm。

(6)跨河正桥施工平面控制网的测量等级应根据跨河桥长、大跨径桥梁的主跨跨距及桥型桥式、施工精度要求等因素，经过综合分析后确定，并不得低于表 4-3 的规定。

表 4-3　跨河正桥施工平面控制测量等级和精度要求

跨河桥长 L/m	大跨径桥梁主跨 L_1/m	测量等级	跨河桥轴线边的边长相对中误差
$2\ 500<L\leqslant 3\ 500$	$800<L_1\leqslant 1\ 000$	一等	$\leqslant 1/350\ 000$
$1\ 500<L\leqslant 2\ 500$	$500<L_1\leqslant 800$	二等	$\leqslant 1/250\ 000$
$1\ 000<L\leqslant 1\ 500$	$300<L_1\leqslant 500$	三等	$\leqslant 1/150\ 000$
$L\leqslant 1\ 000$	$L_1\leqslant 300$	四等	$\leqslant 1/100\ 000$

注：1. 对于跨河桥长小于 1 000 m 的桥梁或主跨短于 500 m 的大跨径桥梁，当桥址两岸已有足够数量的 CPⅠ、CPⅡ控制点且能满足桥梁施工精度要求时，可直接利用。
2. 时速大于 120 km 的无砟轨道铁路桥梁的施工平面控制网精度等级不得低于三等。
3. 对于跨河桥长大于 3 500 m 的复杂特大型桥梁或主跨大于 1 000 m 的大跨径桥梁，应根据桥梁施工的必要精度进行专项设计。

(7)桥梁施工高程控制网中，跨河两水准点间高差的中误差应按下式估算：

$$m_{\rm H}\leqslant 0.2\sqrt{2}\Delta_{\rm H} \tag{4-8}$$

式中 $m_{\rm H}$——跨河两水准点间高差的中误差，mm；

$\Delta_{\rm H}$——施工中放样精度要求最高的结构部位的高程容许误差，mm。

(8)桥梁施工高程控制网统一按二等水准测量精度施测。

(9)施工高程控制网中的水准点，应沿桥轴线两侧均匀布设，顺桥向点间距宜为 400 m 左右，并构成连续水准环。墩台较高、两岸坡陡时，可在陡坡上一定高差内加设辅助水准点，其精度必须满足施工要求。

近年来大量新型桥梁不断出现，由于这些桥梁施工工艺复杂、跨度大、工期长，对施工测量提出了新的要求，传统的施工测量技术已难以适应现代桥梁施工的要求。为此，应根据这些变化和特点，对施工测量技术进行改进与提高。

4.4.2　选点与埋石

在选择桥梁施工控制点的位置时，需要考虑以下几个因素：

(1)工程的整体布局；

(2)控制网的测量方法；

(3)施工的工艺流程；

(4)施工区域的地形地质条件；

(5)施工过程对测量控制点的影响；

(6)施工放样的可行性和便利性。

由于施工控制网是为整个工程施工测量服务的，因此首级施工控制网应遍布整个施工区域，以保证各工程部位都有基本的施工控制点为放样服务，或者利用首级施工控制网点进行进一步的控制网加密工作。在实际选点时，还应考虑建筑物的重要程度和精度要求，一般在建筑物密集地区或重要建筑物周围应多布设一些控制点。

特大型桥梁的建设工期一般在 2 年以上，施工周期长，控制网点频繁使用。为了便于施工放样和提高精度，常用的控制网点应建造混凝土观测墩，并埋设强制归心设备。由于桥梁工程施工区域通常覆盖层较厚，地质条件较差，对点位的稳定性不利。因此，为保证点位的稳定性，观测墩的基础应埋设至冻土层以下的原状土中，在条件允许时，可在基础下埋设钢管，以增加观测墩的稳定性。观测墩建造完毕后，需经过一定时间的稳定才能进行观测。

施工水准点标石应根据地质情况和精度要求埋设，可采用混凝土标石、钢管标石、岩石标石、管桩标石、钻孔桩标石或基岩标石。对于复杂特大桥，应在江河两岸各埋设至少 1 个深桩水准点，水准点埋置深度应达到稳定的土层。

4.4.3　坐标系的选择

在进行线路的总体设计时，通常会在勘测设计阶段建立整体线路工程控制网。这个控制网在线路的起点、终点、桥涵等关键位置都设有控制点。然而，无论从密度还是精度上来看，这些控制点都无法满足特大型桥梁施工测量的需求。

为了统一线路全线的坐标系统并确定工程的绝对位置，通常会采用国家坐标系统作为勘测阶段建立的控制点。这些坐标系统是以参考球面为基准面的高斯平面直角坐标系统。然而，这种坐标系统存在两种长度变形：一种是高斯投影长度变形；另一种是由于基准面高程不同引起的长度变形。

为了保证桥梁施工的顺利进行，所建立的桥梁施工控制网必须与桥梁设计所采用的坐标系统(通常为工程独立坐标系)相一致。但是，纯粹的国家坐标系统存在较大的长度变形，这对特大型桥梁施工放样非常不利。因此，在建立桥梁施工控制网时，首先要保证施工控制网的坐标系与工程设计坐标系相一致，其次还要使局部的施工控制网变形最小。

为了达到上述目标，应该建立一个独立坐标系统的施工控制网。为了保持桥梁与两端线路的联系，独立坐标系统的控制网应以一个位置稳定的桥轴线点或勘测控制点作为坐标原点，以该点的原坐标值和里程作为独立坐标系统的起算坐标和起算里程，以桥轴线设计的坐标方位角或原来两个勘测控制点的连线方位角作为起算方位角，以所有桥墩顶面平均高程作为坐标基准面，将所有观测边长都投影到该基准面上。这样，就可以在保证坐标系统一致性的同时，使施工控制网变形最小化，从而满足桥梁施工的需求。

4.4.4 投影面的选择

在确定施工控制网的投影面时，首先需要确定桥梁设计的投影面。通常情况下，桥梁工程的设计是在地形图上进行的，这种设计一般不考虑地球曲率的影响。对于一般的桥梁，这种做法并无太大的影响，但对于具有高塔柱的悬索桥和斜拉桥，地球曲率的影响就变得十分明显。

因此，在进行控制网平差之前，应该确认桥梁的设计跨度是相对于哪个高程面的。通常情况下，桥梁设计所用的地形图是在国家坐标系统下测绘的。在测绘这种地形图时，采用了线路工程的统一坐标基准。但是，在测绘大比例尺桥区地形图时，一般只采用线路整体坐标系作为起算数据，并未将测绘数据投影到高斯投影面上。因此，这种地形图可以被理解为以国家坐标系为基本框架的局部大比例尺地形图，它不存在投影变形，与实际形状一致。这种地形图的投影面可以被理解为工程的平均高程面。因此，桥梁的设计跨度可以被理解为地面平均高程面上的距离。

影响投影面选择的另一个重要因素是放样方法。在过去的桥梁施工过程中，由于受到测量仪器的限制，一般采用经纬仪前方交会的方法测设点位。在这种情况下，由于放样过程不涉及距离，控制网的距离尺度就是放样后建筑物的距离尺度。因此，为了保证放样后的桥梁跨度与设计值相同，控制网应投影到设计跨度的高程面上（如墩面高程、桥面高程等）。

4.4.5 高程控制网数据处理

施工高程控制网应采用水准测量方法观测，测量精度及其他技术要求应符合《高速铁路工程测量规范》中高程控制网的有关规定。外业观测完成后，应对水准网中各条件方程式的不符值进行检验，限差检算合格后，进行全桥的整体平差。全网高程宜以一个稳定可靠的高等级已知水准点作为起算点。

4.5 工程案例

4.5.1 长昆高速铁路雪峰山隧道群

雪峰山 1、2、3 号隧道群是长昆高速铁路湖南段工程中的长大隧道，隧道设计为双线单洞隧道。雪峰山 1 号隧道起止里程为 DK243＋255～DK254＋925，全长 11 670 m，进口在隆回县金石桥镇八角楼村边，出口位于中都镇满道冲村，与雪峰山 2 号隧道进口相接；雪峰山2 号隧道起止里程为 DK255＋192～DK264＋345，全长 9 153 m，出口在九溪江镇贺丰元村，与雪峰山 3 号隧道进口相接；雪峰山 3 号隧道起止里程为 DK264＋400～DK271＋215，全长 6 815 m，出口在九溪江镇北斗溪村边。

雪峰山 1 号隧道进口 DK243＋255 位于半径为 9 000 m 的曲线（改 JD28）上，出口 DK254＋925 位于改 JD28—JD30 的夹直线上；雪峰山 2 号隧道进口 DK255＋192 位于改 JD28—JD30 的夹直线上，出口 DK264＋345 位于 JD30—JD31 夹直线上；雪峰山 3 号隧道进口 DK264＋400 位于 JD30—JD31 夹直线上，出口 DK271＋215 位于半径为 9 000 m 的曲线（JD31）上。

1. 坐标系统

雪峰山 1 号隧道以 1XF02 为坐标起算原点，线路前进方向即 1XF02 到 2XF01 方向为 X 轴正方向，顺时针旋转 90°为 Y 轴，建立隧道工程独立坐标系；雪峰山 2、3 号隧道以 2XF06 为坐标起算原点，线路前进方向即 2XF06 到 3XF08 方向为 X 轴正方向，顺时针旋转 90°为 Y 轴，建立隧道工程独立坐标系。

2. 高程系统

高程系统采用 1985 国家高程基准。

3. 精度要求

根据贯通误差要求进行隧道平面和高程控制测量设计，隧道洞外、洞内平面和高程控制测量误差对贯通面上的贯通误差影响应符合表 4-1 的要求。

4. GNSS 控制网的布设

雪峰山 1、2、3 号隧道平面 GNSS 控制网的布设首先考虑控制隧道线路平面和洞口（斜井）位置的需要，由洞口子网和洞口子网间的联系网组成，同时考虑 GNSS 观测对控制点周围环境的要求。洞口子网由大地四边形、中点多边形等强度较高的网形构成，子网内相互通视的边采用 GNSS 直接观测基线；联系网均由三角网或大地四边形网构成。

5. 选点与埋石

控制点的选择既考虑满足 GNSS 观测的要求，又要考虑适合隧道控制测量对控制点的要求。洞口子网布设的控制点为 4～5 个，在选点时重点考虑后视进洞方便。洞口投点的选择重点考虑了三个因素：一是洞口投点能够与两个及以上后视点通视；二是洞口投点后视竖直角小于 5°；三是后视边长度要大于 500 m。

洞口投点、线路中线控制点按设计坐标采用 GNSS 接收机用 RTK 技术测设，并使用全站仪进行了复核。在本次隧道控制测量范围内，控制线路切线位置的控制点共选择了 8 个。控制 JD27—改 JD28 切线边的控制点为 1XF01 和 1XF04；控制改 JD28—JD30 切线边的控制点为 1XF02 和 2XF01；控制 JD30—JD31 切线边的控制点为 2XF06 和 3XF08；控制 JD31—JD33 切线边的控制点为 3XF07 和 3XF11。

控制点基本选择在便于使用、保存和不宜被扰动的地方。控制点标心钉均为定制的标准尺寸的不锈钢标心钉，顶面直径 5 cm，中间为半径 1 cm 半球，球顶中心钻直径 1 mm、深 3 mm 的圆孔，标心钉柱长 20 cm，直径 2 cm，下部焊接钢筋鱼尾。控制点均采用现场灌注混凝土的方式埋设。黄土土层地段埋设深度不小于 1.4 m，埋设深度均大于最大冻结线以下 0.3 m；标石顶面尺寸一般为 30 cm×30 cm。

雪峰山 1 号隧道平面控制网形如图 4-6 所示，雪峰山 2、3 号隧道平面控制网形如图 4-7 所示。

6. GNSS 观测

GNSS 控制网采用 6 台天宝 R8 双频 GNSS 接收机，静态模式作业。

按设计控制网网形进行观测，洞口子网和联系网统一观测，每条基线均观测 2 个时段，时段长度均大于 90 min。观测时，对 GNSS 天线进行统一定向，第一时段指北定向，第二时段指南定向。

GNSS 观测选择卫星数目多、卫星升降少、GDOP 值较小且稳定的观测窗口施测，观测符合表 4-4 中的要求。

表 4-4 GNSS 测量作业技术要求

截止高度角/(°)	同时观测有效卫星数	PDOP 或 GDOP	数据采样间隔/s	时段长度/min	天线高测量/次	天线高较差/mm	对中误差/mm
≥15	≥4	≤6	15	≥90	2	≤2	≤1

7. 平差精度

平面控制网在隧道工程坐标系平差后，各项精度指标均满足规范要求，具体统计结果如图 4-8～图 4-10 所示。

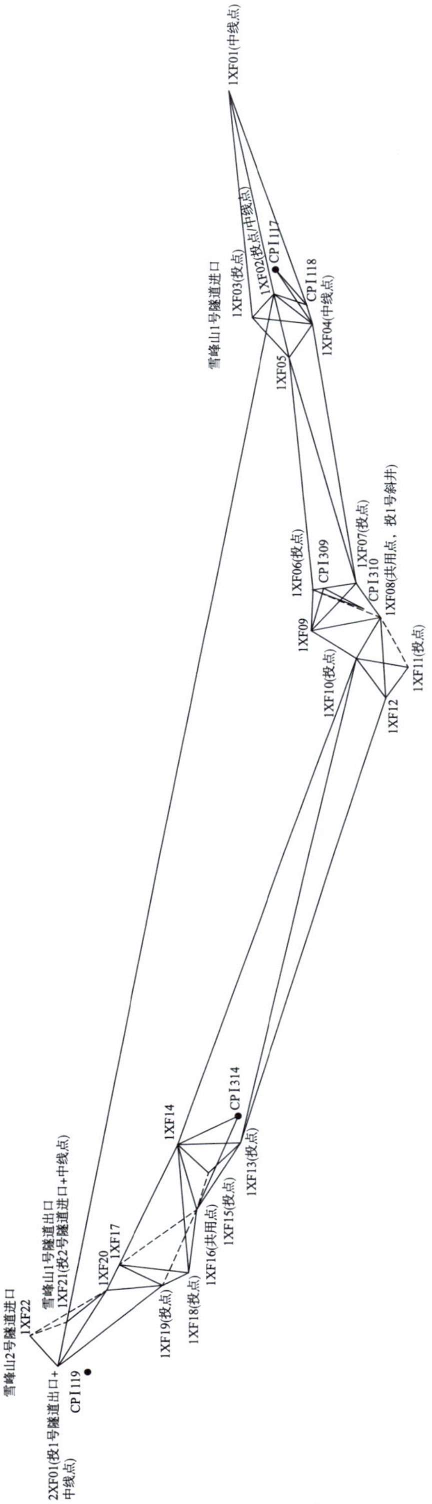

图 4-6　雪峰山 1 号隧道平面控制网网形

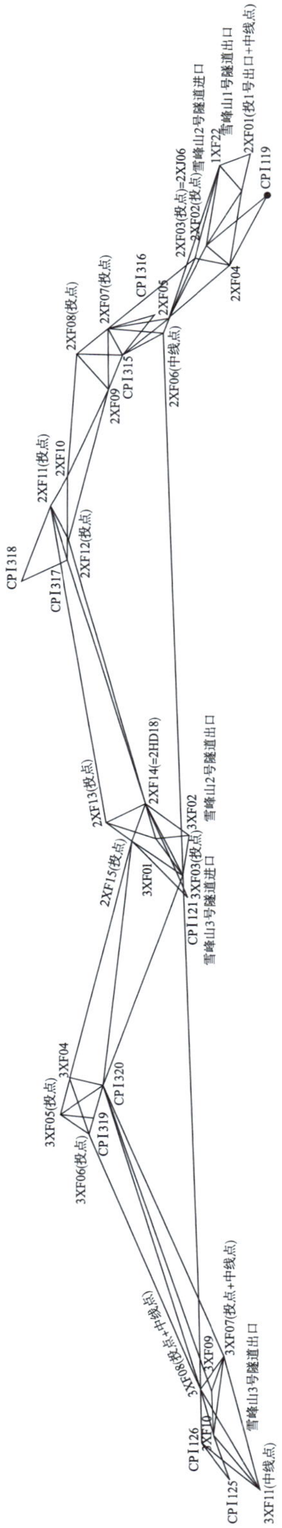

图 4-7　雪峰山 2、3 号隧道平面控制网网形

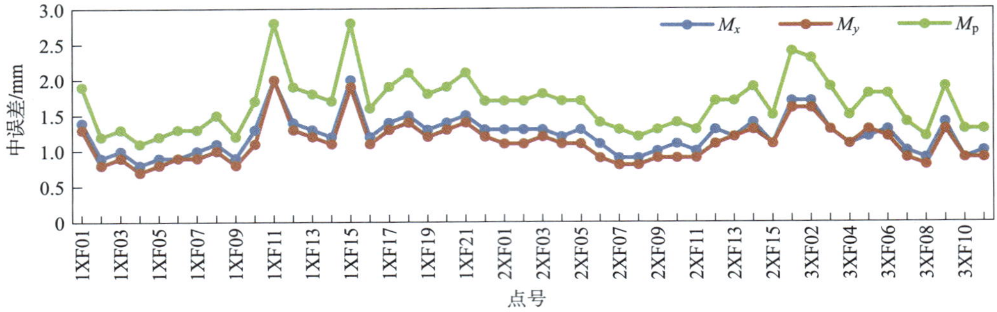

图 4-8　点位坐标分量中误差统计结果

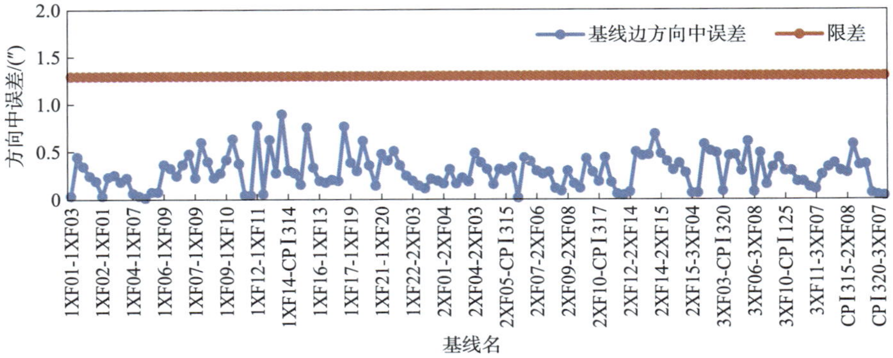

图 4-9　基线边方向中误差统计结果

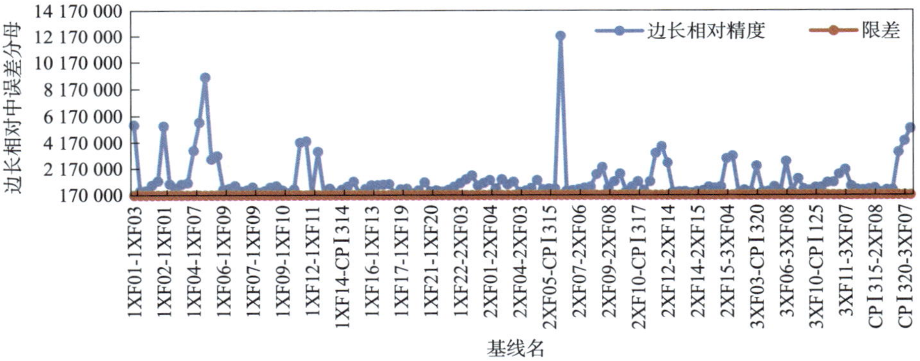

图 4-10　最弱边相对中误差统计结果

4.5.2　京沪高速铁路济南黄河大桥

京沪高速铁路济南黄河大桥桥长 5 143.4 m，桥址河道属济南黄河段的窄河道区，全断面宽约 900 m，主槽偏北，主槽以南有较为稳定的小边滩，滩面高程在 28.0～32.0 m 之间，是黄河淤积后典型的滩唇高、近堤低的断面形态。实测主槽河床面高程在 24.0～28.0 m 之间，河床面比两岸大堤背水地面平均高出约 3 m。

京沪高速铁路济南黄河大桥的平面控制网和高程控制网网形分别如图 4-11 和图 4-12 所示。

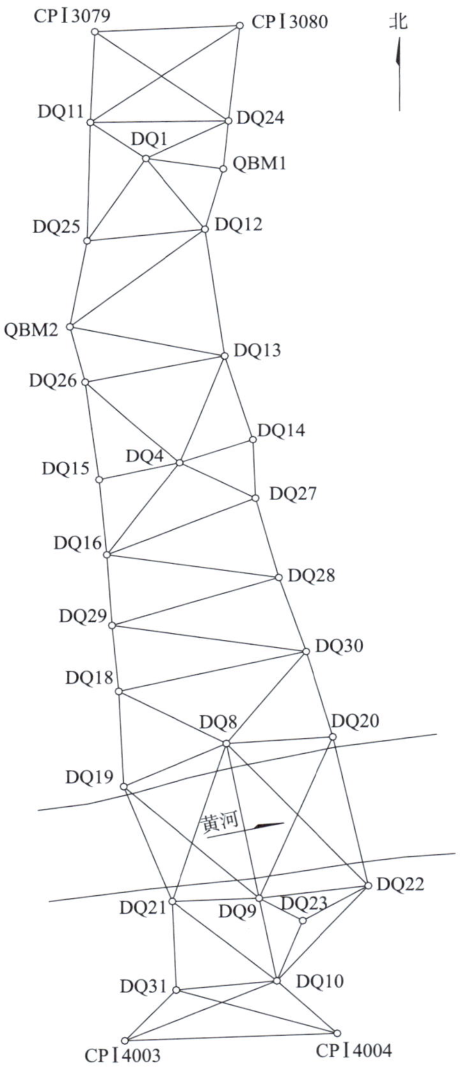

图 4-11　平面控制网示意

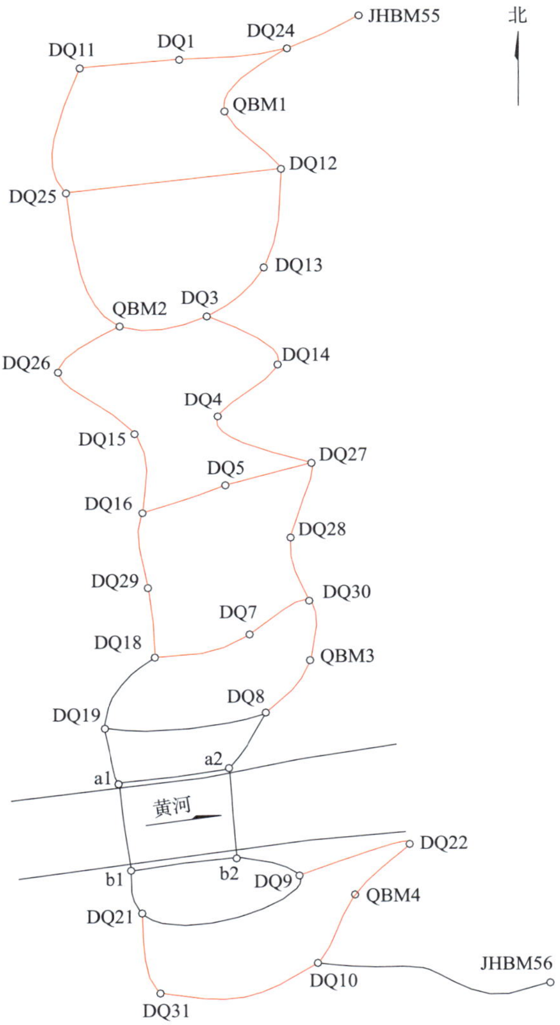

图 4-12　高程控制网示意

平面控制网布测 31 点，其中 DQ11 至 DQ22 为强制归心观测墩，其余为混凝土标石。观测使用 Trimble5700 GNSS 接收机 4 台，观测 2 个时段，每时段 90 min，按三角形和大地四边形构网。基线数据处理使用 GNSS 接收机随机软件，网平差使用武汉大学 Power adj4.0 计算和分析。

利用京沪高速铁路总体院(铁三院)提供的线路精测网(CPⅠ3079、CPⅠ3080、CPⅠ4003、CPⅠ4004)4个平面控制点作为起算点(中央子午线为116°45′00″,投影面大地高程为0 m)。线路精测网的中央子午线离施工区较远,且投影高程面与设计高程相差很大,考虑投影变形问题对施工放样的影响,特建立了桥梁施工独立坐标系,其投影中央子午线为116°52′41″,将DQ1—DQ8的GNSS地面距离投影为施工区的平均高度(50 m)的距离,然后以DQ8—DQ1的补充定测时施工独立坐标方位角为起算方位角,DQ8的施工独立坐标为起算坐标,DQ1—DQ8投影后距离为起算边,应用Power adj4.0软件进行GNSS网平差,计算各平面控制点的施工独立坐标,并求得各点在二维平面直角坐标系中的点位中误差、各独立基线边的向量残差和边长相对中误差,其中最弱边DQ28—DQ29的边长中误差为±1.6 mm,最弱边QBM1—DQ24的边长相对中误差为1/120 000,桥中线边DQ8—DQ9的边长相对中误差为1/897 000,最优边DQ10—CPⅠ4004的边长相对中误差为1/156 000,最弱点CPⅠ4004的点位中误差为±3.9 mm,最优点QBM1的点位中误差为±1.2 mm。

第 5 章　轨道控制网测量技术

5.1　轨道控制网的引进和发展

轨道控制网的概念最初源于京津城际铁路建设时的咨询评估单位，即德国的博格公司。当初，博格公司的咨询技术人员虽然非测量专业，但他们提供了一个点对形式的轨道控制网（我国简称该网为 CPⅢ）网形图。然而，他们没有提供 CPⅢ 网详细的测量技术流程、观测控制指标、计算方法以及平差精度指标等信息，这些领域是空白的，缺乏详细的技术细节。例如，这些细节可能包括轨道控制点的测量次数、设站位置和间距、与上级网点的联测关系等。此外，计算模型和软件也是由国外公司开发，并且通常处于保密状态且价格昂贵。因此，在引入轨道控制网的概念时，德国的博格公司提供了一个基本的框架，但详细的技术细节和方法需要国内的专业测量团队来开发和完善。

5.1.1　对国外轨道测量方法和技术的认识

1. 德国铁路控制网标准

在我国高速铁路发展初期，主要参照德国铁路测量标准体系，相关内容如下：

（1）德铁 DS 833 标准（暂行规定），将高速铁路测量控制网分为四级，各级网的具体技术要求见表 5-1。

表 5-1　德铁 DS 833 标准

控制网级别	精度要求	
一级控制点 PS1	点间距离	800～1 000 m
	平面位置精度	单点平面位置误差 $\leqslant 8$ mm
		相邻点相对位置误差 $\leqslant 10$ mm
	高程精度	单点高程误差 $\leqslant 2$ mm
		相邻点相对高程误差 $\leqslant 5\sqrt{R}$ mm（R 为相邻两水准点之间的距离，km）
二级控制点 PS2	点间距离	150～250 m
	平面位置精度	单点平面位置误差 $\leqslant 8$ mm
		相邻点相对位置误差 $\leqslant 10$ mm
	高程精度	无

续上表

控制网级别	精度要求	
三级控制点 PS3	点间距离	700～1 000 m
	高程精度	单点高程误差≤2 mm
		相邻点相对高程误差≤$5\sqrt{R}$ mm(R 为相邻两水准点之间的距离，km)
四级控制点 PS4	点间距离	50～60 m
	平面位置精度	单点平面位置误差≤5 mm
		相邻点相对位置误差≤6 mm
	高程精度	单点高程误差≤2 mm

(2)德铁 RIL 883 规程(现行规范)将控制网分为五级，各级网的具体技术要求见表 5-2。

表 5-2　德铁 RIL 883 规程

控制网级别	精度要求	
零级控制点 PS0	点间距离	约 4 000 m
	平面位置精度	单点平面位置误差≤10 mm
		相邻点相对位置误差≤5 mm
一级控制点 PS1	点间距离	800～1 000 m
	平面位置精度	单点平面位置误差≤15 mm
		相邻点相对位置误差≤10 mm
二级控制点 PS2	点间距离	约 150 m
	平面位置精度	单点平面位置误差≤15 mm
		相邻点相对位置误差≤10 mm
三级控制点 PS3	点间距离	700～1 000 m
	高程精度	单点高程误差≤5 mm
		相邻点相对高程误差≤$5\sqrt{R}$ mm(R 为相邻两水准点之间的距离，km)
四级控制点 PS4	根据要求	

(3)德国博格公司在对京津城际铁路建设进行咨询的过程中，提出了博格板式无砟轨道铺设要求的测量技术指标，各级网的具体技术要求见表 1-3。

德国的高速铁路工程测量体系和标准在不断的发展和完善中，这为我国的高速铁路测量提供了一定的借鉴作用。

2. 高速铁路建设初期我国测量系统存在的问题

在高速铁路建设初期，我国面临着一系列问题，包括缺乏适用于我国高铁的精密控制测量标准体系、不匹配的精度指标、细节性测量技术的规定不足、变形观测技术的指导功能不强、轨道控制网和自由测站边角交会网测量精度标准不清晰、缺乏专业化的数据处理软件等。为解决这些问题，我国铁路测量工程师和相关高校的教授们进行了系统而完整的研究，重点涵盖了高速铁路的勘测设计、施工、轨道平顺性测量以及运营维护测量等一系列技术问题。目标是建立一套完整、有效的中国高速铁路工程测量技术体系，以应对高速铁路建设的需求和挑战。这一目标是为了确保高速铁路的测量系统能够适用于我国的特殊情况，满足高铁建设的高标准要求。

5.1.2　技术创新

我国高速铁路测量标准体系的建设带来了明确的职责分工和关系定义，确保了建设单位、勘察设计单位、施工单位、监理单位、咨询评估单位之间的协同工作。这使得高铁建设的测量工作能够实现全线统一的技术方案、测量标志、平差计算软件以及整网平差计算的目标。在各个环节引入测量咨询评估验收体制，使高铁精密测量的职责和管理体系更加明确和严谨。

此外，我国在高铁测量方面也取得了一些自主创新成果，包括具有完全自主知识产权的测量标志、全站仪机载测量软件、平差计算软件和 CPⅢ三角高程网测量等技术。还成功掌握了 CPⅢ自由测站边角交会测量方法，这对于轨道控制网的建设和轨道施工至关重要。另外，我国在轨道板精调测量和轨道检测技术领域也取得了显著的进展，在短短几年内实现了精调设备、轨道检测设备以及相关软件的国产化。这些成就为我国高速铁路的测量工作打下了坚实的技术基础，提升了自主创新能力。

5.2　轨道控制网测量方法的创新

轨道控制网(CPⅢ)的布设在高速铁路工程中非常重要，它沿着铁路线路的左右两侧成对设置。每一对控制点之间的间距通常为 60～75 m，而两点之间的横向距离约为 13 m。这些设置要求相邻点之间的平面相对精度高于 1 mm，以确保铺轨和轨道的几何参数在非常精确的范围内维持一致。这样的布设和精度要求对于高速铁路的施工和维护至关重要，确保了轨道的平顺性和精度。

这种形式的控制网测量，国内尚未广泛采用。在德国，这种方法称为轨道设标网(GVN)。而在中国，经专家论证后，为这一方法确定的名称是自由测站边角交会法，建立的测量网被称为轨道控制网(CPⅢ)，并规定了其测量方式为全圆边角同测法。这一方法在高速铁路工程中，特别是在轨道平顺性的控制和测量方面发挥着重要的作用，确保了高速铁路的轨道精度。

本书关于轨道控制网(CPⅢ)测量方法和施测方案优化的提出时间为 2007 年初，基于当时的铁路行业认知开展的。

5.2.1 轨道控制网建立与施测方案优化设计

1. 轨道控制网的建立

轨道控制网的布设如图 5-1 所示，沿着铁路线路的两侧，每隔 60～75 m 成对布设轨道控制点，每对轨道控制点之间的横向间距约为 13 m。此外，沿着铁路线路的方向，每隔大约 120 m 会采用自由测站法观测并设置站点，前后各设置 3 对轨道控制点。另外，沿着线路的方向，每隔大约 500 m 会在线路旁边的转点上采用自由设站法，将离设站点最近的 2～3 个轨道控制点与事先布设的上一级精密控制点进行联测。需要注意的是，在测量过程中，应尽量在精密控制点上安置全站仪观测其他的精密控制点，以获得方位约束条件。

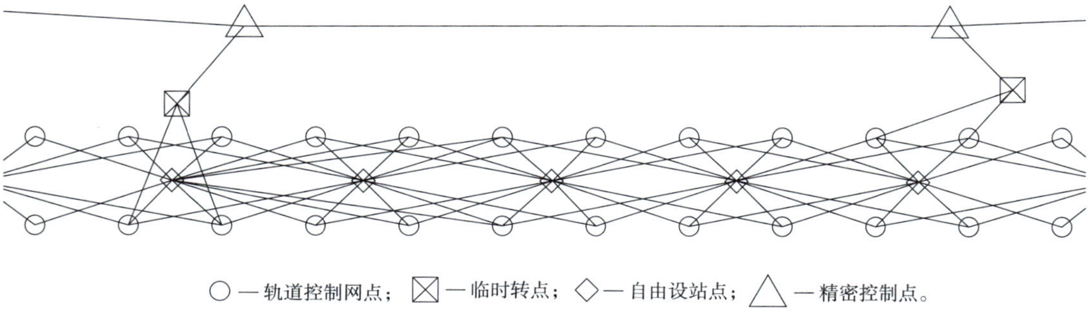

图 5-1　轨道控制网基本网形示意

德国博格公司规定了这级网络的精度指标，其中平面网相邻点相对点位中误差应保持在±1 mm 以内，高程网相邻点高差中误差应保持在±0.5 mm 以内。根据作者的理解，这些指标应当包括以下方面的内容：首先，控制网的平差，包括点位中误差和相对点位中误差的计算；其次，当布设或增设新的控制点时，应以附近已知的控制网点作为起算数据，计算新控制点的点位中误差以及相对于已知点的相对点位中误差。这种理解方式更符合我国工程测量控制网的通常精度指标和操作规范。

2. 轨道控制网施测方案的优化设计

轨道控制网的设计和操作方法以自由测站边角交会观测为主，这意味着在线路中间设置自由测站，然后观测离测站点最近的前后各 3 对轨道控制点。然而，考虑这级网络需要达到高精度的要求，即使使用先进的高精度测量仪器，在野外测量环境下仍需要进行多次观测以确保平差成果的精度。因此，在施测方案的优化过程中，需要仔细考虑测回数和轨道控制点的重复观测次数，以平衡精度和工作量之间的关系。下面对这些因素进行分析，以制定最有效的施测方案。

对京津城际铁路 18 km CPⅢ网测量的大量数据进行试验分析，使用两种不同精度的全站仪（TCA2003 和 TCRA1201）观测 3 个测回和 4 个测回的情况，全部观测数据满足测量限差要求。分别选取 2 个、3 个和 4 个测回的观测数据进行比较分析，使用不同测回数的观测数据进行平差得到的坐标较差如图 5-2 所示。发现如果将 4 个测回的观测数据视为可靠，那么 2 个和 3 个测回的观测数据计算得到的坐标与 4 个测回的坐标之间的差值是非常小的。

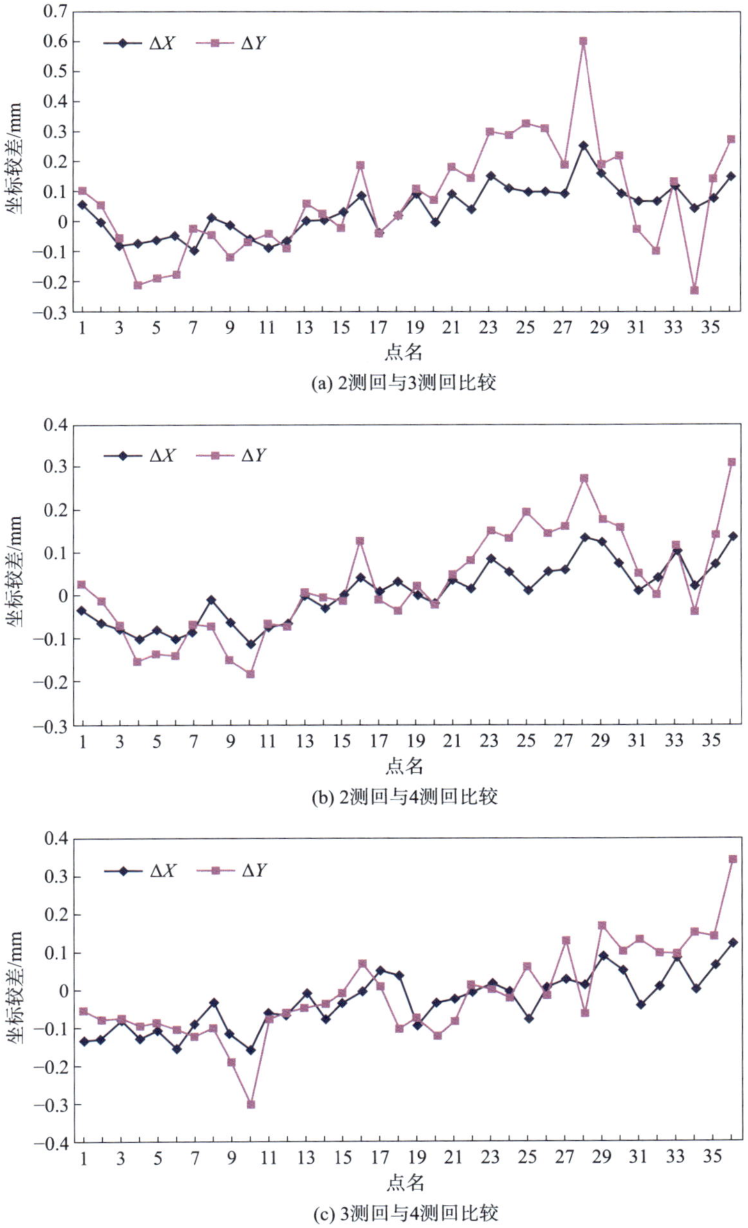

图 5-2　不同测回数观测值平差坐标比较

因此，为了确保满足工程精度要求，在实际施测过程中，建议使用标称测角精度为0.5″、测距精度为1 mm+1.0×10^{-6}×D的全站仪观测2个测回以上，或者使用标称测角精度为1.0″、测距精度为1 mm+2.0×10^{-6}×D的全站仪观测3个测回以上，即可满足高铁工程的精度要求。

这一结论与西南交通大学刘成龙教授的研究结果相吻合，表明在CPⅢ网的定位精度方面，增加外业测回数对其精度的提高效果并不显著。具体而言，0.5″级全站仪在外业观测时仅需2个测回，而1″级仪器则只需要3个测回，这大大提高了外业测量的效率。这一结论的一致性加强了该观点的可信度，也为高铁工程测量提供了有用的实践指导。

此外，为了确保平差结果的可靠性，轨道控制点的重复观测是必要的。图5-3所示为两种观测方案示意。方案1：在自由测站前后共观测离测站点最近的6对轨道控制点，在保证每个轨道控制点观测2次的条件下，每次可以向前推进3对轨道控制点。经过45 km实测数据计算，统计得出平差后相邻点坐标中误差50%小于1 mm，50%大于1 mm，10%左右达到1.5 mm。方案2：同样在自由测站前后共观测离测站点最近的6对轨道控制点，在保证每个轨道控制点被观测3次的条件下，每次可以向前推进2对轨道控制点。通过118 km实测数据统计，坐标中误差一般不大于2 mm；相邻点相对点位精度全部小于1 mm。方案1和方案2都是合理的考虑，但方案2似乎在精度和经济性方面更有优势。虽然方案1的工作速度较快，但它可能需要额外的补测工作来满足成果的相邻点位精度，这可能会增加成本和工作时间。另一方面，方案2在平差后的坐标精度方面表现更好，不需要额外的补测工作，且相邻点相对点位精度均小于1 mm。因此，方案2似乎更合适，既能满足精度要求，又具有更好的经济性。

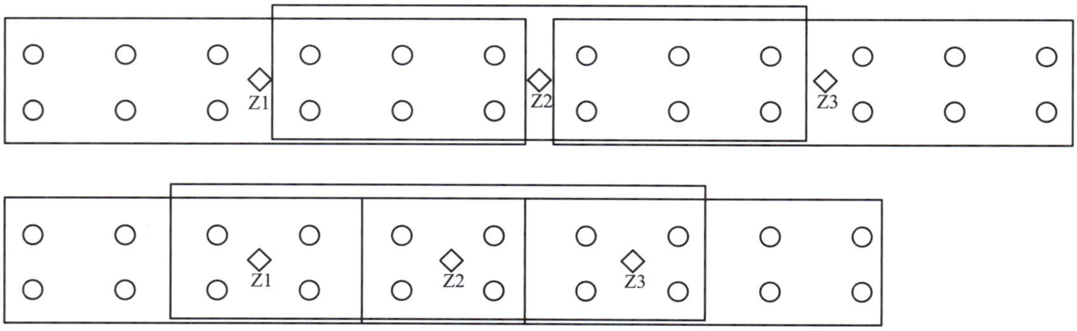

图5-3　控制点重复观测次数的方案示意

5.2.2　轨道控制网与上级网关系及联测

1. 采用全站仪与地面控制点联测方法

根据《客运专线无碴轨道铁路工程测量暂行规定》，轨道控制网应尽可能地保持自身的高精度,同时为了满足整个线路的顺利贯通以及土建工程与轨道工程的准确衔接,又需要联测高等级的控制网(即 CPⅠ或 CPⅡ)。参考图 5-1,在约 500 m 的间隔下,通过转点将精密控制点引测到轨道控制点,最理想的观测条件是,置镜于自由测站点在观测轨道控制点的同时可以直接联测到 2 个或者 2 个以上地面精密控制点。然而,高速铁路建设一般采用桥梁形式,自由测站点位于梁面中间,而高级控制点位于地面上,受外界通视条件的限制,很难在自由测站点同时观测到 2 个地面控制点(大多数情况是一个地面点也观测不到),一般情况下需要通过桥面边沿(图 5-4)设置临时转点联测(即图 5-1 的临时转点)。图 5-5 给出了实际操作中的 4 种联测方式:临时转点观测到两个地面控制点,同时在地面控制点上对向观测临时转点;临时转点只能观测到一个地面控制点,在被观测的地面控制点上设站,观测另一个地面控制点和临时转点,提供方位条件;只能在临时转点上观测到两个地面控制点;只能在临时转点上观测到一个控制点。

图 5-4　联测地面控制点

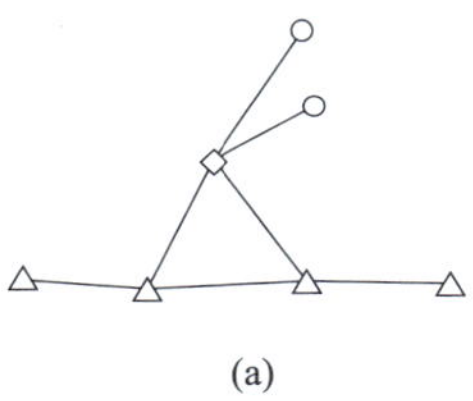

图 5-5　轨道控制网与高级控制点联测方式

2. 采用 GNSS 与地面控制点联测方法

在用全站仪与地面控制点联测中,图 5-5(d)是最不利的联测方式,相当于只联测了边长作为平差的约束条件。而《客运专线无砟轨道铁路工程测量暂行规定》规定 CPⅡ控制点的间距为 800～1 000 m,所以实际测量中图 5-5(d)所示联测方式是比较普遍的。为了确保有足够的起算数据,每隔 500 m 在轨道控制点上安置 GNSS 接收机与地面控制点联测。参考图 5-6,将棱镜更换为 GNSS 接收机,加工的 GNSS 连接杆要保证天线相位中心与棱镜中心一致,这样可以保证 GNSS 的平面坐标与棱镜一致。观测

图 5-6　CPⅢ点上安装的棱镜

两个时段，并以地面联测的控制点作为约束，对两个时段独立平差，两时段平差结果经检查合格后取平均值作为轨道控制点的最终坐标。图 5-7 所示为使用 GNSS 方法联测方案。经过大量试验得出，对于 10 km 范围内的 GNSS 控制网，联测轨道控制点的精度优于 5 mm，点位精度容易保证，将得到的轨道控制点坐标作为已知值平差得到其他轨道控制点的点位精度和相对点位精度也较容易满足要求。该观测方案容易实现，避免了安置全站仪在桥面边沿临时转点上的安全隐患（见图 5-4，此种作业方法危险性较高），实践表明可以有效提高联测速度，但在当时认知条件下需要进一步实践验证。

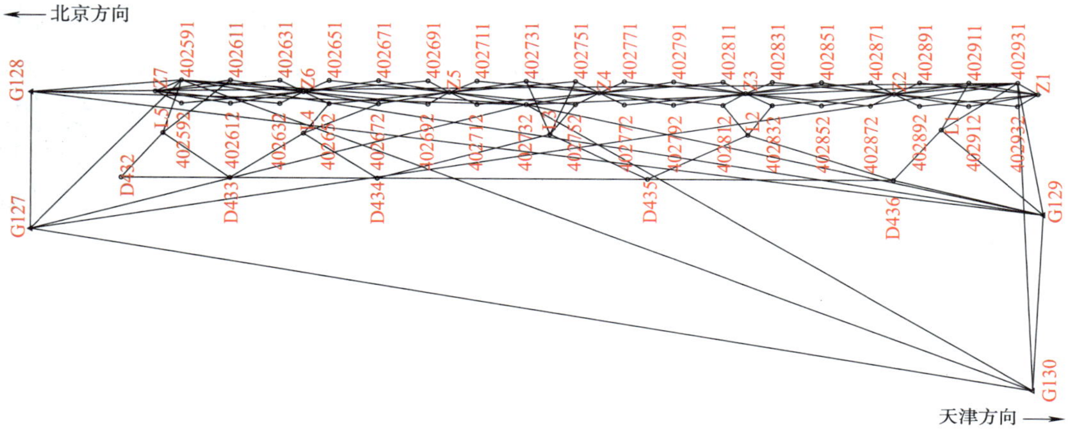

图 5-7　用 GNSS 联测地面控制点

此外，对轨道控制网联测地面控制点的密度做了分析。下面介绍采用全站仪和 GNSS 两种方法联测的分析结果。在 5 km 的轨道控制网，分别布设 6 个、11 个和 22 个临时转点与地面控制点联测，比较联测不同数量的地面控制点平差后轨道控制点的坐标变化。图 5-8 给出了采用不同数量临时转点联测地面控制点的坐标结果，如果将 22 个临时转点联测方案得到的结果作为可靠值，11 个临时转点的联测成果与 22 个临时转点联测成果的坐标相差不到 2 mm，故 5 km 联测 11 点（即约 500 m 联测一次）是可行的。这个结论，也从 45 km 的实测数据分析中得到了验证。

用 GNSS 联测不同数量的轨道控制点（2 个、8 个、12 个）作为起算点，平差比较所有轨道控制点坐标。如图 5-9 所示，12 个轨道控制点联测的成果与用全站仪 22 个临时转点联测方案成果的坐标差值不大于 5 mm，小于点位中误差的要求，故 5 km 采用 GNSS 联测 12 个点（也约 500 m 联测一次）是可行的。所以，无论采用全站仪还是 GNSS 联测，每隔 500 m 应该至少与地面控制点联测一次。

采用 GNSS 方法进行线下和线上平面坐标的传递，以作为轨道控制网的平面起算点，是一种有效的方法，可以提高高速铁路工程测量的精度和效率。这一方法已经在高铁建设

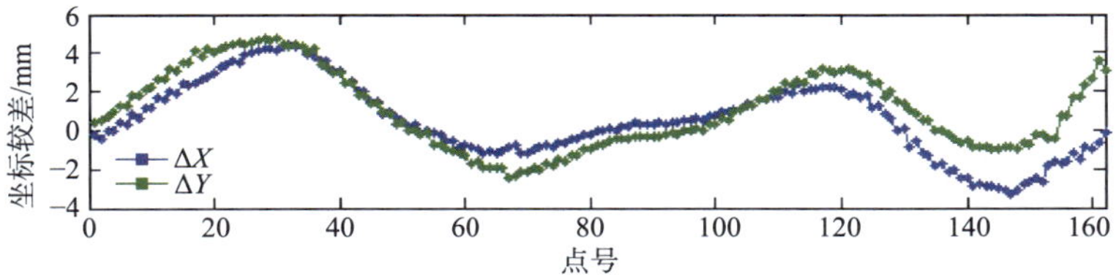

(a) 6个临时转点与11个临时转点比较

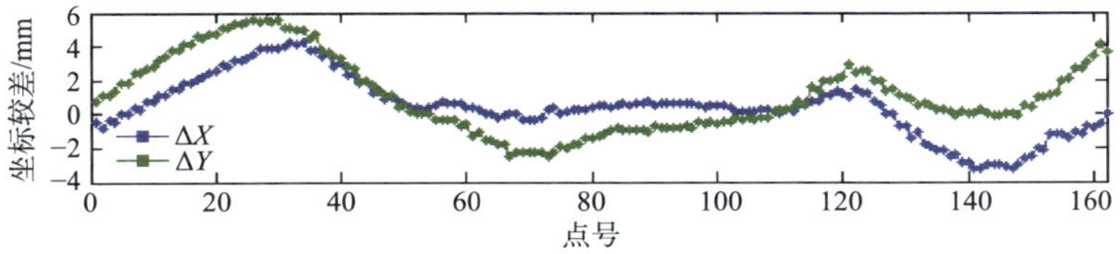

(b) 6个临时转点与22个临时转点比较

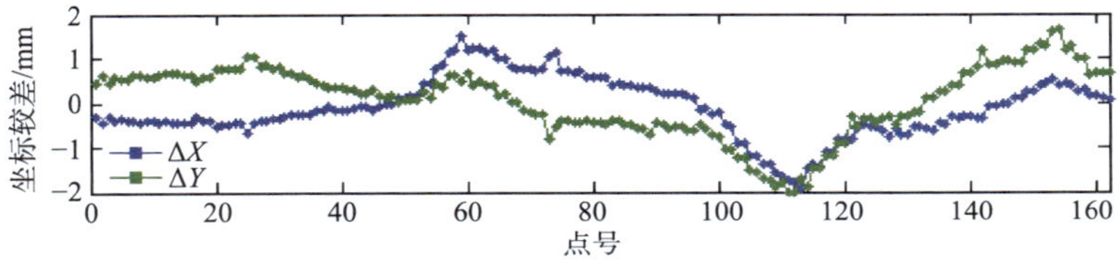

(c) 11个临时转点与22个临时转点比较

图 5-8　全站仪联测不同地面控制点平差轨道控制点坐标比较

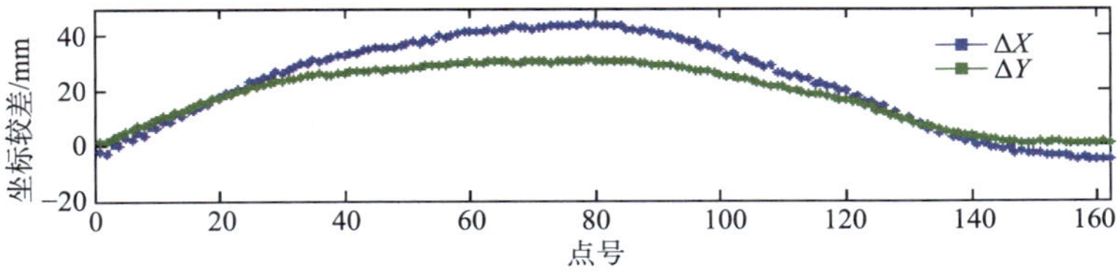

(a) 2个轨道控制点与22个临时转点比较

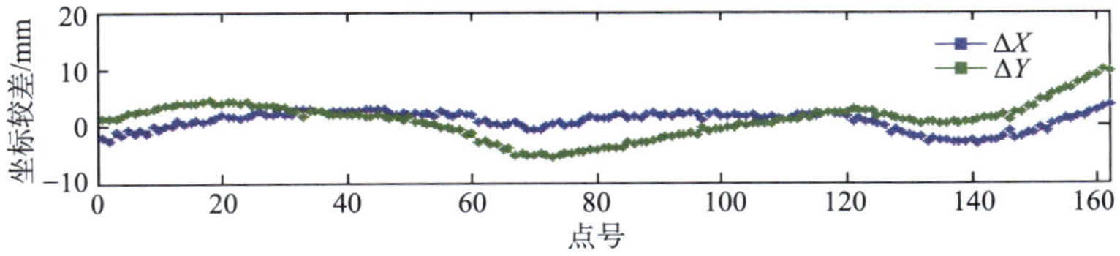

(b) 8个轨道控制点与22个临时转点比较

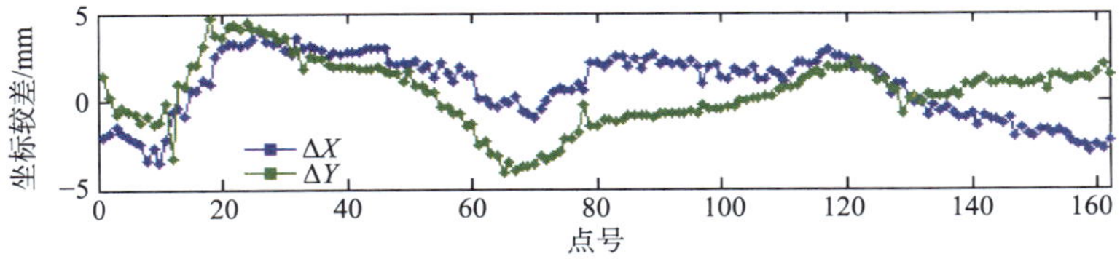

(c) 12个轨道控制点与22个临时转点比较

图 5-9　用 GNSS 联测不同地面控制点平差轨道控制点坐标比较

中得到广泛应用，并被纳入《高速铁路工程测量规范》，以确保高速铁路工程测量的质量和可靠性。

通过在线路上布测线上 CPⅡ级控制网，可以更好地保持平面坐标的连续性和一致性，确保轨道控制网的高精度。这对于高速铁路的建设和维护非常重要，因为高速铁路对测量精度有着较高要求，特别是对轨道的平顺性和位置精度。采用这一方法可以减小测量误差，提高测量结果的可靠性，确保高速铁路的安全和舒适性。

5.3 轨道控制网的数据处理模型

控制网优化是精密工程控制测量中非常重要的一部分，以确保测量结果的高精度和可靠性。Grafarend 提出了四个等级的控制网优化方法，从起算基准的选择到数据处理方法的合理性，都在不同层面上对控制网的质量进行了优化和控制。具体如下：

零等——合理的起算基准选择。这一等级关注的是起算基准的选择。选择合适的起算基准是非常重要的，因为它直接影响整个控制网的精度。起算基准的不兼容可能会导致平差结果的偏差，因此需要选择兼容的起算点，以确保测量结果不受起算点的影响。

一等——合理的网形设计。这一等级强调了设计合理的网形。网形的设计要充分考虑工程需求，以确保控制点的分布满足工程方案的要求。这包括控制点的位置、密度和分布，以满足工程的需要，同时保证控制网的精度。

二等——合理的观测数据权比。这一等级关注不同类型观测数据的权比问题。不同类型的观测数据可能具有不同的精度和贡献度，因此需要进行合理的权比分配。如果权比不合理，可能导致在平差过程中错误地放大某些类型的观测数据的贡献，而减小其他类型的贡献，从而使得平差结果的精度不可靠。

三等——合理的数据处理方法。这一等级强调了合理的数据处理方法。数据处理方法的选择应该充分考虑前面三个等级的因素，同时综合考虑它们，以提高控制网的精度。不同的数据处理方法可能适用于不同的工程和测量要求，因此需要选择合适的方法。

这四个等级的控制网优化方法共同确保了控制网的高精度和可靠性，对于精密工程控制测量来说是至关重要的。这些方法有助于降低测量误差，提高测量结果的准确性，从而确保工程的质量和可靠性。

在高速铁路轨道控制网测量数据处理中，采用拟稳平差、Helmert 方差分量估计和 Baarda 粗差探测方法是常见的数据处理步骤，它们有助于提高控制网的精度和可靠性。

拟稳平差(Adjustment with Constraints)：这是一种平差方法，用于选择兼容的起算点，以确保控制网的起算点是一致的。在这个过程中，使用拟稳平差，测量数据与已知控制点协调，同时满足所选的起算基准，以保证控制网的坐标是一致的。这有助于减少测量数据中的系统误差，确保控制点的坐标不受起算基准的不兼容性影响。

Helmert 方差分量估计：这是一种权值确定方法，用于合理地确定边和角观测值的权比。通过 Helmert 方差分量估计，可以考虑不同观测类型观测值的精度，以便在平差过程中为每个观测值赋予适当的权重。这确保了平差结果的精度反映不同类型观测值的相对可靠性。

Baarda 粗差探测与剔除方法：Baarda 粗差探测方法用于识别和剔除粗差(outliers)，粗差是与其他观测值显著不一致的异常值。通过对测量数据进行 Baarda 粗差探测，可以发现异常观测并将其排除在平差过程之外，以确保平差结果不受异常观测值的干扰。这将有助于提高控制网的精度和可靠性。

从以上几点出发，将这些数据处理方法结合使用，有助于确保高速铁路轨道控制网的测量结果准确、可靠，满足工程的要求。有助于减少系统误差、考虑不同类型观测值的精度，并排除异常观测值，从而提高控制网的质量。

轨道控制网中的观测数据包括测边和测方向两类观测值，其误差方程为

$$\begin{pmatrix} \boldsymbol{v}_1 \\ \boldsymbol{v}_2 \end{pmatrix} = \begin{pmatrix} \boldsymbol{A}_1 \\ \boldsymbol{A}_2 \end{pmatrix} \hat{\boldsymbol{x}} - \begin{pmatrix} \boldsymbol{l}_1 \\ \boldsymbol{l}_2 \end{pmatrix} \begin{pmatrix} \boldsymbol{P}_1 & \\ & \boldsymbol{P}_2 \end{pmatrix} \tag{5-1}$$

式中　$\boldsymbol{v}_1, \boldsymbol{A}_1, \boldsymbol{l}_1, \boldsymbol{P}_1$——测边的残差向量、设计矩阵、观测值向量和权阵；

$\boldsymbol{v}_2, \boldsymbol{A}_2, \boldsymbol{l}_2, \boldsymbol{P}_2$——测方向的残差向量、设计矩阵、观测向量和权阵；

$\hat{\boldsymbol{x}}$——所有点的坐标改正数。

式(5-1)简记为

$$\boldsymbol{v} = \boldsymbol{A}\hat{\boldsymbol{x}} - \boldsymbol{l}\boldsymbol{P} \tag{5-2}$$

其中，$\boldsymbol{v} = \begin{pmatrix} \boldsymbol{v}_1 \\ \boldsymbol{v}_2 \end{pmatrix}$，$\boldsymbol{A} = \begin{pmatrix} \boldsymbol{A}_1 \\ \boldsymbol{A}_2 \end{pmatrix}$，$\boldsymbol{l} = \begin{pmatrix} \boldsymbol{l}_1 \\ \boldsymbol{l}_2 \end{pmatrix}$，$\boldsymbol{P} = \begin{pmatrix} \boldsymbol{P}_1 & \\ & \boldsymbol{P}_2 \end{pmatrix}$。

1. 拟稳平差模型

由于高速铁路施工的周期较长，已知点难免会发生变化，因此为了提高平差结果的可靠性，必须在平差前采用拟稳平差方法选择兼容的起算点。拟稳平差有多种算法，这里我们采用附加阵法求解，见式 (5-3)。

$$\boldsymbol{G}^{\mathrm{T}}\hat{\boldsymbol{x}} = \boldsymbol{0} \tag{5-3}$$

式中　$\boldsymbol{G}$——系数矩阵。

联合式(5-2)，采用最小二乘法求解得

$$\hat{\boldsymbol{x}} = (\boldsymbol{A}^{\mathrm{T}}\boldsymbol{P}\boldsymbol{A} + \boldsymbol{G}\boldsymbol{G}^{\mathrm{T}})^{-1}\boldsymbol{A}^{\mathrm{T}}\boldsymbol{P}\boldsymbol{l} \tag{5-4}$$

剔除坐标改正数有异常的已知点，即在平差时选择了较为兼容的起算点。

2. 间接平差模型

选择兼容的已知点作为起算点，消去这些已知点的坐标参数，为了叙述简单仍然采用

式(5-2),需要说明的是,此时的参数 $\hat{x}$ 之间已经消除了相关性。采用最小二乘法求解得

$$\hat{\boldsymbol{x}}=(\boldsymbol{A}^{\mathrm{T}}\boldsymbol{PA})^{-1}\boldsymbol{A}^{\mathrm{T}}\boldsymbol{Pl}=\boldsymbol{Q}_{\hat{x}\hat{x}}\boldsymbol{A}^{\mathrm{T}}\boldsymbol{Pl} \tag{5-5}$$

单位权中误差为

$$\boldsymbol{\sigma}_0=\sqrt{\frac{\boldsymbol{v}^{\mathrm{T}}\boldsymbol{Pv}}{n-t}} \tag{5-6}$$

式中 $n-t$——多余观测数。

待估参数的方差-协方差矩阵为

$$\boldsymbol{D}_{\hat{x}\hat{x}}=\boldsymbol{\sigma}_0^2\ (\boldsymbol{A}^{\mathrm{T}}\boldsymbol{PA})^{-1} \tag{5-7}$$

3. 粗差探测

在大量的野外观测数据中,难免会出现粗差,粗差探测与剔除是测量数据处理中必不可少的重要环节。采用 Baarda 粗差探测法,基本思想是假设平差系统只存在一个观测粗差,并纳入函数模型,用统计假设检验并剔除粗差。剔除含有粗差的观测值后,建立新的平差系统,若仍存在粗差,再假定只存在一个粗差,逐次不断进行,直到判断不再含有粗差为止。

间接平差后的残差可表示为

$$\boldsymbol{v}=(\boldsymbol{A}\boldsymbol{Q}_{\hat{x}\hat{x}}\boldsymbol{A}^{\mathrm{T}}\boldsymbol{P}-\boldsymbol{I})\boldsymbol{l}=-\boldsymbol{Q}_{vv}\boldsymbol{Pl} \tag{5-8}$$

其中,$\boldsymbol{Q}_{vv}=\boldsymbol{P}^{-1}-\boldsymbol{A}\boldsymbol{Q}_{\hat{x}\hat{x}}\boldsymbol{A}^{\mathrm{T}}$。不含粗差的残差 v_i 服从零期望的正态分布,即 $v_i \sim N(0,\sigma_0^2 Q_{v_iv_i})$,易构造标准正态分布统计量 w_i 为

$$w_i=\frac{|v_i|}{\sigma_0\sqrt{Q_{v_iv_i}}}\sim N(0,1) \tag{5-9}$$

可通过统计假设检验来探测粗差。原假设 $H_0:E(v_i)=0$,备选假设 $H_1:E(v_i)\neq 0$。选定适当的显著水平 α,查得标准正态分布的分位值 $u_{\alpha/2}$。如果 $w_i<u_{\alpha/2}$,则接受 H_0,即 v_i 不受粗差影响;否则拒绝原假设 H_0,接受被选假设 H_1,即可判断存在粗差影响。剔除粗差观测值,重新进行平差计算并探测粗差,直到没有粗差为止。

4. 方差分量估计

随机模型和 Helmert 方差分量估计方法在测量平差中扮演着重要的角色,尤其在高精度的精密工程测量中,确保合理的随机模型和精确的权值分配是确保平差结果准确性和可靠性的关键因素。

随机模型有助于描述不同类型观测数据的误差特性,并为每种观测数据分配适当的权值。通过合理的随机模型,可以更好地捕捉误差的性质,以确保平差结果不受错误或虚假的误差分布的影响。在高精度测量中,每类观测值的权值应根据其精度特性来分配,以便平差结果能够反映观测数据的真实精度。

Helmert 方差分量估计方法是一种可靠的方法,用于确定不同类型观测值的权比,以确保平差结果具有良好的可信度。采用此种方法,可以在平差中客观地、合理地估计边角观测的权值,有助于获得正确的参数估计和可靠的精度评定。

Helmert 方差分量估计具体数学模型可参阅相关测量平差类文献，这里不再赘述，只简要介绍在轨道控制网 CPⅢ平差计算中的经典数学模型。

（1）Helmert 方差分量估计

设有方向和距离两类独立的观测值 $\boldsymbol{l}_1$ 和 $\boldsymbol{l}_2$，它们的权阵分别为 $\boldsymbol{P}_1$ 和 $\boldsymbol{P}_2$，它们对应的线性（或者线性化的）误差方程为

$$\left.\begin{aligned}\boldsymbol{v}_1=\boldsymbol{A}_1\hat{\boldsymbol{x}}-\boldsymbol{l}_1\\ \boldsymbol{v}_2=\boldsymbol{A}_2\hat{\boldsymbol{x}}-\boldsymbol{l}_2\end{aligned}\right\}\begin{pmatrix}\boldsymbol{P}_1 & \\ & \boldsymbol{P}_2\end{pmatrix} \tag{5-10}$$

式中　$\hat{\boldsymbol{x}}$——待估参数；

$\boldsymbol{v}_1,\boldsymbol{v}_2$——方向和距离观测值的改正数；

$\boldsymbol{A}_1,\boldsymbol{A}_2$——方向和距离观测值误差方程的设计矩阵。

为便于下文公式推导，做以下记号：

$$\boldsymbol{N}_1=\boldsymbol{A}_1^{\mathrm{T}}\boldsymbol{P}_1\boldsymbol{A}_1\quad \boldsymbol{N}_2=\boldsymbol{A}_2^{\mathrm{T}}\boldsymbol{P}_2\boldsymbol{A}_2\quad \boldsymbol{N}=\boldsymbol{N}_1+\boldsymbol{N}_2 \tag{5-11}$$

一般来说，第一次平差前两类观测值的权阵 $\boldsymbol{P}_1$ 和 $\boldsymbol{P}_2$ 是按经验给出的，通常是不合理的，也可理解为它们所对应的单位权方差是不相等的，记为 $\sigma_{0_1}^2$ 和 $\sigma_{0_2}^2$。Helmert 方差分量估计的目的就是利用各次平差后的两类观测值改正数的带权平方和 $\boldsymbol{v}_1^{\mathrm{T}}\boldsymbol{P}_1\boldsymbol{v}_1$ 和 $\boldsymbol{v}_2^{\mathrm{T}}\boldsymbol{P}_2\boldsymbol{v}_2$ 来重新估计 $\sigma_{0_1}^2$ 和 $\sigma_{0_2}^2$，以重新确定更为合理的权阵。这里直接给出方差分量估计公式，见式(5-12)。

$$\boldsymbol{S}\hat{\boldsymbol{\theta}}=\boldsymbol{W}_\theta \tag{5-12}$$

其中

$$\boldsymbol{S}=\begin{pmatrix}n_1-2\mathrm{tr}(\boldsymbol{N}^{-1}\boldsymbol{N}_1)+\mathrm{tr}\,(\boldsymbol{N}^{-1}\boldsymbol{N}_1)^2 & \mathrm{tr}(\boldsymbol{N}^{-1}\boldsymbol{N}_1\boldsymbol{N}^{-1}\boldsymbol{N}_2)\\ \mathrm{tr}(\boldsymbol{N}^{-1}\boldsymbol{N}_2\boldsymbol{N}^{-1}\boldsymbol{N}_1) & n_2-2\mathrm{tr}(\boldsymbol{N}^{-1}\boldsymbol{N}_2)+\mathrm{tr}(\boldsymbol{N}^{-1}\boldsymbol{N}_2)^2\end{pmatrix}$$

$$\hat{\boldsymbol{\theta}}=(\sigma_{0_1}^2\quad \sigma_{0_2}^2)^{\mathrm{T}}$$

$$\boldsymbol{W}_\theta=(\boldsymbol{v}_1^{\mathrm{T}}\boldsymbol{P}_1\boldsymbol{v}_1\quad \boldsymbol{v}_2^{\mathrm{T}}\boldsymbol{P}_2\boldsymbol{v}_2)^{\mathrm{T}}$$

一般来说，式(5-12)有唯一的解，求解即可得到方差分量的估值。

（2）轨道控制网 CPⅢ平差的方差分量估计

高速铁路轨道控制网 CPⅢ为典型的边角同测控制网，一般采用高精度（测角标称精度 0.5″，测距标称精度 1 mm＋$1.0\times10^{-6}\times D$）的测量机器人观测。但由于野外环境变化多端，按照仪器标称精度或者经验确定方向和距离两类观测值的权值势必欠妥，导致平差结果不足为信。因此在平差时，采用 Helmert 方差分量估计确定合理的权值是很有必要的。

记测角精度为 σ_β，则 c 个测回的方向测量精度为 $\sigma_\beta/\sqrt{2c}$。由于野外测量通常采用 4 个测回，所以选 4 个测回的方向测量精度作为起始单位权方差 $\sigma_{0_\beta}^{(0)}=\sigma_\beta/2\sqrt{2}$。若有 n 个方向观测值，每个方向观测值的测回数分别为 c_1，c_2，…，c_n，则方向观测值的权阵为

$$\boldsymbol{P}_{\beta}^{(0)}=\frac{1}{4}\begin{pmatrix} c_1 & & & \\ & c_2 & & \\ & & \ddots & \\ & & & c_n \end{pmatrix} \tag{5-13}$$

仪器的加常数和乘常数分别为 a 和 b，则距离为 s 的边观测 d 测回的精度为

$$\sigma_s=(a+b\times s)/\sqrt{d} \tag{5-14}$$

若有 m 个距离观测值，每个距离观测值的测回数分别为 d_1，d_2，…，d_m，距离分别为 s_1，s_2，…，s_m，则距离观测值的起始权阵为

$$\boldsymbol{P}_{s}^{(0)}=(\sigma_{0_\beta}^{(0)})^2\begin{pmatrix} \frac{d_1}{(a+b\times s_1)^2} & & & \\ & \frac{d_2}{(a+b\times s_2)^2} & & \\ & & \ddots & \\ & & & \frac{d_m}{(a+b\times s_m)^2} \end{pmatrix} \tag{5-15}$$

于是，方向和距离观测值联合平差的初始权阵为

$$\boldsymbol{P}^{(0)}=\begin{pmatrix} \boldsymbol{P}_{\beta}^{(0)} & 0 \\ 0 & \boldsymbol{P}_{s}^{(0)} \end{pmatrix} \tag{5-16}$$

第一次平差后得到两类观测值的单位权方差分别为 $\sigma_{0_\beta}^{(1)}$ 和 $\sigma_{0_s}^{(1)}$，则第二次平差重新定权为

$$\boldsymbol{P}^{(1)}=\begin{pmatrix} \boldsymbol{P}_{\beta}^{(0)} & 0 \\ 0 & \left(\frac{\sigma_{0_\beta}^{(1)}}{\sigma_{0_s}^{(1)}}\right)^2\cdot\boldsymbol{P}_{s}^{(0)} \end{pmatrix} \tag{5-17}$$

同理，第 $i+1$ 次平差的权阵为

$$\boldsymbol{P}^{(i)}=\begin{pmatrix} \boldsymbol{P}_{\beta}^{(0)} & 0 \\ 0 & \left(\frac{\sigma_{0_\beta}^{(i)}\cdot\sigma_{0_\beta}^{(i-1)}\cdots\sigma_{0_\beta}^{(2)}\cdot\sigma_{0_\beta}^{(1)}}{\sigma_{0_s}^{(i)}\cdot\sigma_{0_s}^{(i-1)}\cdots\sigma_{0_s}^{(2)}\cdot\sigma_{0_s}^{(1)}}\right)^2\cdot\boldsymbol{P}_{s}^{(0)} \end{pmatrix} \tag{5-18}$$

迭代计算直至平差后得到的两类观测值单位权方差近似相等；或者可通过构造 χ^2 统计量进行假设检验，使两类观测值单位权方差在统计意义上相等。可以设置迭代停止的条件为

$$\left|\frac{\sigma_{0_\beta}^{(i)}}{\sigma_{0_s}^{(i)}}-1\right|<0.05 \tag{5-19}$$

综合来看，轨道控制网 CPⅢ数据处理应考虑以下三个方面：一是应用拟稳平差剔除不兼容的起算点，避免起算点的位置变化降低平差精度；二是应用 Baarda 粗差探测法剔除粗

差，可排除粗差对最终平差结果的影响；三是应用 Helmert 方差分量估计可以客观地、合理地、正确地评定各项精度。

5. 轨道控制网 CPⅢ平差中自由度 t 值的确定

首先进行自由网平差计算，将所有的点视为未知点，并假设一个点坐标和一个方位角已知（满足边角网平差起算的 3 个参数），目的是判断起算数据是否吻合以及探测大的观测粗差，此时计算的自由度应该扣除 3 个参数，即 $t=2\times$点个数（所有点，包括测站点）＋测站数（定向角参数）－3（边角网的基本起算数据参数）。

经过上一步处理后，可以剔除一些大的观测粗差和某些异常已知点。然后进行常规平差，即固定所有已知点，此时 $t=2\times$未知点数＋测站数。

注意：第一步计算的时候 $t=2\times$点个数＋测站数－3。

　　第二步计算的时候 $t=2\times$未知点数＋测站数。

点个数——CPⅢ点的个数。

未知点数——平差时需要计算坐标的点，不管该坐标是否有用。未知点包括所有 CPⅢ点和自由测站点，安置在已知点上的测站不应该包括在里面。

测站数——所有的测站，不论该测站是否在已知点上。

6. 平差中涉及尺度误差的边长改化问题

在高速铁路建设初期的精密测量中，认为已经设计了综合长度变形满足 10 mm/km 的工程独立坐标系，在轨道控制网 CPⅢ平差计算中可不进行边长改化即可满足精度要求，这也是德国博格咨询公司认为的数据处理观点。但是《高速铁路工程测量规范》（TB 10601—2009）规定，CPⅢ控制网应附合到 CPⅠ或 CPⅡ上，并采用固定数据平差。固定数据平差存在 CPⅠ、CPⅡ控制点与 CPⅢ距离观测值的尺度不一致的问题，存在系统误差。

存在系统误差时直接进行平差，理论不严密：一是最小二乘原理进行残差分配不合理；二是 Helmert 方差分量估计的前提条件不满足。可以从方向观测值残差和距离观测值残差分布差异得到验证，存在这种情况时，距离平差结果的残差不符合标准正态分布，如图 5-10 所示，而方向观测值残差符合标准正态分布，如图 5-11 所示。

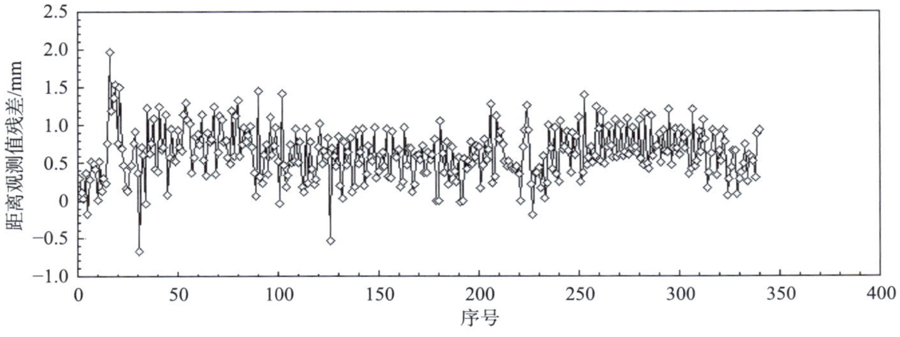

图 5-10　距离观测值残差不符合标准正态分布

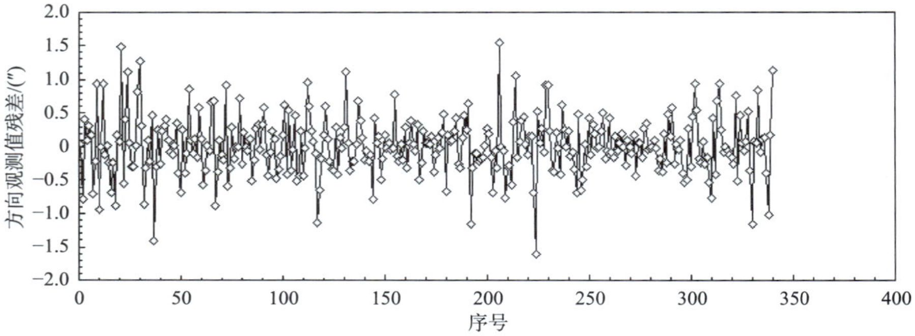

图 5-11　方向观测值残差符合标准正态分布

解决的合理办法是将 CPⅢ距离观测值进行两化改正，将 CPⅢ距离观测值改化到 CPⅠ、CPⅡ控制点坐标所在的抵偿面内，再进行平差计算，得到的两类观测值的残差分布均符合偶然误差的正态分布规律，如图 5-12 和图 5-13 所示。

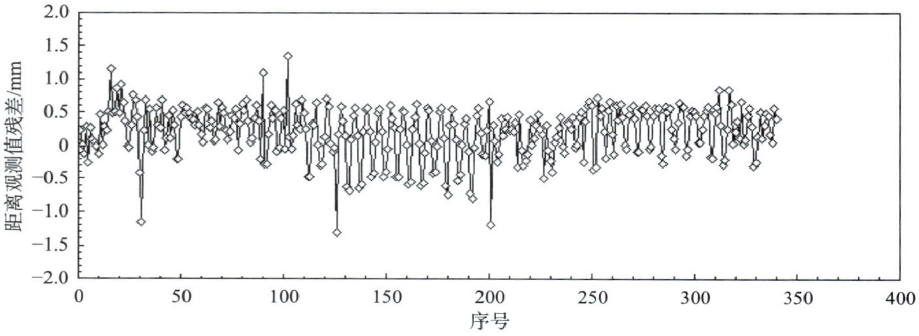

图 5-12　距离观测值残差符合正态分布

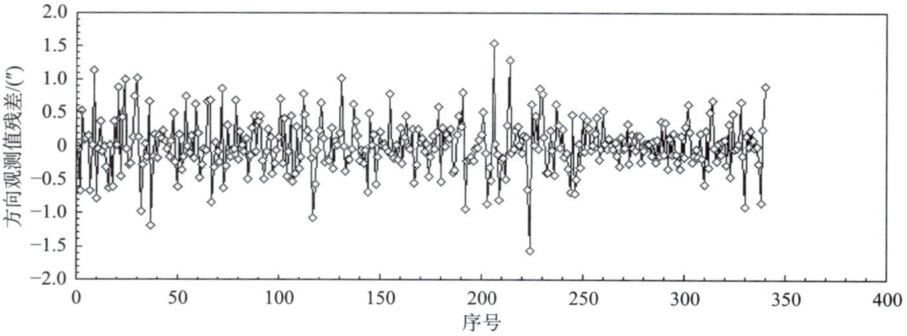

图 5-13　方向观测值残差符合正态分布

另外，从控制网相邻点相对点位精度的分布也可以考察 CPⅠ、CPⅡ控制点与 CPⅢ观测值的尺度的影响，如图 5-14、图 5-15 所示。

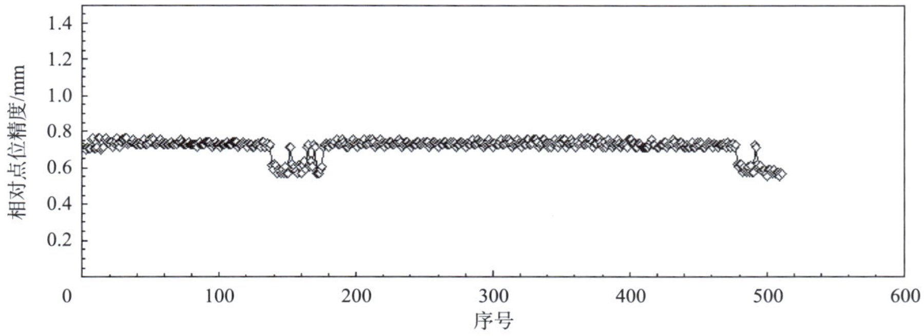

图 5-14　CPⅠ、CPⅡ控制点与 CPⅢ观测值的尺度不一致

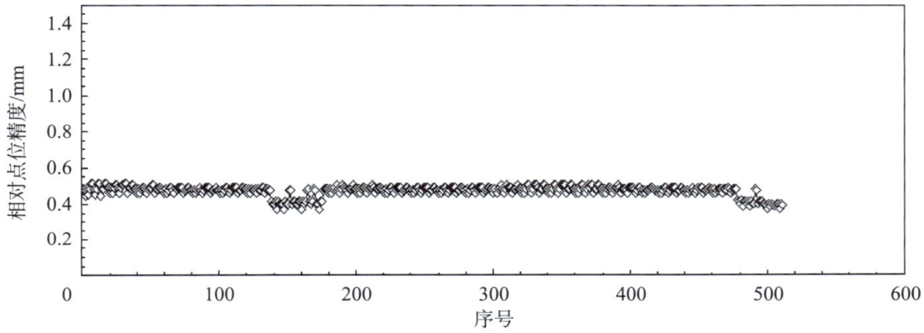

图 5-15　CPⅠ、CPⅡ控制点与 CPⅢ观测值的尺度一致

5.4　轨道控制网区段搭接的改进与完善

在实际工程中，轨道控制网必须要根据施组计划和结构物单元划分为若干个区段，这必然存在着段落间的平顺衔接问题。因此，对于轨道控制网的高精度不仅指网内相对精度以及网点的绝对位置精度，而且应该包括网段间高精度的合理平顺衔接。目前，国内主要有两种轨道控制网的区段衔接方法：一种为现行《高速铁路工程测量规范》中规定的严密平差搭接；另一种为直接坐标法的余弦函数平滑搭接。

严密平差搭接：这是一种在不同控制网区段之间建立严密平差的方法，以确保区段之间的高精度平滑衔接。要求在区段之间采用高精度的平差方法，以协调和平滑不同区段的控制网。这种方法通常用于工程测量中对精度要求非常高的情况，以确保各个区段的数据连续性和一致性。

余弦函数平滑搭接：这是一种通过余弦函数曲线平滑的方法，以在不同区段之间实现高精度的衔接。这种方法通过余弦函数曲线的平滑过渡来处理不同区段之间的控制网数据，使其无缝衔接。这种方法通常用于精密工程测量中，以确保平滑过渡而不引入明显的不连续性。

选择哪种方法通常取决于具体工程的精度要求、施工计划以及实际情况。在高速铁路等精密工程测量中,高精度的控制网区段衔接对确保工程的质量和安全至关重要,因此需要仔细考虑和选择适当的衔接方法。

5.4.1 搭接方法

1. 严密平差搭接处理——线性回归计算

根据施工需要 CPⅢ网必须分段测量,分段测量的测段长度不宜小于 4 km。测段间应重复观测不少于 6 对 CPⅢ点作为分段重叠观测区域,以便进行测段衔接。施工时,CPⅢ网两端宜分别预留 6 对 CPⅢ点,作为后续 CPⅢ控制网连接区域。测段之间衔接时,前后测段独立平差重叠点坐标差值限差为±3 mm。满足该条件后,后一测段 CPⅢ网平差,应采用本测段联测的 CPⅠ、CPⅡ控制点及重叠段前一区段连续的 1～3 对 CPⅢ点坐标进行约束平差。再次平差后,其他未约束的重叠点在两个区段分别平差后的坐标差值不宜大于 1 mm。若坐标差值大于 1 mm 时,应查明原因,确认无误后,未约束的重叠点坐标应采用后一区段 CPⅢ网的平差结果,并在新提交成果中注明;若坐标差值小于 1 mm,则采用前一区段 CPⅢ网的平差结果。

坐标换带处 CPⅢ平面网计算时,应分别采用相邻两个投影带的 CPⅠ、CPⅡ坐标进行约束平差,并分别提交相邻投影带两套 CPⅢ平面网的坐标成果。分带投影测段之间衔接时,前后测段独立平差重叠点,通过坐标转换成相同坐标系的坐标差值限差为±3 mm。满足该条件后,后一测段 CPⅢ网平差,应采用本测段联测的 CPⅠ、CPⅡ控制点及前一测段所有 CPⅢ点转换坐标成果进行固定约束平差。提供两套坐标的 CPⅢ区段长度不应小于 800 m。

严密平差搭接方法示意如图 5-16 所示。

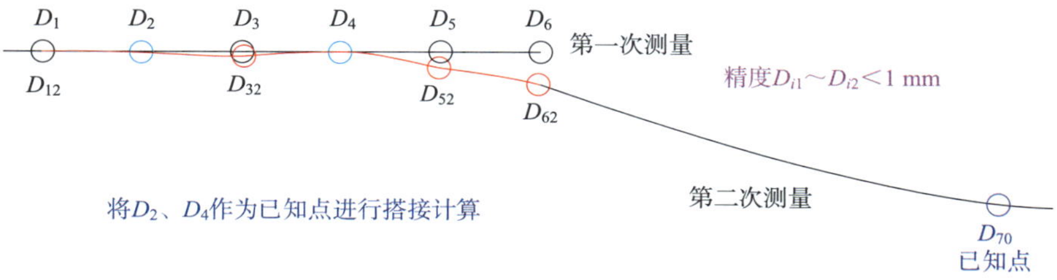

图 5-16　严密平差搭接方法示意

2. 直接坐标法余弦函数平滑搭接

余弦平滑计算方法进行搭接示意如图 5-17 所示。这种方法的前提条件:测段之间衔接时,前后测段独立平差重叠点坐标差值限值为±3 mm。满足该条件后,对于搭接区域的点的坐标可采用余弦平滑计算方法进行处理，计算方法如下：

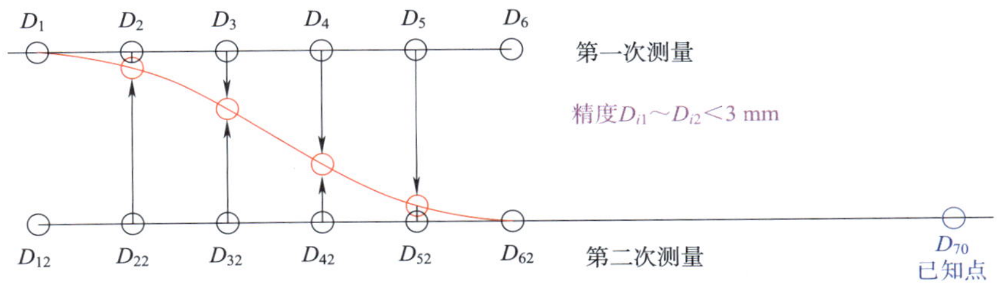

图 5-17　余弦平滑计算方法进行搭接示意

如图 5-18 所示，D_{11}、D_{21}、D_{31}、D_{41}、D_{51} 为前一测段最后预留搭接的 5 个 CPⅢ点，其坐标分别为 (X_{11},Y_{11})、(X_{21},Y_{21})、(X_{31},Y_{31})、(X_{41},Y_{41})、(X_{51},Y_{51})；D_{12}、D_{22}、D_{32}、D_{42}、D_{52} 为当前测段搭接的 5 个 CPⅢ点，其坐标分别为 (X_{12},Y_{12})、(X_{22},Y_{22})、(X_{32},Y_{32})、(X_{42},Y_{42})、(X_{52},Y_{52})；A 为前一测段距被搭接的 5 个 CPⅢ点最近的一个 CPⅢ点，B 为当前测段距被搭接的 5 个 CPⅢ点最近的一个 CPⅢ点，A、B 点间距离设为 L。

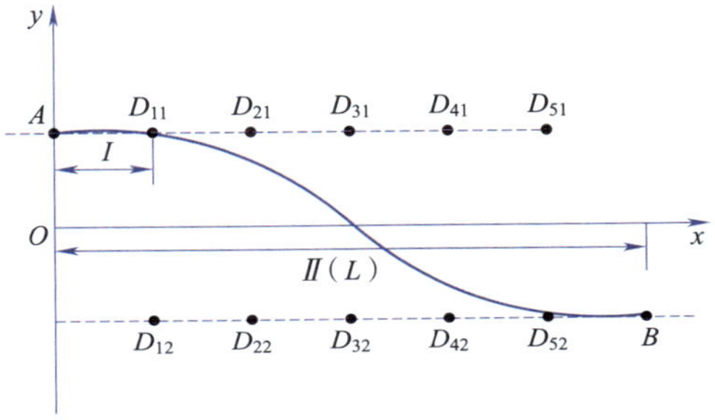

图 5-18　CPⅢ网重叠区平面坐标余弦函数平滑计算示意

假设各 CPⅢ点之间的纵向距离相等，设为 I。若采用余弦函数平滑处理两测段的 CPⅢ搭接点，则设余弦曲线为 $y=a\cos x+t$，其中 a 为振幅，t 为余弦曲线在 y 轴方向平移量。

对两测段的搭接点采用余弦曲线加权平滑，赋予前一测段搭接点 CPⅢ坐标的权为 y，后一测段搭接点 CPⅢ坐标的权为 $1-y$。由于 A、B 为非搭接的 CPⅢ点，其观测坐标在平滑处理前后不变。在 A 点时，$x=0°$，$y=1$；在 B 点时，$x=180°$，$y=0$，因此可以得到

$$\left.\begin{aligned} a\times\cos 0°+t&=1\\ a\times\cos 180°+t&=0\end{aligned}\right\}\Rightarrow\left\{\begin{aligned} a&=0.5\\ t&=0.5\end{aligned}\right.\Rightarrow y=0.5\cos x+0.5 \tag{5-20}$$

得到加权余弦函数表达式后，便能求出中间 5 个 CPⅢ搭接点的权，如式(5-21)所示。

$$\begin{cases} y_1=0.5\cos(\pi/L\times I)+0.5\\ y_2=0.5\cos(\pi/L\times 2I)+0.5\\ y_3=0.5\cos(\pi/L\times 3I)+0.5\\ y_4=0.5\cos(\pi/L\times 4I)+0.5\\ y_5=0.5\cos(\pi/L\times 5I)+0.5\end{cases} \tag{5-21}$$

由此可得到各搭接 CPⅢ点余弦加权平滑后的唯一坐标为

$$\begin{aligned} X_i&=X_{i1}\times y_i+X_{i2}\times(1-y_i)\\ Y_i&=Y_{i1}\times y_i+Y_{i2}\times(1-y_i)\end{aligned}\qquad i=1,2,3,4,5 \tag{5-22}$$

5.4.2 工程数据对比分析

如5.4.1节所述，按照CPⅢ网段落搭接的两个基本指标，用两种方法进行实例计算。考虑第一个指标一般容易满足，这里选取了三个实际搭接区只分析第二个指标，表5-3～表5-5只列出差值情况。

表 5-3 段落一

点 名	余弦平滑方法搭接成果与上一段落成果坐标差值		常规方法搭接成果与上一段落成果坐标差值	
	ΔX/mm	ΔY/mm	ΔX/mm	ΔY/mm
460306	0	0	0	0
460304	−0.10	0.13	0	0
460302	−0.17	0.31	0	0
459332	−0.62	0.25	−0.20	0
459330	−0.52	−0.10	−0.80	−0.10
459328	−1.48	0.12	0	−0.80
460305	0	0	0	0
460303	−0.10	0.08	0.50	0.60
460301	−0.22	0.19	−0.40	0.60
459331	−0.26	−0.11	0	0
459329	−0.51	−0.53	0	0
459327	−1.36	0	0	−0.80

表 5-4 段落二

点 名	余弦平滑方法搭接成果与上一段落成果坐标差值		常规方法搭接成果与上一段落成果坐标差值	
	ΔX/mm	ΔY/mm	ΔX/mm	ΔY/mm
544312	0	0	0	0
544310	−0.10	0.03	−0.54	−0.07
544308	−0.10	0.11	0.10	0.17
544306	−0.25	0.02	−0.13	−0.01
544304	−0.50	0.19	−0.18	0.29
544302	−0.81	−0.14	−0.58	0.06
544311	0	0	0	0
544309	−0.11	0.02	−0.76	−0.15
544307	−0.11	−0.05	0.02	−0.36
544305	−0.28	−0.37	−0.13	−0.52
544303	−0.96	−0.61	−0.80	−0.54
544301	−1.50	−0.27	0	0

表 5-5　段落三

点　名	余弦平滑方法搭接成果与上一段落成果坐标差值		常规方法搭接成果与上一段落成果坐标差值	
	ΔX/mm	ΔY/mm	ΔX/mm	ΔY/mm
420336	0	0	0.22	0.70
420334	0.05	0.23	0.89	0.66
420332	−0.22	0.24	−0.05	−0.01
420330	−0.18	−0.09	0.28	0.29
420328	−0.12	−0.79	0.03	−0.03
420326	−0.31	−2.54	0.55	−0.70
420335	0	0	0.23	−0.03
420333	0.10	0.21	0.02	−0.01
420331	−0.11	0.40	−0.23	0.63
420329	−0.28	−0.36	0	0.01
420327	−0.82	−1.11	−0.15	−0.01
420325	0.85	−2.74	0.33	−1.00

由以上三个段落的分析可以看出，余弦平滑方法搭接成果有 6 个值超过 1 mm 的限差要求，且有两个值较大，而常规方法搭接计算无超限值。

1. 余弦函数平滑法处理 CPⅢ平面搭接的优势

(1)根据前后两相邻段独立平差结果，利用余弦函数定权平滑法获得搭接段 6 对点最终平面坐标值，省去搭接约束 2～3 对 CPⅢ点约束平差步骤，进而不必考虑搭接约束平差容易产生的水平方向观测值改正数超限问题。

(2)工程实践证明，“正常情况”下，在判断相邻两段搭接处独立平差结果较差满足±3 mm 限差时，利用平滑法获得的坐标成果与搭接约束 2～3 对 CPⅢ点获得的最终坐标成果较差在 1.5 mm 左右，其精度满足轨道控制网测量的要求。

(3)通过余弦函数平滑法处理，使前后两个测段 CPⅢ网平滑过渡，保证了搭接点与非搭接点之间不会产生突变，有利于保证搭接段落内轨道短波的平顺性。

2. 余弦函数平滑法处理 CPⅢ平面搭接的劣势

(1)对于“点位移动”和“连续梁处”两种情况，判断个别点确实存在位移时，相邻两段独立平差结果较差超过±3 mm，平滑法已不再适用。首先，该方法本身具有局限性，其适用前提是相邻两段独立平差坐标较差满足±3 mm 限差要求；其次，若不考虑该限差，势必会忽略粗差影响，强制定权平滑得出位移点坐标成果与搭接平差更新后坐标成果较差值为±3 mm，对后续轨道控制网平差造成麻烦。

(2)平滑计算法是利用前后两段独立平差结果通过点间距加权处理段落搭接的方法，而后搭接段落测量所获取的搭接处 CPⅢ点间边、角关系的最新现状没有直接参与计算搭接点最终坐标成果，势必会影响轨道控制网测量、平差计算。

(3)平滑法处理搭接问题其结果影响仅局限于搭接的 6 对 CPⅢ点，对 6 对点以外的 CPⅢ点不产生任何影响，其过渡范围仅在 6 对点之间。而搭接约束平差过渡范围较大，其他 CPⅢ点也会根据距离分摊段落搭接产生的误差，更利于提高线路的长波平顺性。

(4)余弦函数平滑搭接对于搭接段非线性分布的两段结果将不再适用。

5.4.3 搭接平差前超限数据处理

1. 平面搭接

测段之间搭接时，前后测段独立平差重叠点坐标差值不满足限差±3 mm 时，有以下两种处理措施：

(1)重新测量重叠区域 CPⅢ点。一般是将包含有重叠的 6 对 CPⅢ点的所有自由测站全部补测(含加密 CPⅡ点)，再约束加密 CPⅡ点重新独立平差，进行重叠点坐标较差比较，满足要求后进行搭接平差计算。

(2)深度搭接。这其中有两种深度搭接方案：其一，CPⅢ平面测量延伸至下一个加密 CPⅡ点，范围为该 CPⅡ点外有 3 对 CPⅢ点，再约束所有联测的加密 CPⅡ点重新独立平差，进行重叠点坐标较差比较，满足要求后进行搭接平差计算；其二，CPⅢ平面测量深度延伸搭接仅 2 对 CPⅢ点，将其中延伸搭接的一对 CPⅢ点和所有加密 CPⅡ点约束重新独立平差，进行重叠点坐标较差比较，满足要求后进行搭接平差计算。

2. 水准搭接

测段之间搭接时，前后测段独立平差重叠点高程差值不满足限差±3 mm 时，有以下两种处理措施：

(1)重新补测 CPⅢ点与加密水准点之间高差，并与前一段网中 CPⅢ点与加密水准点所联测的高差进行对比，再对重叠的 CPⅢ水准环进行检测，确认无误。若判断加密水准点发生沉降，则将重叠区域一对端点 CPⅢ和其他加密水准点作为已知点独立平差，进行重叠点高程较差比较，满足要求后进行搭接平差。

(2)CPⅢ高程测量深度延伸搭接 600 m 左右 CPⅢ点，将其中延伸搭接的一对端点 CPⅢ点和加密水准点约束重新独立平差，进行重叠点高程较差比较，满足要求后进行搭接平差。

综合评价：相邻两段 CPⅢ网独立平差后搭接区点的坐标较差限差±3 mm，由 CPⅢ网的刚性特征可以得出，相邻两段 CPⅢ网联测的加密网的兼容性是非常好的，其点位中误差应该优于 2 mm。

两种搭接方法虽然各有优缺点，但平差后的绝对坐标差值在 1.5 mm 左右，对轨道控制网测设和平差计算基本不产生影响，这表明两种方法都可以在实际工程中使用。此外，两种方法得到的搭接平滑结果都满足轨道的长波和短波检测要求(10 mm/150 m 和 2 mm/

5 m)，这也是一个重要的考量因素。然而，从测量理论和实践应用的角度出发，严密平差搭接的方法更可靠，因为它在理论上更为严格，搭接数据处理的可操作性更强。这使它更适用于工程测量的实际情况。因此，综合考虑理论基础和实际应用，严密平差搭接方法可能更为可取，特别是在要求高精度和可靠性的工程测量项目中。

5.5　单侧布点轨道控制网的测量与计算

某些联络线工程单线线路只有一侧具备设置 CPⅢ点的条件。这种情况需要单侧布点，即点对形式变为单点。测站间距 120 m 或 60 m 单侧形式 CPⅢ平面网构网分别如图 5-19 和图 5-20 所示。

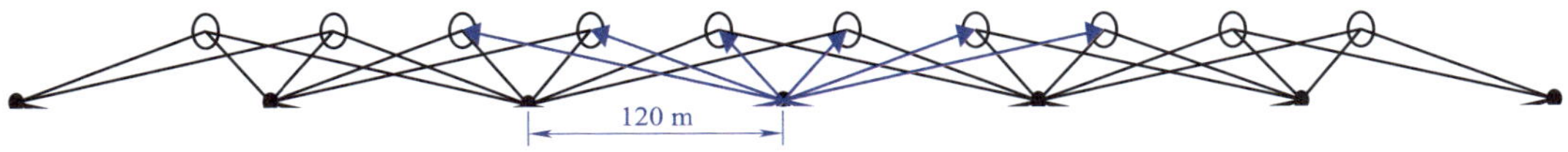

图 5-19　测站间距 120 m CPⅢ单侧网平面测量网形示意

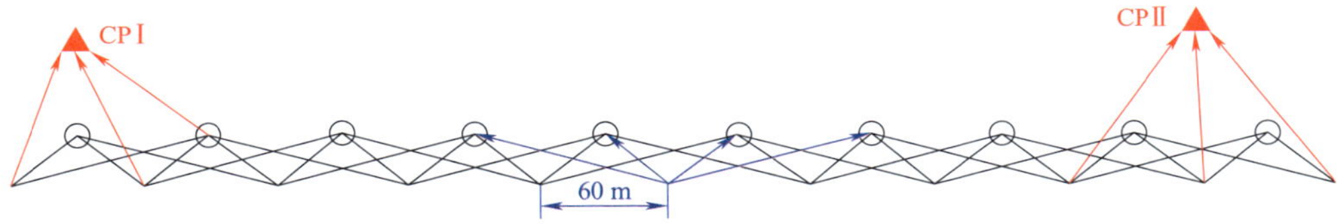

图 5-20　测站间距 60 m CPⅢ单侧网平面测量网形示意

此类情况的观测、数据处理和成果精度指标同正常 CPⅢ平面网基本一样。

第 6 章　轨道精密测量与检测技术

在无砟轨道线上施工测量中，主要涉及底座的支模放样测量、轨道板或轨排的精调测量以及轨道的精调测量。在运营维护阶段，轨道检测的主要目标是测量轨道的几何状态，确保轨道的平顺性，并为运营安全提供测量保障。

在进行轨道工程施工前，应确保线下工程通过沉降评估并建立轨道控制网 CPⅢ。同时，需要检查线路的平面和纵向断面是否满足轨道铺设的条件。如有必要，应对线路的平面和纵向断面进行调整，以满足铺轨的要求。在高速铁路轨道的施工和检测中，轨道控制网 CPⅢ被用作基准。

目前，国内广泛采用的是具有自主知识产权的 CRTSⅢ型轨道结构。因此，本章将重点介绍 CRTSⅢ板精调的相关内容，并简要介绍 CRTSⅠ型板和 CRTSⅡ型板精调的相关内容。

6.1　轨道板精调

无论是 CRTSⅠ型板、CRTSⅡ型板还是 CRTSⅢ型板，其精调原理都是一样的：测量安装在轨道板承轨台上的棱镜，获取模拟轨道结构的实际坐标，然后与设计理论位置坐标进行对比，计算出对应棱镜位置的调整量，接着精确地调整轨道板，以使轨道板的实际位置与设计位置完全重合。随着工程建设经验的积累，目前三种板式无砟轨道板的精调方法和设备基本上已经趋于统一。

下面，我们以目前最常用的 CRTSⅢ型板式无砟轨道板为例，详细介绍轨道板精调的方法。

6.1.1　CRTSⅢ型板精调系统组成

CRTSⅢ型轨道板精调系统包括硬件系统和软件系统两部分，如图 6-1 所示。

1. 硬件设备

CRTSⅢ型轨道板精调测量系统由测量机器人、测控终端和测量辅助机构组成，系统硬件设备见表 6-1。

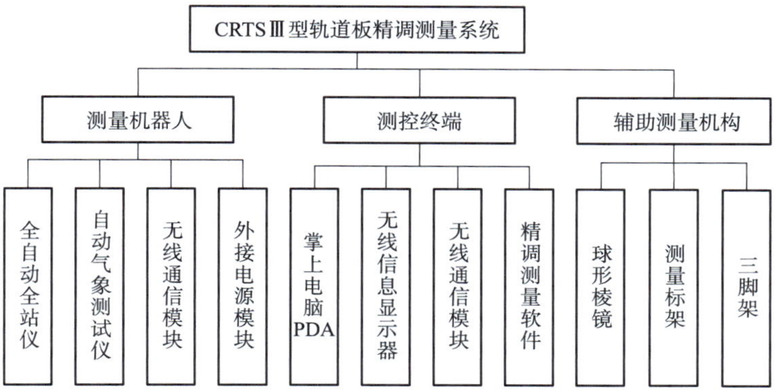

图 6-1　CRTSⅢ型轨道板精调测量系统组成

表 6-1　CRTSⅢ型轨道板精调测量系统硬件设备

序号	设　　备	数量	用　　途
1	PBJ1500 型测量标架	3 只	放置位置能够代表整个轨道板的空间状态，并可安放反射棱镜，用作全站仪的测量目标（含一只标准标架）
2	PBJ1300 型测量标架	1 只	用于换站搭接
3	球棱镜	8 个	安放在测量机械装置上，用于全站仪测量
4	掌上电脑（PDA）	1 台	运行轨道板精调作业软件的计算机设备，操控并完成轨道板测量
5	三脚架	1 个	用于架设全站仪，进行对中整平
6	全自动全站仪	1 台	用于棱镜的坐标测量
7	无线数传电台	1 台	用于全站仪无线通信、挂接气象传感器
8	无线信息显示器	4 个	显示 4 个调整工位的横向和高程调整量
9	外挂电源	1 个	外界供电
10	专用连接电缆	1 根	用于数传电台与全站仪的外接供电和数据通信连接

测量标架主要材料是合金硬铝，由横梁、门字框、触及端和球棱镜安装座等部分组成（图 6-2），为了使框架能够与轨道板承轨台密贴，门字框设计成了可旋转式。PBJ1500 型测量标架横梁上球棱镜安放座中心点相距为 1 500 mm，放置于待调板上，用于模拟待调板的

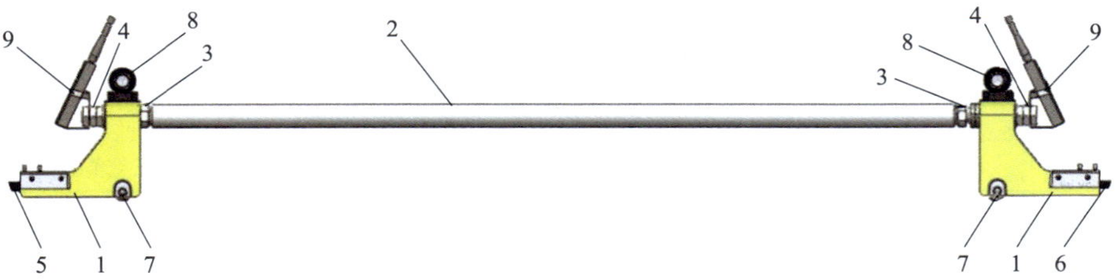

1—门字框；2—标架横梁；3—圆螺母；4—六角螺母；5—固定端；6—活动端；
7—轴承；8—球棱镜安放座；9—无线信息显示器安放架。

图 6-2　轨道板精调测量标架

轨道结构；PBJ1300 型测量标架横梁上球棱镜安放座中心点相距为 1 300 mm，放置于上一块已调好的轨道板上，用于与待调板的平顺性搭接。

球棱镜要求各向异性互差±0.3 mm，光束角偏差≤2″，并且各标架上棱镜常数均一致。

全站仪要求伺服马达驱动，自动搜索、瞄准、跟踪目标，角度测量精度≤1″，距离测量精度≤1 mm+2.0×$10^{-6}D$。

无线信息显示器，用于实时显示对应精调爪的横向/垂向调整量。

2. 软件系统

CRTSⅢ型轨道板精调测量软件是精调系统的重要组成部分，安装在工控机中。软件用于 CRTSⅢ型无砟轨道板铺设精调作业测量控制，主要实现作业项目管理、辅助测量机构参数管理、通信管理、气象参数管理、轨道板精调文件管理、标架检校、轨道板精调等功能，如图 6-3 所示。

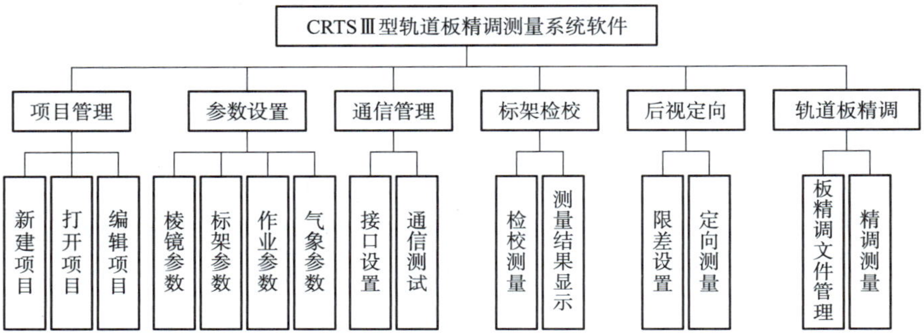

图 6-3　轨道板精调软件功能模块

各功能模块的功能描述见表 6-2。

表 6-2　各功能模块的功能

功能标识	子功能标识	功能描述
项目管理	新建项目	实现作业项目信息管理，包括新建项目、打开已有项目和编辑项目信息等功能
	打开项目	
	编辑项目	
参数设置	棱镜参数	棱镜参数设置
	标架参数	测量标架参数设置
	作业参数	实现仪器选择和定义调板方向等功能
	气象参数	手动输入/自动读取用于测距改正的气象传感器各气象值功能
通信管理	接口设置	实现与外部硬件设备通信接口的匹配设置
	通信测试	测试各部件之间的通信畅通与否
标架检校	检校测量	由于可能受到运输、气象等影响，测量标架发生轻微变形，需要对所有标架进行校验
	结果显示	显示测量结果

续上表

功能标识	子功能标识	功 能 描 述
后视定向	限差设置	设置定向允许限差，超限报错，重新测量
	定向测量	
轨道板精调	板精调文件管理	导入精调板文件和控制点文件，对控制点文件进行数据操作处理
	精调测量	测量各标架上棱镜，分析计算获取调整量，保存合格数据

6.1.2　CRTSⅢ型板精调步骤

1. 理论数据的准备

精调理论数据即轨道板铺设位置数据，是由布板软件根据轨道的设计线形计算输出所得，每块 CRTSⅢ型板提供两个文件，即 .JTXYZ 文件和 .JTLJ 文件，如图 6-4 所示。.JTXYZ 文件为各承轨台中心位置对应的轨顶中心点的三维坐标；.JTLJ 文件为支点位置文件，即精调标架摆设位置文件。开始精调前，将待调板的理论数据文件拷贝到精调系统中即可。

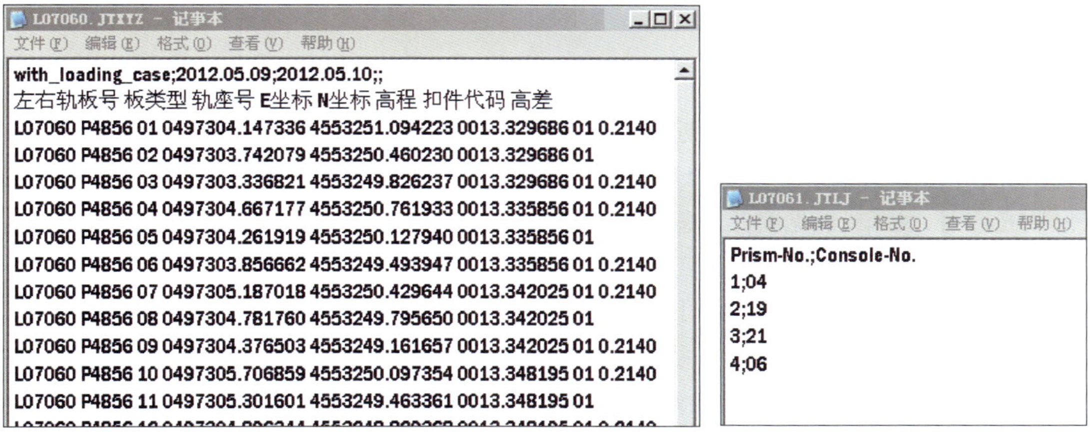
L07060.JTXYZ - 记事本
文件(F) 编辑(E) 格式(O) 查看(V) 帮助(H)
with_loading_case;2012.05.09;2012.05.10;;
左右轨板号 板类型 轨座号 E坐标 N坐标 高程 扣件代码 高差
L07060 P4856 01 0497304.147336 4553251.094223 0013.329686 01 0.2140
L07060 P4856 02 0497303.742079 4553250.460230 0013.329686 01
L07060 P4856 03 0497303.336821 4553249.826237 0013.329686 01 0.2140
L07060 P4856 04 0497304.667177 4553250.761933 0013.335856 01 0.2140
L07060 P4856 05 0497304.261919 4553250.127940 0013.335856 01
L07060 P4856 06 0497303.856662 4553249.493947 0013.335856 01 0.2140
L07060 P4856 07 0497305.187018 4553250.429644 0013.342025 01 0.2140
L07060 P4856 08 0497304.781760 4553249.795650 0013.342025 01
L07060 P4856 09 0497304.376503 4553249.161657 0013.342025 01 0.2140
L07060 P4856 10 0497305.706859 4553250.097354 0013.348195 01 0.2140
L07060 P4856 11 0497305.301601 4553249.463361 0013.348195 01

L07061.JTLJ - 记事本
文件(F) 编辑(E) 格式(O) 查看(V) 帮助(H)
Prism-No.;Console-No.
1;04
2;19
3;21
4;06

图 6-4　轨道板精调理论数据格式

2. 精调标架的摆放

将 2 个 PBJ1500 型测量标架（标架 1 和标架 2）分别放置在待调轨道板承轨台上，触及端紧靠外钳口，并保持四角着地。为了与已调整好的轨道板进行平顺性搭接，需要在上一块轨道板承轨台上放置 1 个 PBJ1300 型测量标架（标架 3），如图 6-5 所示。

（1）PBJ1500 型测量标架放置规则

①当由小里程往大里程方向进行精调时，1 号标架放置在第 7 对（有 8 对承轨台的轨道板）或第 8 对（有 9 对承轨台的轨道板）承轨台上，2 号标架放置在第 2 对承轨台上。

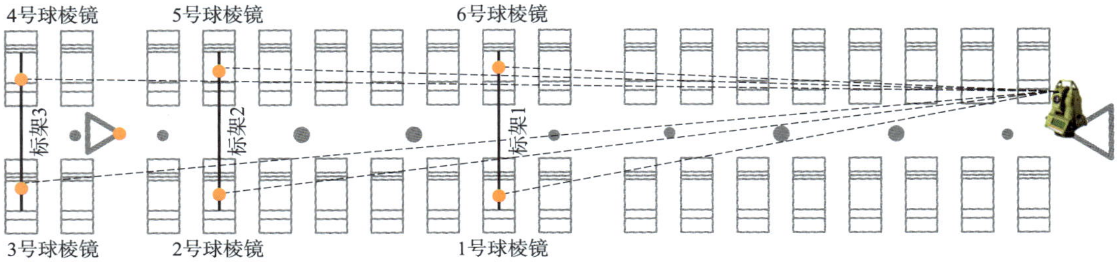

图 6-5　标架摆放位置示意

②当由大里程往小里程方向进行精调时，1 号标架放置在第 2 对承轨台上，2 号标架放置在第 7 对(有 8 对承轨台的轨道板)或第 8 对(有 9 对承轨台的轨道板)承轨台上。

(2)PBJ1300 型测量标架放置规则

①当由小里程往大里程方向进行精调时，3 号标架放置在已精调完毕的与待精调轨道板相邻的轨道板第 7 对(有 8 对承轨台的轨道板)或第 8 对(有 9 对承轨台的轨道板)承轨台上。

②当由大里程往小里程方向进行精调时，3 号标架放置在已精调完毕的与待精调轨道板相邻的轨道板第 2 对承轨台上。

3. 全站仪设站

全站仪宜设站在线路中线附近、两对 CPⅢ控制点之间，并且后视 3 对以上 CPⅢ控制点进行设站。在换站搭接时，需重合 2 对以上的 CPⅢ控制点。测设工作应避免在气温变化剧烈、阳光直射、大风或能见度低等恶劣气候条件下进行，宜选择在阴天无风或日落 2 h 后、日出前，气象条件稳定的时段进行；实测气温、气压和湿度，并输入全站仪进行气象改正。设站精度应满足表 6-3 的要求。每站可精调 3～5 块轨道板，设站时全站仪距最近的一块轨道板距离在 6 m 左右。搬站后对上一站最后一块板的搭接承轨台进行检测。检测数据偏差必须控制在 2 mm 以内，否则重新设站。

表 6-3　自由设站点精度要求(一)

X	Y	H	定向精度
≤0.7 mm	≤0.7 mm	≤0.7 mm	≤2″

4. 设备连接

首先将无线数传电台、气象传感器和全站仪连接好。气象传感器放置在能够代表测站气象条件、避免阳光直射又通风良好的位置。为保证气象数据的准确性，通常在气象传感器工作 1 min 后再进行读数。

5. 标架检校

为了确保轨道板的精调精度，每个作业组在开始精调前，都应使用标准标架对其他非标准标架进行标定，以获取非标准标架的改正常数。

标准标架的标定通常在轨道板制造厂通过标准轨道台进行。首先，将标准标架放置在标准承轨台上，使用全站仪对标准标架上的棱镜进行三维坐标测量并记录。记录后，将标准标架旋转 180°，再次进行测量和记录。测量完成后，计算两次测量的距离，并与标准承轨台大钳口距离进行比较，根据比值差异对标准标架进行调整，直到差异在±0.1 mm之内。标准标架通常每月校准一次。

在对 1～3 号标架进行标定时，依次将标准标架和其他 3 根标架放在相同的承轨台上，使用精调软件自带的标架标定功能进行三维坐标测量和记录。测量得到的 3 根标架与标准标架之间的差值，经过计算后，将其代入数学模型中，在后续的精调作业中由轨道板精调软件进行自动修正，达到校验的目的。1～3 号标架应在每个作业组开始精调前进行标定。

6. 精调测量

上述准备工作完成之后，即可开展精调作业。各棱镜的编号如图 6-5 所示。测量步骤如下：

(1)测量 1 号和 6 号棱镜，经过精调软件计算，轨道板的偏差值就会显示在软件上，同时向 1 号和 6 号棱镜相对应的显示器发送调整数据。操作人员根据显示器显示的值调整 1 号和 6 号棱镜对应的精调爪。

(2)测量 2 号和 5 号棱镜，操作人员根据显示器显示的值调整 2 号和 5 号棱镜对应的精调爪。

(3)经过上述两步调整之后，再次对 1 号、2 号、5 号、6 号 4 个棱镜同时进行测量，操作人员再根据显示器显示的值进行调整。

(4)1 号、2 号、5 号、6 号棱镜均精调到位以后需进行完全测量，全站仪除测量被调轨道板上的 4 个棱镜外，还要观测安放在上块已调轨道板标架 3 上的棱镜 3 和棱镜 4，从而控制板与板之间的平顺衔接，板间平顺的限差要求需参考相关规范和相关规定。

6.1.3 轨道板精调流程

精调时宜以约 300 m(50 块板)为一个精调及浇筑单元。轨道板精调施工作业流程如图 6-6 所示，工艺流程如图 6-7 所示。

6.1.4 轨道板灌浆后控制测量

轨道板浇筑完成后，应对轨道板进行复测，以检验轨道板的平顺性。

在开展线上灌浆试验时，当自密实混凝土达到强度后应立即对轨道板进行检测，以检查下压装置及灌浆工艺对轨道板平顺性的影响，并提出整改方案。在正式灌浆后应以约 300 m为一个检查单元，检查中发现问题应分析原因并及时采取相关措施。

轨道板监测依据 CPⅢ控制点，采用全站仪自由设站极坐标法进行。自由设站观测的

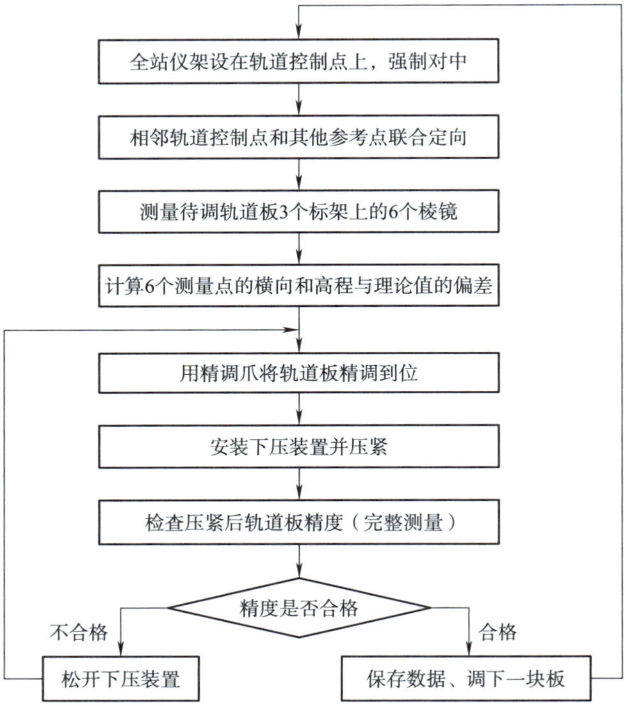

图 6-6　轨道板精调施工作业流程

CPⅢ控制点不少于 3 对，全站仪宜设在线路中线附近，位于所观测的 CPⅢ控制点的中间。更换测站后，相邻测站重叠观测的 CPⅢ控制点不少于 2 对。对自由设站点精度要求见表 6-4。

表 6-4　自由设站点精度要求(二)

X	*Y*	*H*	定向精度
≤0.7 mm	≤0.7 mm	≤1 mm	2″

单个自由设站一般可测 6 块轨道板，在外界条件甚佳或在隧道洞内作业情况下，也可测 8 块板，测量需使用标准测量标架。为覆盖全部板接缝区，每次换站时，要求有一块板的重叠搭接。

每块板上测量 4 个点，此 4 个点与精调时测量标架的位置相同，首先测量板首端第 2 个轨枕台左右两个点，再测量板末端第 2 个轨枕台左右两个点，测量完成后对轨道板的平顺性进行分析。

6.1.5　板式道岔板精调

1. 坐标系

高速铁路道岔板一般是在板场预制完成，为了满足道岔板的制板及铺设精度，在道岔板

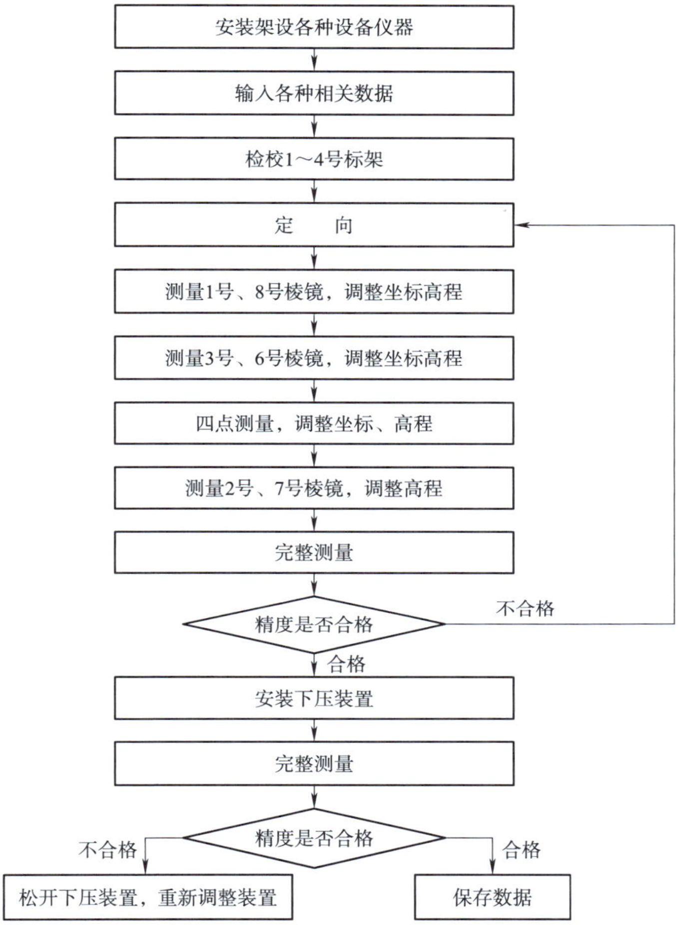

图 6-7　轨道板精调工艺流程

设计、制造及铺设时会使用不同的坐标系。

首先是道岔板坐标系，对应于各胎具的每个道岔板的设计坐标都有一个自己的坐标系统，这就意味着每个胎具具有多个坐标系。坐标系由道岔板设计单位定义，如图 6-8 所示。

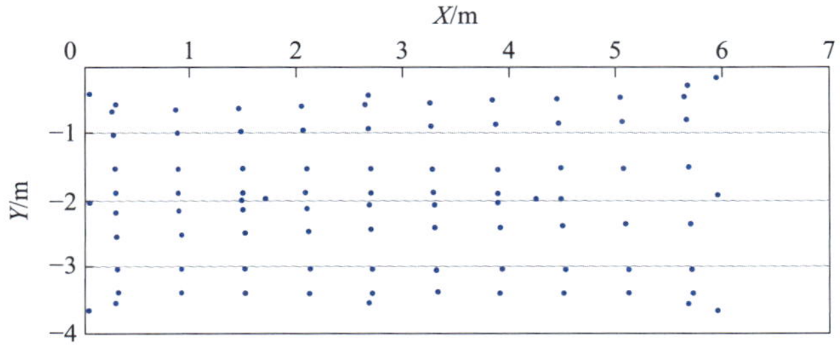

图 6-8　道岔板坐标系统

为了保证道岔的整体精度，在设计每组道岔时，设计单位又设计了一个道岔坐标系，一般是以岔前的第一块道岔板的第一个承轨台中心为原点，面向线路大里程方向为 L 方向，垂直 L 往右为 Q 方向。表 6-5 所示为某道岔的道岔板坐标。

表 6-5　道岔板坐标

点　号	L 纵向值/m	Q 横向值/m	高度/m	点代码	点类说明
5232	125.905 6	3.304 9	−0.41	5	混凝土块放样点
6201	**125.831 1**	**5.000 1**	**−0.51**	**1**	**轨道基准点**
6202	125.831 1	4.711 3	−0.51	2	侧线轴线点
6203	125.781 1	6.186 8	−0.25	3	板角点
6204	125.781 1	3.502 3	−0.25	3	板角点
6205	119.881 1	6.184 5	−0.25	3	板角点
6206	119.881 1	3.364 1	−0.25	3	板角点
6211	125.531 1	6.080 7	−0.24	4	棱镜点
6212	125.531 1	3.628 0	−0.24	4	棱镜点
6213	123.131 1	6.080 7	−0.24	4	棱镜点
6214	123.131 1	3.578 0	−0.24	4	棱镜点
6215	120.131 1	6.080 7	−0.24	4	棱镜点
6221	125.761 2	6.386 8	−0.41	5	混凝土块放样点
6222	125.301 2	6.386 6	−0.41	5	混凝土块放样点
6223	125.765 9	3.301 8	−0.41	5	混凝土块放样点
6224	125.306 0	3.291 1	−0.41	5	混凝土块放样点
6230	119.901 2	6.384 5	−0.41	5	混凝土块放样点
6231	120.365 9	3.175 4	−0.41	5	混凝土块放样点
6232	119.906 0	3.164 6	−0.41	5	混凝土块放样点
7201	**119.831 1**	**5.000 1**	**−0.51**	**1**	**轨道基准点**
7202	119.831 1	4.557 4	−0.51	2	侧线轴线点
7203	119.781 1	6.184 5	−0.25	3	板角点
7204	119.781 1	3.364 1	−0.25	3	板角点

另外一个就是施工坐标系，施工坐标系的用处就是将道岔板铺放到施工现场，施工坐标系和道岔坐标系一般有两个或三个公共点。

2. 平面理论数据坐标转换模型

道岔板精调的关键点就是将道岔坐标系转化为施工坐标系，一般使用四参数坐标进行转化，见式(6-1)。

$$\begin{pmatrix} x \\ y \end{pmatrix} + \begin{pmatrix} v_x \\ v_y \end{pmatrix} = \begin{pmatrix} \Delta x \\ \Delta y \end{pmatrix} + K \cdot \begin{pmatrix} \cos\alpha & -\sin\alpha \\ \sin\alpha & \cos\alpha \end{pmatrix} \begin{pmatrix} x_0 \\ y_0 \end{pmatrix} \tag{6-1}$$

式中　Δx，Δy——平移参数；

α——旋转参数；

K——缩放比例。

将 $\cos\alpha$、$\sin\alpha$ 泰勒一阶展开，代入式(6-1)，列出误差方程为

$$V = BX - L \tag{6-2}$$

式中　V——观测值的改正数；

B——误差方程系数；

X——待估参数；

L——观测值与泰勒展开 0 阶项之差。

若公共点的个数大于等于 2，则可根据最小二乘原理组成法方程，求解出 Δx、Δy、α、K，即可将自由设站测得的轨道基准点坐标转换到 CPⅢ已知坐标所在的坐标系中。

6.1.6　几种轨道板精调差别说明

随着工程经验的不断积累与改进，目前三种轨道板的精调方式及精调设备已经趋于一致，但在细节上还有些差别，下面做简单说明。

(1)CRTSⅡ型板精调一般采用 CPⅣ点(德国博格公司称之为 GRP 点)进行全站仪设站(图 6-9)，其他精调设备及精调步骤和 CRTSⅢ型轨道板精调完全一致。

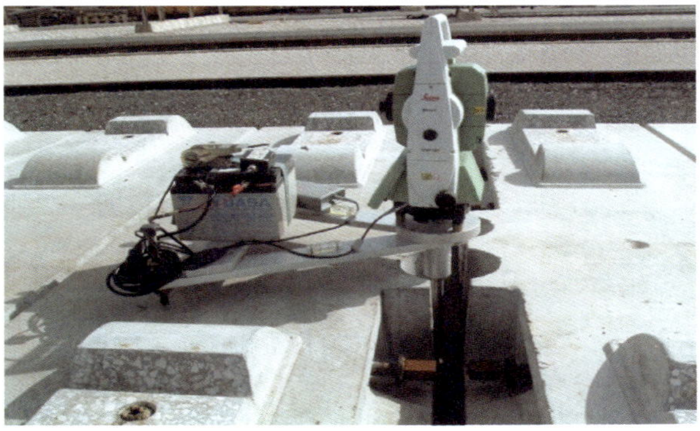

图 6-9　CRTSⅡ型板精调采用 CPⅣ点进行全站仪设站

(2)CRTSⅠ型板因无挡肩结构，所以其采用扣件螺栓孔标架系统，以模仿轨道结构。另外，CRTSⅢ型轨道板精调也可采用此标架系统。其他全站仪设站方式及精调方式同 CRTSⅢ型板一致。

(3)对于理论数据的准备，目前 CRTSⅡ型板和 CRTSⅢ型板一般使用布板软件进行计算。但 CRTSⅠ型板一般采用随机定位的精调方式，即把线路的平面曲线、竖曲线要素及超高参数直接输入到精调系统中进行随机定位。部分客专 CRTSⅢ型板也可以采用随机定位的精调方式。

6.2　道岔板精调

开始外业作业前，首先将转化完后的道岔板棱镜孔位的施工坐标、轨道控制点坐标输入

到全站仪中。精调时利用轨道控制点进行全站仪设站，并对道岔板棱镜孔位上的棱镜进行测量，根据测量值与理论值的差值进行道岔板的调整，直至将道岔板精调到位。

6.2.1 一组道岔板精调的整体顺序

(1)道岔板精调时，应先精调渡线道岔的过渡区域的道岔板(宽板)，再由此向两边延伸，单开道岔要从岔尾处调起，依次向岔头方向调整，不得在调整过程中变换调整方向，否则会对道岔的整体平顺性产生影响。道岔板精调顺序如图 6-10 所示。

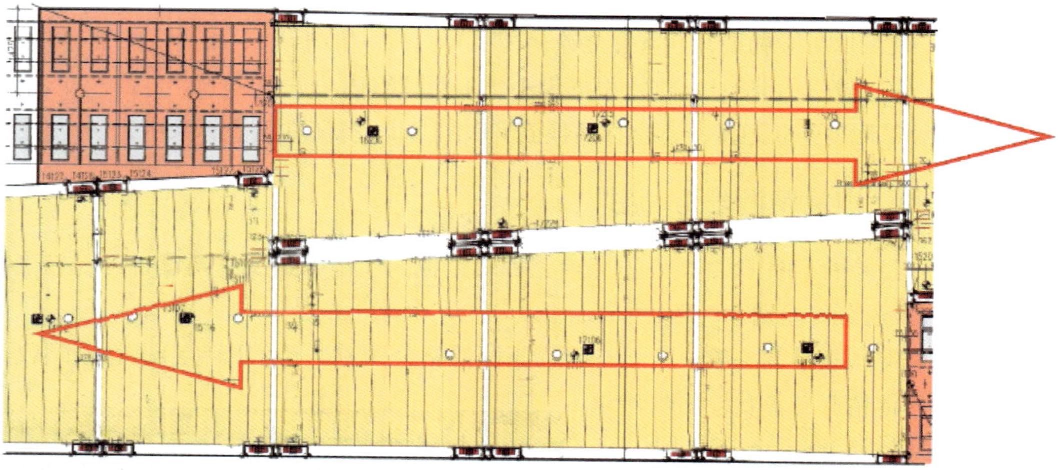

图 6-10 道岔板精调顺序示意

(2)视距要保证在 6～25 m 范围内，即一站调整 1～3 块板。

(3)每次设站均须以上一块板为基准进行搭接(第一块除外)。

6.2.2 单块道岔板的精调顺序

(1)单块道岔板精调时，要先调整 4 个角点的高程。将 4 个角点的高程精调到位，再检验棱镜孔位是否合格，棱镜孔位的相对较差小于 1 mm，否则就将不合格的孔位剔除，以保证道岔板位置的准确。

(2)调整平面位置时，根据测得的各棱镜孔位实际坐标计算出道岔板的调整方向和调整量。如发现道岔板 2 个板边的调整方向相反时，应先将道岔板调整顺直，使 2 个板边的调整方向相同，调整量接近后再进行纵横向的调整。调整时精调人员一定要保持动作一致，以保证道岔板的调整精度。

(3)对重量较小的道岔板，尽量使用对角点调整方法。对重量较大的道岔板，不宜使用此方法，因为板的重量会使精调爪受损，应使用四角调整方法。

(4)在 4 个角点的高程及平面调整好后，再调整板中部(两侧中部精调爪或板内调高螺栓)高程。

(5)在所有的位置都调整完毕后,要进行一次完整测量,与上一块已精调完毕的道岔板进行搭接,完整测量时道岔板的纵、横向和高程以及与上一块板的搭接偏差数值应该控制在±0.3 mm 的范围内,道岔板中部高程偏差应控制在±0.5 mm 范围内。

(6)对精调后的道岔板要加以保护,严禁踩踏。

6.2.3　道岔板平面平顺性分析方法

轨道板的平顺性计算,首先计算每个棱镜点在施工坐标系下(XOY 坐标系)的实测坐标与理论坐标的差值 ΔX、ΔY,再根据施工坐标系与道岔坐标系的两个公共点计算出施工坐标系(LOQ 坐标系)与道岔坐标系的夹角,如图 6-11 所示。

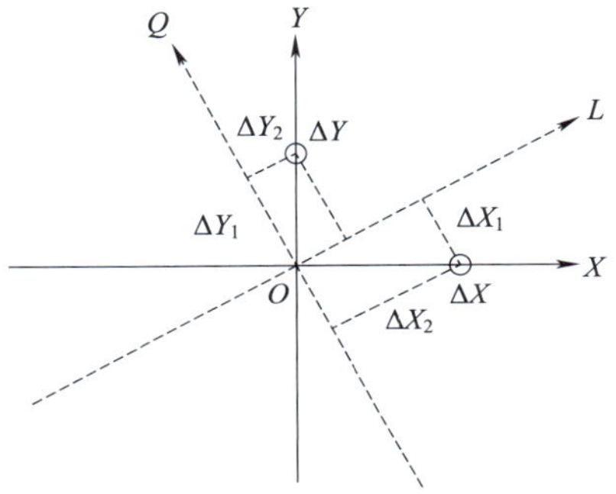

图 6-11　搭接点横向、纵向偏差计算示意

设某一点在施工坐标系中的偏差为 ΔX、ΔY,根据施工坐标系与道岔坐标系的角度关系,将 ΔX、ΔY 在 L 向和 Q 向进行分解,即 $d_q=\Delta X_1+\Delta Y_1$,纵向偏差为 $d_l=\Delta X_2+\Delta Y_2$。计算所有测点的 d_q 和 d_l 的平均值,将其作为基准,则所有 d_q 和 d_l 与基准的差值即为各测点的偏差量,相邻测点偏差量的差值即为轨道板的平顺性。

6.2.4　道岔板高程理论数据准备及平顺性分析方法

道岔板承轨台的标高可以从设计图纸上直接读出,理论数据计算时,可读取岔前和岔尾各一个高程点并根据道岔的坡度及距离使用内插的方法计算每个测点的理论高程值。

道岔板高程平顺性分析时,计算每个测点的实测值与理论值的偏差值,将所有偏差值取平均并作为基准,然后所有的偏差值与基准值的差值即为道岔板高程的偏差值,两个相邻点的偏差值之差即为道岔板高程的不平顺性。

6.3　双块式轨排精调

同板式无砟轨道一样,双块式无砟轨道轨排的精调直接影响轨道扣件的调整量及轨道的平顺性。国内双块式无砟轨道有 CRTS Ⅰ型和 CRTS Ⅱ型,目前 CRTSⅠ型双块式应用广泛,CRTSⅡ型双块式已不再使用,所以本节以 CRTSⅠ型双块式为例介绍其相关测量内容。

CRTSⅠ型双块式轨道的精调,首先是在线路的支撑层施工完毕后,将轨枕安装在标准工具轨上,组装成轨排,利用轨道几何状态测量仪将轨排调整到设计位置,浇筑道床板混凝土，最终形成整体道床。

另外，长枕埋入式道岔轨排的精调原理及方式同双块式轨排完全一样。下面以 CRTS Ⅰ型双块式为例，介绍双块式轨排精调的方法。

6.3.1 双块式无砟轨道施工的测量准备工作

双块式无砟轨道施工精调作业流程如图 6-12 所示。

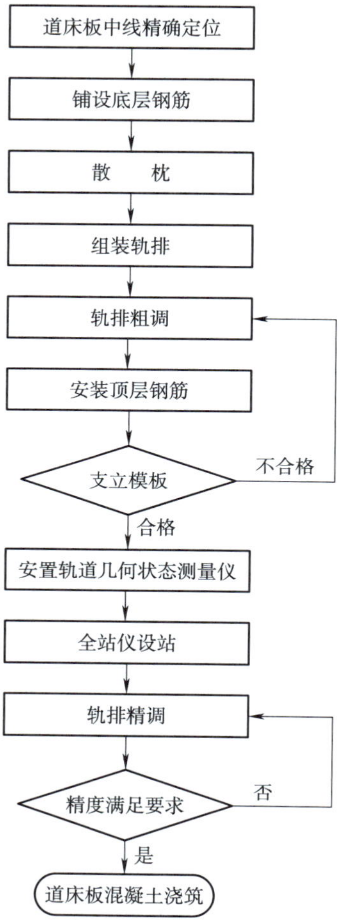

图 6-12　双块式无砟轨道调整施工流程

1. 道床板中线精确定位和铺设底层钢筋

利用 CPⅢ网采用自由测站法精确放样道床板中线，同时将轨枕边线和模板边线采用尺量的方式标识在支撑层上，如图 6-13 所示。施工放线完毕后，人工在支撑层或保护层上按底层纵向钢筋设计数量及位置均匀散布底层钢筋，如图 6-14 所示。中线放样全站仪设站要求同底座板支模放样设站精度，中线放样点精度小于 2 mm。

图 6-13　道床板放样

图 6-14　底层钢筋的布设

2. 散枕

散枕是通过专用设备或人工将双块式轨枕按设计要求均匀散布在支撑层或保护层上，如图 6-15 所示。

3. 安装工具轨

工具轨是起临时组装轨排、固结轨枕成为整体，便于调整的钢轨，工具轨的精度直接影响精调精度，所以工具轨必须为标准轨，平直、无弯翘及扭曲，轨头无硬弯，安装前应清洁无污染。工具轨的存放和吊装必须严格控制，不得出现硬伤。工具轨的安装如图 6-16 所示。

图 6-15　散枕

图 6-16　工具轨的铺设

4. 组装轨排并提升轨排、安装螺杆调节器

组装轨排是将轨枕扣件按设计要求安装，同时对轨枕与钢轨的垂直度、轨枕的间距和扣件进行调整和检查，确保轨排组装的质量。组装轨排要注意如下几点：

(1)检查轨枕与工具轨的垂直度，需要时进行调整。

(2)检查扣件的完好性，损坏的应更换。

(3)轨排组装时，必须使用方正尺方正轨枕，如图 6-17 所示。轨枕方正是保证轨距准确的前提条件。

(4)使用液压扳手将扣件定位,并按规定扭矩拧紧螺栓(需要注意的是,在进行螺栓紧固时应注意调整液压扳手的压力表,保证螺栓紧固力),使钢轨与垫板贴合,弹条两端下沿必须压在轨底上。

图 6-17 轨枕垂直的调节和轨距调节杆

(5)轨排组装完成后用起道器将轨排抬升,同时按如下要求安装螺杆调节器和轨排稳定器(图 6-18):螺杆调节器钢轨托盘应装到轨底,在每个轨排端的第一、二、四根轨枕前(或后)需要配一对螺杆调节器,之后直线和超高小于 50 mm 地段每隔 3 根、超高大于 50 mm 但小于 120 mm 地段每隔 2 根、超高大于 120 mm 每隔 1 根轨枕安装一对螺杆调节器;螺杆调节器中的平移板应安装在中间位置,以保证可向两侧移动,最大平移范围约 50 mm,每一边的中心偏移量为 25 mm;在桥梁地段安装横向模板位置,螺杆调节器错开安装。

图 6-18 轨排稳定器和螺杆调节器

5. 轨排粗调

轨排粗调是利用放样于支撑层或保护层上的精确控制点,通过轨距尺和钢尺的测量,调节螺杆调节器和轨排稳定器,使轨排满足粗调精度。轨排粗调定位允许偏差见表 6-6。

表 6-6　轨排粗调定位允许偏差

序　号	项　目	允许偏差/mm
1	钢轨横向位置	±3
2	钢轨顶面高程	0 −3

6. 线路设计数据的输入

与轨道静态调整相同，在进行轨排精调前应先将线路设计参数即平曲线表、竖曲线表、超高表输入轨道几何状态测量软件系统。

6.3.2　双块式无砟轨道轨排精调

1. 轨排精调允许偏差

轨排精调完成后应保证轨排的绝对精度满足表 6-7 的要求。另外，要保证道床板混凝土浇筑后的轨道精度满足轨道几何状态静态验收标准。在进行轨排精调时必须对轨距、超高、中线和高程的相对精度进行控制，按照轨距、超高变化率 1/1 500，轨向、高低 10 m 弦误差小于 2 mm 的要求，在进行调整时应保证前后轨枕轨距、超高差不得大于 0.4 mm，且差值不得累积，中线和平面偏差前后轨枕不得大于 0.4 mm，且差值累积不得大于 2 mm 进行控制。

表 6-7　双块式无砟轨道精调定位允许偏差

<table>
<tr><th>序　号</th><th colspan="2">项　目</th><th>允许偏差/mm</th></tr>
<tr><td>1</td><td colspan="2">中线位置</td><td>2</td></tr>
<tr><td rowspan="2">2</td><td rowspan="2">轨面高程</td><td>一般情况</td><td>±2</td></tr>
<tr><td>紧靠站台</td><td>+2
0</td></tr>
<tr><td>3</td><td colspan="2">线间距</td><td>+5
0</td></tr>
</table>

2. 全站仪设站

全站仪的设站精度决定轨道几何状态的测量精度，为保证轨排精度满足要求，全站仪设站时必须注意以下几个方面：

(1)全站仪采用自由设站法设站，且每个测量区间观测不得少于 4 对 CPⅢ控制点，下一区间设站时至少要包括 2 对上一区间精调中用到的控制点，以保证轨道线形的平顺性。其测站中误差限差为：东坐标 0.7 mm，北坐标 0.7 mm，高程 0.7 mm，方向 2″。

(2)全站仪设站时应注意全站仪架设位置，如图 6-19 所示。全站仪架设在需进行轨道精调的线路中线上，同时全站仪距轨检小车的距离在天气状况较好情况下为 50～60 m，如遇气温较高或气温变化较大、大雾等恶劣天气可缩短至 30～40 m，极端天气情况下禁止作业。

(3)注意外界环境对全站仪测量的影响，实时改正气象参数，使全站仪处于最佳测量状态。

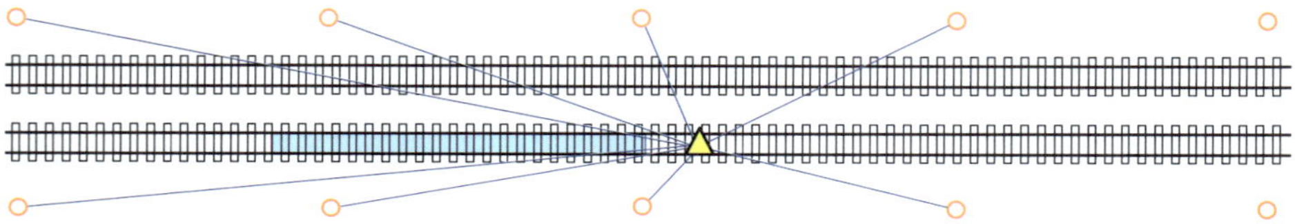

图 6-19　轨排精调全站仪架设位置示意

(4)全站仪设站选点:每次设站选取的控制点必须包含当前需测量的区域,且全站仪前后各 4 个点,最近点距全站仪不得小于 15 m,前后方向至少有一个点大于 60 m。

(5)相邻测站搭接误差的控制:应满足搬站前后对同一位置的测量数据误差必须控制在 2 mm 以内,否则应重新设站。

3. 高程、超高调整

通过轨道几何状态测量仪显示的调整量,用普通六角螺帽扳手旋转竖向螺杆调节器,调整轨道高程、超高。调整螺杆时要缓慢进行,每旋转 360°其高程变化 1 mm,调整后用手检查螺杆是否受力,如未受力则调整附近的螺杆,如图 6-20 所示。

图 6-20　双块式无砟轨道精调

4. 平面、轨距调整

通过轨道几何状态测量仪显示的调整量,用普通六角螺帽扳手旋转轨排稳定器,调整轨道中线,当轨距不满足要求时可以通过调节轨距拉杆来进行调整。调整螺杆时要缓慢进行,调整后用手检查螺栓是否锁紧,调整完成后必须确保螺杆调节器和轨排稳定器均已均匀受力。

5. 轨排精调数据复测

道床板混凝土强度达到 5 MPa 后应及时进行复测。复测是对轨排精调质量的检核,其数据同时也是轨排施工质量的证明资料。通过对浇筑完成后道床板的复测,对比混凝土浇筑前后轨道的精度变化,找出精度降低的原因,在后续施工中加强此方面的控制,最终保证轨道静态精度。

复测完成后应将复测数据生成 PDF 报表作为轨道静态几何状态测控结果的原始资料。

6.3.3　双块式无砟轨道施工的报表及注意事项

为确保工具轨面能正确反映轨道状态,在轨道精调前对扣件进行全面的检查,重点检查扣件轨垫、底座、弹性底板垫有无缺失,轨底与轨垫的间隙是否小于 0.5 mm,弹条是否使用正确,弹条前端与轨距挡块的间隙是否小于 0.5 mm,轨底外侧与轨距挡块的间隙是否小于 0.5 mm。

在精调和浇筑混凝土后的复测都必须保证工具轨未污染混凝土，工具轨未产生硬弯、较大磨耗等硬伤；工具轨的连接无错台，间隙满足要求，同时轨头不能位于轨枕处；工具轨间的连接是采用鱼尾板连接，其强度较差，如调整不好即会产生短波不平顺，在调整此区段时必须进行反复多次的调整，其轨头处的调整量一次不宜过大，可通过多次调整来实现，轨头前后 2 m 范围内同样需多次微小调整，以防影响轨头处的平顺性。

在搬站后搭接误差满足要求的前提下须保证两站间轨道的顺直，否则将在两站交界处产生严重的短波不平顺。精调软件提供了动态补偿和手动补偿方式来消除此问题。如采用动态补偿，将轨检小车停在当前设站区间的最后一对螺杆调节器上，将其偏差尽可能调整到 0，在下一站开始测量前不要移动轨检小车；全站仪搬站并重新设站，在上一站最后一个点处再次采集数据，软件将自动开始进行交叠补偿，如图 6-21 所示。如采用手动补偿方式，则在已经精调到位或浇筑过的轨道上重复测量多个点，剔除异常值后取平均偏差作为补偿量，在下一区间的第一对螺杆调节器处将其偏差调为补偿量，采集数据后便可启动补偿并设置补偿距离，之后将所有螺杆处的调整量调至 0。需要注意的是，有的系统（如 GEDO CE）没有补偿模式，因此在精调时应人为考虑补偿量。

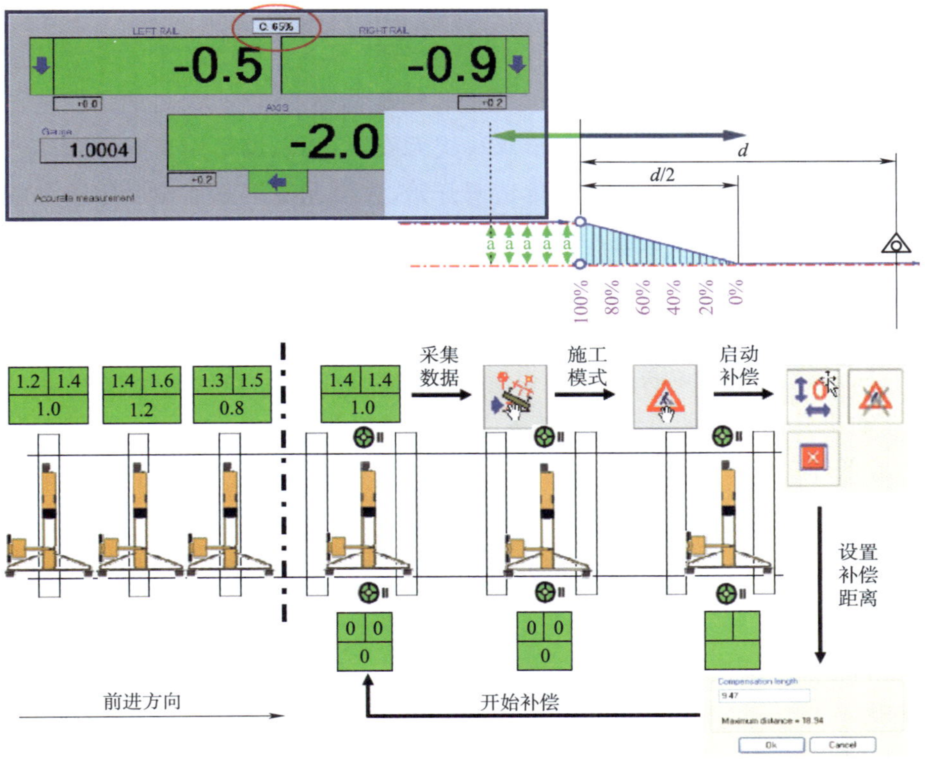

图 6-21　GRP win 补偿模式

6.4 轨 道 精 调

轨道板或道床板施工完成后即可进行长轨的铺设。长轨精调是高速铁路测量系统中最重要的测量内容，也是保证轨道平顺性最关键的一个环节，下面简单介绍长轨精调的一些内容。

6.4.1 轨道精调简介

1. 长轨精调的概念

长轨精调是在长轨铺设后的轨道调整过程，它利用轨检小车收集轨道数据，根据轨道几何参数标准对超限区域进行分析和调整，以使轨道满足高速行车的要求。有砟轨道会根据平顺性要求整体移动道床，通常通过捣固机来实现；而无砟轨道则需要对两股钢轨分别进行人工调整，通常通过扣件调整来实现。

轨道几何参数可以分为绝对参数和相对参数。绝对参数是指轨道实测中线、高程与设计理论值的偏差，偏差越小，精度越高。相对参数是指轨距偏差、轨距变化率、水平偏差、水平变化率(扭曲)、轨向和高低，数值越小，轨道越平顺。

轨道精调是根据轨道测量数据对轨道进行精确调整的过程，其目的是使轨道精度达到规范标准，满足高速行车条件。对于双块式无砟轨道，轨道精调贯穿了无砟轨道施工及联调联试的全过程，从无砟轨道轨排精调开始，直至无缝线路铺设后轨道具备高速行车条件为止；对于板式无砟轨道，一般在无缝线路铺设后开始轨道精调。无缝线路铺设后的轨道精调在长钢轨应力放散、锁定后即可开展。此阶段的轨道精调可以分为静态调整和动态调整。

轨道静态调整是在联调联试之前，根据轨道静态测量数据对轨道进行全面、系统的分析和调整，将轨道几何尺寸调整到允许范围内，对轨道线形进行优化调整，合理控制轨距、水平、轨向、高低等变化率，使轨道静态精度满足高速行车条件。动态调整则是在联调联试之后，根据动检车检测资料结合静态测量数据对轨道线形进行优化。

2. 轨道几何特征

轨道的几何形位五要素包括轨距、方向、高低、水平和轨底坡。五大不平顺指的是扭曲、高低、水平、轨距和方向。复合不平顺是指在轨道同一位置，垂直和横向不平顺共存形成的双向不平顺。

(1)波长特征

①短波不平顺：主要是由于轨面伤损和焊缝不平，其波长在 1 m 以下。

②中波不平顺：波长在 1～30 m 之间，1～3.5 m 的波长周期不平顺主要是由钢轨轧制时形成的，非周期性不平顺的波长多在 3～30 m 这一范围内。

③长波不平顺：波长在 30～150 m 之间，主要是由线下工程不均匀沉降和结构变形形成的。

(2)周期性不平顺

多波连续，基频波的波长相同，幅值具有随机性，尤其是方向连续三波以上不平顺，对晃车和舒适性影响较大。

(3)静态和动态轨道不平顺

①静态轨道不平顺：无轮载作用下的轨道不平顺。

②动态轨道不平顺：用轨检车测得的列车荷载作用下的轨道不平顺。对于无砟轨道，其静态和动态轨道不平顺的差异不大。

3. 测量内容

(1)测量点的密度

无砟轨道应在每轨枕处各检测一点。检测时需要按照一定的编号方法对每个轨枕进行测量编号。

(2)轨道里程

用全站仪实测出轨检小车上棱镜中心的三维坐标后，将该点投影到设计平曲线上，以投影点的里程为小车当前检定位置的里程。里程推算示意如图 6-22 所示。

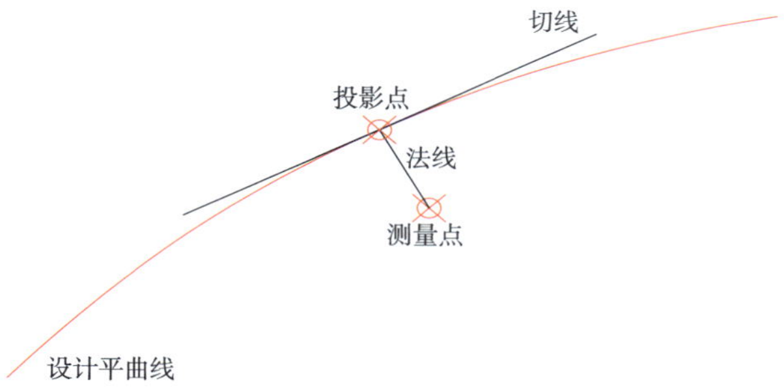

图 6-22　里程推算示意

(3)轨道中线坐标及轨面高程测量

轨道中线坐标和轨面高程的测量，是对线路轨道工程质量状况最基本的评价。通过检测轨道实测坐标和高程值与线路设计值进行比较得出的差值，可以全面直观地反映轨道工程质量。

在进行轨道中线坐标和轨面高程测量时，使用高精度全站仪实测出轨检小车上棱镜中心的三维坐标，然后结合事先严格标定的轨检小车的几何参数、小车的定向参数、水平传感器所测横向倾角及实测轨距，即可推算出对应里程处的中线位置和左右轨的轨面高程，进而与该里程处的设计中线坐标和设计轨面高程进行比较，得到实测的线路绝对位置与理论设计位置之间的差值。推算中所用到的轨检小车独立坐标系示意如图 6-23 所示。

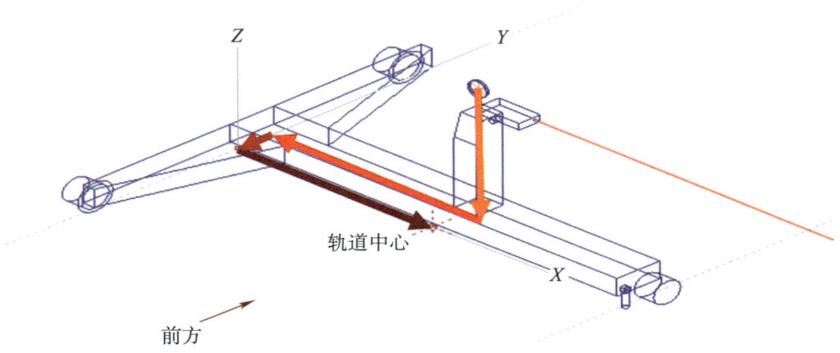

图 6-23　轨检小车独立坐标系示意

(4)轨距测量

轨距是指两股钢轨头部内侧轨顶面下 16 mm 处两作用边之间的最小距离。轨距不合格将使车辆运行时产生剧烈的振动。我国标准轨距的标称值为 1 435 mm。在轨距检测时，通过轨检小车上的轨距传感器进行轨距测量。

轨检小车的横梁长度须事先严格标定，则轨距可由横梁的固定长度加上轨距传感器测量的可变长度而计算得到，进而进行实测轨距与设计轨距的比较。轨距示意如图 6-24 所示。

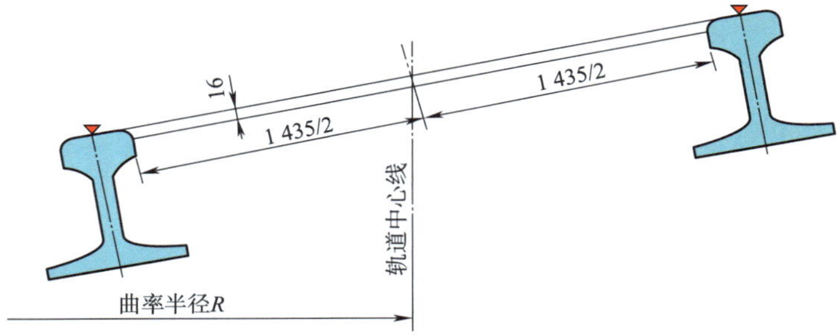

图 6-24　轨距示意(单位：mm)

(5)超高测量

列车通过曲线时，将产生向外的离心作用，该作用使曲线外轨受到很大的挤压力，不仅加速外轨磨耗，严重时还会挤翻外轨导致列车倾覆。为平衡离心作用，在曲线轨道上设置外轨超高。

测量时，由轨检小车上搭载的水平传感器测出小车的横向倾角，再结合两股钢轨顶面中心间的距离，即可求出线路超高，进而进行实测超高与设计超高的比较。在每次作业前，水平传感器必须校准。超高示意如图 6-25 所示。

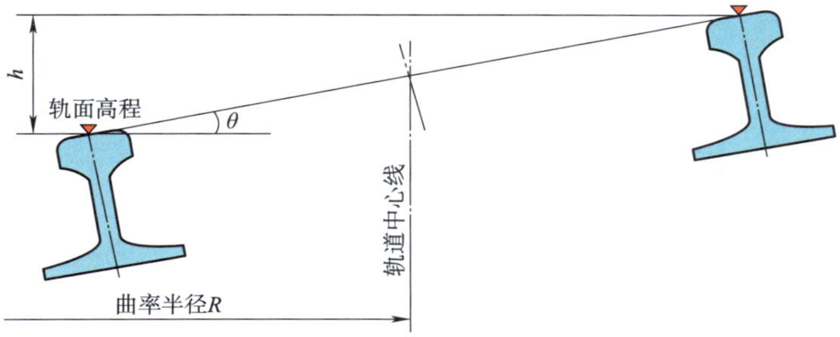

图 6-25　超高示意

(6)轨道扭曲(三角坑)测量

扭曲是指在 6.25 m 的范围内,左右股钢轨间形成的一个凹陷。扭曲将使列车车轮不能全部正常压紧钢轨,在最不利情况下甚至可以爬上钢轨,引起脱轨事故。检测方法:轨道左右轨面高程得到后,即可按 6.25 m 的基长计算轨道的扭曲值。扭曲示意如图 6-26 所示。

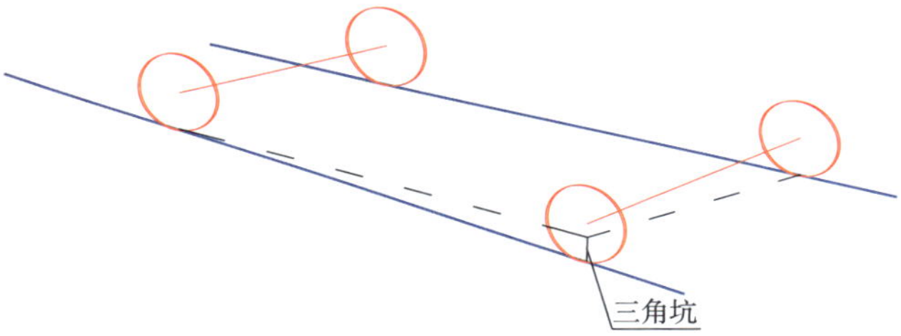

图 6-26　扭曲(三角坑)示意

(7)轨向测量

轨向是指轨道的方向,在直线上是否平直,在曲线上是否圆顺。如果轨向不良,势必引起列车运行中的摇晃和蛇行运动,影响行车的速度和旅客舒适性,甚至危及行车安全。

得到实测中线平面坐标后,在给定弦长的情况下,可计算出任一实测点的平面正矢值;该实测点向设计平曲线投影,则可计算出投影点的设计平面正矢值,继而可进行轨向检测。轨向检测示意如图 6-27 所示。

(8)高低测量

一股钢轨顶面纵向的高低差,叫作线路的前后高低。高低的存在将使列车通过这些钢轨时,钢轨受力不再均匀,从而加剧钢轨与道床的变形,影响行车速度与旅客舒适性。

得到实测轨面高程后,在给定弦长的情况下,可计算得到任一实测点的正矢及该里程处的基于竖曲线的设计正矢,继而可进行高低检测。高低检测的原理与轨向检测相同,分长波与中波进行测量,测量的限差标准也相同。高低检测示意如图 6-28 所示。

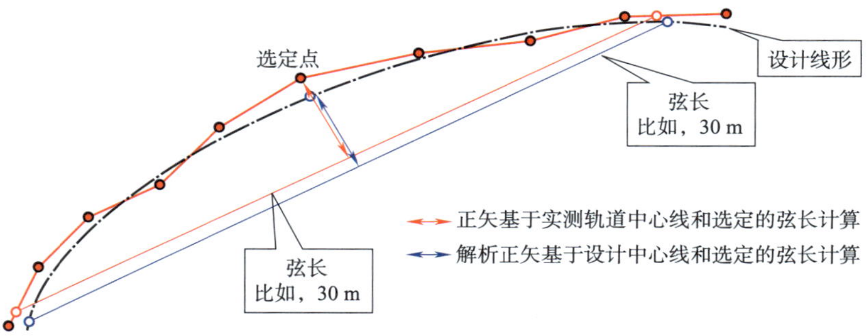

图 6-27　轨向检测示意

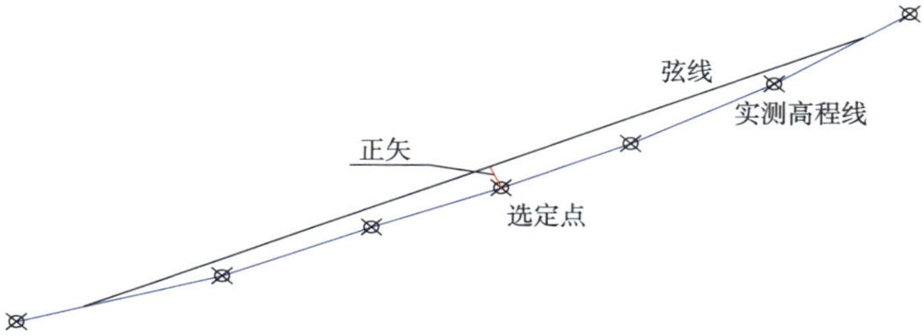

图 6-28　高低检测示意

(9)基线长 30 m(48 根轨枕间距)弦长测量

采用 30 m(48 根轨枕间距)弦长测量，纵向高低和方向的检验标准及方法是相同的，检测间隔 5 m 的两相邻检验点的实际矢高差与设计矢高差的差值限差为 2 mm，用于控制中波不平顺。30 m(48 根轨枕间距)弦线可以利用测量仪器的检测数据进行计算，其测量方法如下：

如图 6-29 所示，在 5 m(8 根轨枕间距)范围内的轨枕编号为 $P_1 \sim P_9$，30 m(48 根轨枕间距)范围内轨枕编号为 $P_1 \sim P_{49}$。h_{25}、h_{33} 分别为 30 m(48 根轨枕间距)弦范围内第 25 根和第 33 根轨枕位置的矢高。在 30 m(48 根轨枕间距)弦范围可计算和测出 $P_2 \sim P_{48}$ 轨枕各点的矢高。

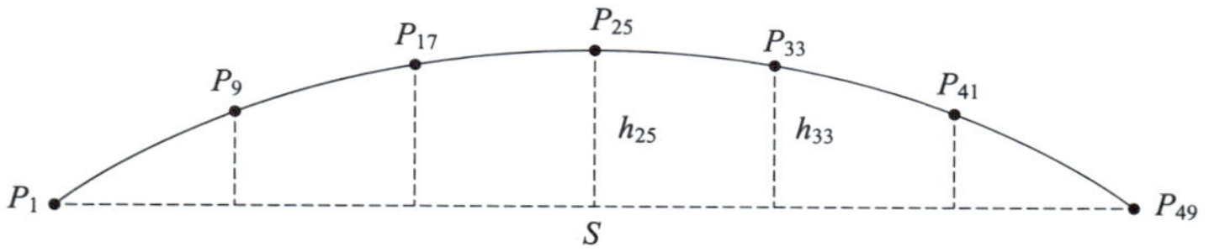

图 6-29　30 m(48 根轨枕间距)弦长检测

若检验支承点 P_{25}，与之对应的间距 5 m(8 根轨枕间距)的核算点轨枕为 P_{33}，则必须满足的极限值 Δh 可由设计矢高 $\Delta_{设计}$ 和测量矢高 $\Delta_{实测}$ 按式(6-3)计算。

$$\Delta h=|\Delta_{设计}-\Delta_{实测}|=|(h_{25设计}-h_{33设计})-(h_{25实测}-h_{33实测})|\leqslant 2\ \text{mm} \quad (6\text{-}3)$$

式中　$h_{25设计}$，$h_{33设计}$——检测点 P_{25} 与检测点 P_{33} 的设计矢高，mm；

$h_{25实测}$，$h_{33实测}$——检测点 P_{25} 与检测点 P_{33} 的实测矢高，mm。

用 30 m(48 根轨枕间距)弦线可以检验的轨枕或支承点是从 P_2(核算点 P_{10})至 P_{40}(核算点 P_{48})，不能对 P_{40} 以后的轨枕进行检验，需用新的弦线来检验 P_{41}、P_{42} 等各点，如图 6-30 所示。新的弦线要从最后一个已经检验的轨枕 P_{40} 开始，新弦线的最后一个支承点是 P_{88}，可确定 $P_{41}\sim P_{87}$ 等各点矢高，并检验支承点 $P_{41}\sim P_{79}$。再下一根弦线从 P_{79} 开始拉弦。

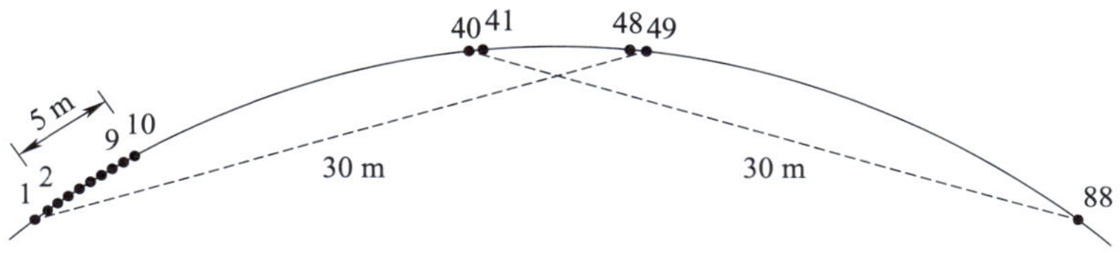

图 6-30　30 m(48 根轨枕间距)弦长检测时弦线的搭接

(10)300 m(480 根轨枕间距)弦长测量

采用 300 m(480 根轨枕间距)弦长测量，纵向高低和方向的检验标准及方法是相同的，检测间隔 5 m 的两相邻检验点的实际矢高差与设计矢高差的差值限差为 10 mm，用于控制长波不平顺。

300 m(480 根轨枕间距)弦线利用测量仪器的检测数据进行计算。如图 6-31 所示，在 150 m(240 根轨枕间距)范围内的轨枕编号为 $P_1\sim P_{241}$，300 m(480 根轨枕间距)范围内轨枕编号为 $P_1\sim P_{481}$。

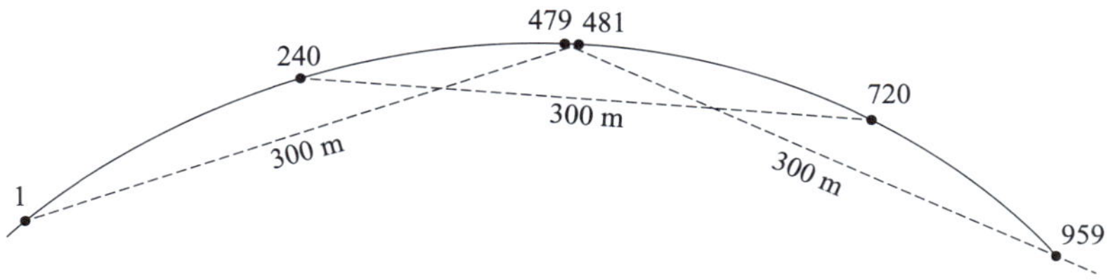

图 6-31　300 m(480 根轨枕间距)弦长检测时弦线的搭接

根据检测资料可计算出 300 m(480 根轨枕间距)弦长范围 $P_2\sim P_{480}$ 轨枕各点的矢高，检验点和相应核算点的距离为 150 m(240 根轨枕间距)，故这根弦上可以检验的轨枕或支承点是从 P_2(对应的核算点为 P_{242})至 P_{240}(对应的核算点为 P_{480})。下一根弦线从最后一个已经检验的轨枕 P_{240} 开始至支承点 P_{720} 结束，仍为 480 根轨枕间距，可检验的轨枕为 P_{241}(对应的核算点为 P_{481})～P_{479}(对应的核算点为 P_{719})。

检验支承点 P_{25}，与之对应的间距 150 m(240 根轨枕间距)的核算点轨枕为 P_{265}，则必须满足的极限值 Δh 可由设计矢高 $\Delta_{设计}$ 和测量矢高 $\Delta_{实测}$ 按式(6-4)计算。

$$\Delta h = |\Delta_{设计} - \Delta_{实测}| = |(h_{25设计} - h_{265设计}) - (h_{25实测} - h_{265实测})| \leqslant 10\ \text{mm} \tag{6-4}$$

式中 $h_{25设计}$，$h_{265设计}$——检测点 P_{25} 与检测点 P_{265} 的设计矢高，mm；

$h_{25实测}$，$h_{265实测}$——检测点 P_{25} 与检测点 P_{265} 的实测矢高，mm。

6.4.2 长轨精调作业准备

(1)相关技术负责人必须了解轨检小车的原理及使用方法，掌握数据采集、分析处理、调整方案制定等。

轨检小车精度指标符合表 6-8 的要求。

表 6-8 轨检小车精度指标

项目		指标
硬件	里程	光电计数器测量方式
	里程测量误差	<0.5%
	轨距/mm	1 435
	轨距传感器量程/mm	−25～35
	轨距传感器精度/mm	±0.3
	水平传感器量程/mm	−10°～10°换算成高差±249
	水平传感器精度/mm	±0.5
	平面位置和高程测量精度/mm	±1
专业软件	轨道几何尺寸测量模块	Windows 操作界面，能实时显示测量结果，适合于轨道几何尺寸的检测，用户能根据需要自定义报表输出的参数和格式

(2)精调前 1 个月，应对 CPⅢ网重新复测，复测结果经过评估合格后方可应用于轨道精调。

(3)整理各工区管段内平面曲线、竖曲线、超高等线路参数，以满足轨检小车参数的输入。

(4)换算运营贯通里程，与施工里程结合使用，方便动态检测数据的分析解读。

(5)在钢轨放散锁定过程中，要确保所有扣件完整，安装正确，扣件的扭矩均符合标准要求，钢轨轨底外侧与轨距挡块保证密贴。

(6)测量前应对钢轨、承轨台面进行清理和检查，确保扣件无污染及缺陷。

6.4.3 长轨精调主要技术要求

长轨精调的主要技术要求见表 6-9。

表 6-9 长轨精调的主要技术要求

序号	检查项目		检测方法及数量	检查标准或要求
1	轨道静态平顺度	轨距	相对于标准轨距 1 435 mm	±1 mm
2		轨距变化率	测量基长 3 m	变化率 1/1 500
3		轨向	弦长 10 m	2 mm
4			弦长 48a	2 mm
5			弦长 480a	10 mm
6		高低	弦长 10 m	2 mm
7			弦长 48a	2 mm
8			弦长 480a	10 mm
9		水平	不包含曲线、缓和曲线上的超高值	2 mm
10		扭曲(基长 3 m)	包含曲线、缓和曲线上由于超高顺坡所造成的扭曲量	2 mm
11		与设计高程偏差	站台处的轨道高程不低于设计值	10 mm
12		与设计中线偏差	站台处的轨道中线距站台侧面距离不低于设计值	10 mm
13	扣件调整		逐个清点挡块、垫片调整量	≤5%

注:a 为轨枕/扣件间距,m。

6.4.4 施工工艺流程

长轨精调的工艺流程如图 6-32 所示。

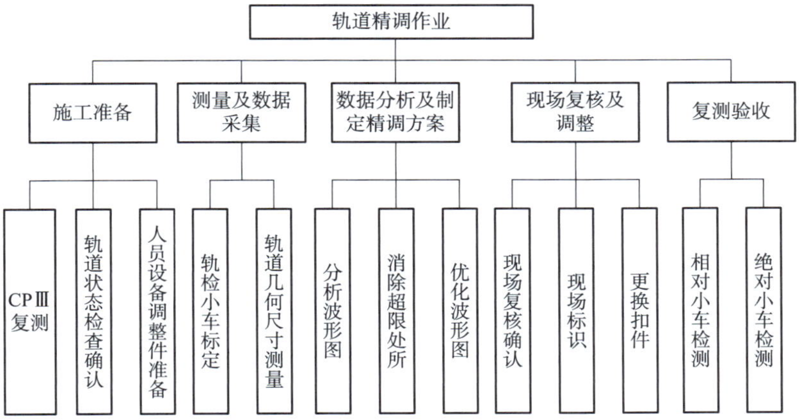

图 6-32 长轨精调的工艺流程

6.4.5 静态调整作业要求

1. 线路状态检查确认

(1)检查并清理钢轨,确保无污染,无低塌、掉块、硬弯等缺陷。

(2)检查扣件,安装正确,无缺少、损坏、污染,且扭矩达到设计标准,弹条中部前端下颏与轨距块间隙不大于 0.5 mm,轨底外侧边缘与轨距块间隙不大于 0.3 mm,轨枕挡肩与轨距块间隙不大于 0.3 mm。

(3)检查垫板,安装正确,无缺少、损坏、偏斜、污染、空吊(间隙不大于 0.3 mm)。

(4)检查焊缝平顺性,顶面 0～+0.2 mm,工作边 0～−0.2 mm,圆弧面 0～−0.2 mm。

(5)检查道床板,清理扣件内部、承轨槽内混凝土残留杂物、灰尘等。

2. 数据采集程序与技术要求

在现场数据采集之前,CPⅢ控制点三维坐标必须录入轨检小车。各工区统一建立设计线形参数文件,然后导入轨检小车。每次开始测量之前,应用 0 级轨距尺对轨检小车进行现场标定。

全站仪自由设站的位置应靠近轨道中线,每次联测 3～4 对 CPⅢ控制点,并且测站位于联测的 CPⅢ控制点中间。自由设站的精度要求满足表 6-3 的要求。完成自由设站后,CPⅢ点的坐标不符值应满足表 6-10 的要求。当 CPⅢ点坐标不符值 X、Y 大于表 6-10 的规定时,该 CPⅢ点不参与设站平差计算。每一测站参与平差计算的 CPⅢ点不少于 6 个。

表 6-10　CPⅢ点坐标不符值限差要求

X	Y	H
≤2.0 mm	≤2.0 mm	≤2.0 mm

每站测量距离不宜超过 70 m,测量过程中轨检小车应逐渐靠近全站仪,最近不小于 15 m。相邻测站应有一定的交叠区域,一般不小于 5 根轨枕的距离。相邻精调作业区间之间应至少重叠测量一站。

3. 数据分析处理

在设置超高的地段,以高轨作为平面的基准轨,以低轨作为高程的基准轨;在未设置超高的地段,选择与其大里程方向超高段落的基准轨一致。

在模拟调整时应坚持“先整体、后局部”“先轨向、后轨距;先高低、后水平”的基本原则。“先整体、后局部”是根据采集的数据生成的波形,以“削峰填谷”的方式确定总体调整方案,控制调整量,如图 6-33 所示。“先轨向、后轨距;先高低、后水平”是指先调整基准轨轨向,后调整非基准轨轨距;先调整基准轨高低,后调整非基准轨水平。根据采集的数据对轨道线形进行综合分析和评价,生成各参数波形图,确定需要调整的区段,将轨道几何参数调整到允许范围之内,再对模拟调整后波形图进一步检查和优化,确保直线顺直、曲线圆顺、过渡顺畅。

在轨向调整时,应先根据输入参数确定的导向轨是否一致,确定一股钢轨作为基准股(曲线地段选择高股,直线地段选择与前方曲线高股同侧钢轨),对基准股钢轨方向进行精确调整。在计算时,从两个方面控制基准轨的轨向调整,即平面位置、轨向短波。在计算完成

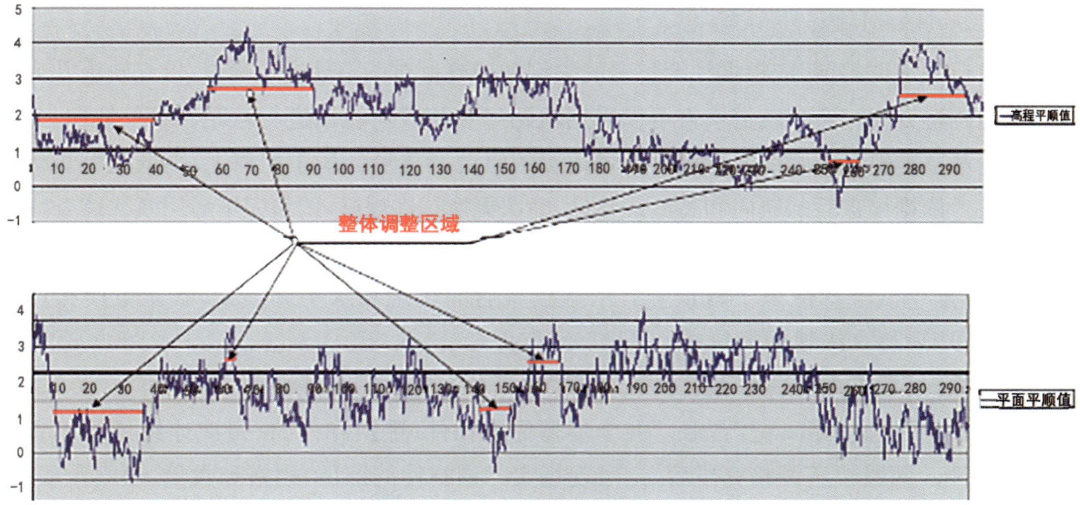

图 6-33　轨道静态数据整体分析(截图)

后,轨向的标准要达到中波 2 mm/30 m 合格率 100%, 1 mm/30 m 合格率不小于 96%;长波 10 mm/300 m 合格率 100%;线形平顺,无突变,无周期性小幅振荡。同时,5 m 间距的两根轨枕轨距相对差值也必须在 2 mm 以内。

在轨距调整时,固定基准股钢轨,调整另一股钢轨,轨距精度控制要求:±1 mm 合格率 100%,轨距变化率不大于 1.5‰;非基准轨方向线形应平顺,无突变,无周期性小幅振荡。除横向方向调整了轨距以外,还应纵向方向看轨距的变化率是否满足要求,相邻轨枕间轨距相对差值须在 0.4 mm 以内。

高低调整,应先选定一股钢轨为基准股(曲线地段选择低股,直线地段选择与前方曲线低股同侧钢轨),对基准股钢轨高低进行精确调整,高低中波考虑 2 mm/5 m,中波(30 m) 2 mm 合格率 100%, 长波(300 m)10 mm 合格率 100%;线形平顺,无突变,无周期性小幅振荡。

水平调整,固定基准股钢轨,调整另一股钢轨高低,水平调整精度要求:1 mm 合格率 100%;水平变化率不大于 1.5‰ ,相邻两根轨枕不大于 0.4 mm;该股钢轨高低线形应平顺,无突变,无周期性小幅振荡。特别注意超高(水平)不得出现周期性变化(正负交替出现,反超高)。

利用数据分析软件虽然可以提高效率和较为直观,但同时也有一个弊端,即软件上反映的是 30 m 弦和 300 m 弦,300 m 弦基本上不需调整,30 m 弦可通过软件得到很好的优化,而中长波则基本上得不到控制。根据联调联试经验来看,高低、轨向 50～70 m 中长波是导致后期晃车的主要原因,因此在静态调整阶段即需对中长波进行控制,可在用软件进行调整之前对数据进行大体的控制,然后再通过轨道精调软件进行细部调节,从而得到较为理想的轨道线形。

4. 现场调整作业

在进行轨道调整前，应根据拟调整量的类型和调整量对调整处进行检查，核查轨道几何状态是否与调整方案一致。轨道核查可以采用轨距尺和弦线对轨道进行轨距、水平、轨向、高低的检查。对基准轨利用弦线进行核对后将正确的轨向调整量标识于挡肩上，高低调整量标识于轨顶上。依据核查后的轨向和高低调整量，确认更换扣件规格，调整完毕后用弦线核查。

对非基准轨用 0 级轨距尺对轨距和水平调整量进行核对后，将正确的轨距调整量标识于挡肩上，水平调整量标识于轨顶上。依据核查后的轨距和水平调整量，确认更换扣件规格，调整完毕后用 0 级轨距尺核查。

在调轨时，要求按照“摆(调整件)、松(螺栓)、拆(扣件)、顶(钢轨)、清(杂物)、装(调整件)、紧(螺栓)、查(扭矩)、记(台账)”九个步骤更换扣件；更换扣件时，每次连续松开不宜超过 6 个扣件。两股轨道调整完毕后，记录现场实际调整件的部位、规格和数量，建立台账；用 0 级轨距尺复测，并记录实际轨距和水平偏差值。

5. 长轨精调后复测

静态调整第一次完成以后，应对调整量比较大和连续调整地段进行复核测量，其目的有三：其一，杜绝换错、换反现象的发生；其二，可以对比模拟计算量与实际变化量，为后续模拟计算提供依据；其三，可以作为动态调整的基础数据。

6.4.6 动态调整作业要求

1. 轨道局部缺陷标准

动检车动检时各验收等级标准见表 6-11。

表 6-11 动检各验收等级标准

速度等级		200～250 km/h				300～350 km/h			
标准等级		验收Ⅰ	验收Ⅱ	验收Ⅲ	验收Ⅳ	验收Ⅰ	验收Ⅱ	验收Ⅲ	验收Ⅳ
42 m 波长	高低/mm	4	5	11	14	3	5	10	11
	轨向/mm	4	5	8	10	3	4	6	7
70 m 波长	高低/mm	5	6	15	—	—	—	—	—
	轨向/mm	5	6	12	—	—	—	—	—
120 m 波长	高低/mm	—	—	—	—	5	6	12	15
	轨向/mm	—	—	—	—	5	6	10	12
大轨距/mm		—	+4	+8	+12	+3	+4	+7	+8
小轨距/mm		−2	−3	−6	−8	−2	−3	−5	−6
水平/mm		4	5	10	13	3	5	7	8
三角坑/mm		—	4	8	10	3	4	7	8
轨距变化率/‰		0.8	1.0	—	—	0.8	1.0	—	—

2. 动检车各种成果

动检车检查完成后输出各种报表，以指导人员进行克缺处理。

(1)轨道不平顺质量指数(TQI)管理值

TQI 作为综合评价轨道平顺性指标，是对该段轨道轨向、高低、轨距、三角坑、水平等整体评价。我国的 TQI 定义为 200 m 单元区段内高低(左右)、轨向(左右)、水平、轨距、扭曲(三角坑)等轨道不平顺标准差的和。在 TQI 超限区段，应采用轨检小车进行测量，按照 TQI 中值较大的指标进行数据分析和现场调整。轨道不平顺质量指数(TQI)管理值见表 6-12。

表 6-12　轨道不平顺质量指数(TQI)管理值

速度等级	高低	轨向	轨距	水平	三角坑	TQI		
						Ⅰ级	Ⅱ级	Ⅲ级
200～250 km/h	1.4×2	1.0×2	0.9	1.1	1.2	4	6	7
250～350 km/h	0.8×2	0.7×2	0.6	0.7	0.7	3	4	5

(2)公里小结报告表

按照《高速铁路无砟轨道工程施工精调作业指南》(铁建设函〔2009〕674 号)要求，轨道满足高速运营要求条件之一为每公里扣分不大于 5 分，且不得出现 2 级及以上超限点，如图 6-34 所示。

公里	检测长度	高低				轨向				轨距				水平				三角坑				垂向加速度				横向加速度				70米高低				70米轨向				曲率变化率		轨距变化率		横加变化率		公里扣分	通过速度
		4	3	2	1	4	3	2	1	4	3	2	1	4	3	2	1	4	3	2	1	4	3	2	1	4	3	2	1	4	3	2	1	4	3	2	1	2	1	2	1	2	1		
1213	1000	0	0	0	0	0	0	0	0	0	0	0	0	0	0	0	0	0	0	0	0	0	0	0	0	0	0	0	0	0	0	0	0	0	0	0	0	0	0	0	0	0	0	0	71
1214	1000	0	0	0	0	0	0	0	0	0	0	0	0	0	0	0	0	0	0	0	0	0	0	0	0	0	0	0	22	0	0	0	0	0	0	0	0	0	0	0	0	0	0	22	93
1215	1000	0	0	0	0	0	0	0	0	0	0	0	0	0	0	0	0	0	0	0	0	0	0	0	0	0	0	2	108	0	0	0	0	0	0	0	0	0	0	0	0	0	0	118	137
1216	1000	0	0	0	0	0	0	0	0	0	0	0	0	0	0	0	0	0	0	0	0	0	0	0	0	0	0	0	60	0	0	0	0	0	0	0	0	0	0	0	0	0	0	60	158
1217	1000	0	0	0	0	0	0	0	0	0	0	0	0	0	0	0	0	0	0	0	0	0	0	0	0	0	0	0	0	0	0	0	0	0	0	0	0	0	0	0	0	0	0	0	163
1218	1000	0	0	0	0	0	0	0	0	0	0	0	0	0	0	0	0	0	0	0	0	0	0	0	0	0	0	0	0	0	0	0	0	0	0	0	0	0	0	0	0	0	0	0	167
1219	1000	0	0	0	0	0	0	0	0	0	0	0	0	0	0	0	0	0	0	0	0	0	0	0	0	0	0	0	0	0	0	0	0	0	0	0	0	0	0	0	0	0	0	0	167
1220	1000	0	0	0	0	0	0	0	0	0	0	0	0	0	0	0	0	0	0	0	0	0	0	0	0	0	0	0	0	0	0	0	0	0	0	0	0	0	0	0	0	0	0	0	163
1221	1000	0	0	0	0	0	0	0	0	0	0	0	0	0	0	0	0	0	0	0	0	0	0	0	0	0	0	0	0	0	0	0	0	0	0	0	0	0	0	0	0	0	0	0	160
1222	1000	0	0	0	0	0	0	0	0	0	0	0	0	0	0	0	0	0	0	0	0	0	0	0	0	0	0	1	19	0	0	0	0	0	0	0	0	0	0	0	0	0	0	24	158
1223	1000	0	0	0	0	0	0	0	0	0	0	0	0	0	0	0	0	0	0	0	0	0	0	0	0	0	0	0	0	0	0	0	0	0	0	0	0	0	0	0	0	0	0	0	157
1224	1000	0	0	0	0	0	0	0	0	0	0	0	0	0	0	0	0	0	0	0	0	0	0	0	0	0	0	0	0	0	0	0	0	0	0	0	0	0	0	0	0	0	0	0	159

图 6-34　公里小结报告表(截图)

(3)波形图分析

为进一步提高轨道平顺性，在处理完轨道超限点(1～4 级超限点)后，应对波形图(图 6-35)进行分析，查找波形图中峰值较大点(即将出现超限)，按照超限标准，对其中可能出现超限的位置提前处理。

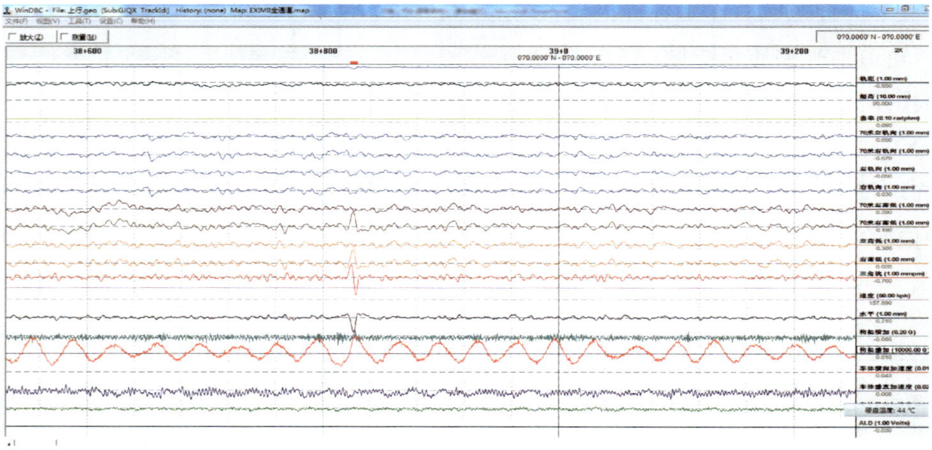

图 6-35　公里波形图(截图)

综合分析上述报表和图形,确定需要调整的位置并制定调整方案。

3. 动态调整时注意事项

(1)3、4 级当天处理,2 级有计划有步骤地处理,1 级有条件处理。

(2)首先根据波形图确定连续里程与施工里程的对应关系(第一次一般根据曲线的起终点里程来找,第二次可根据已经找到第一次的突变点里程对应)。

(3)根据超限报表的超限点类型分层次处理,先调整三角坑、水平和高低,再调整轨向和轨距。

(4)根据超限点位置,不可单一处理,结合 TQI 报表和波形图区段数据处理,现场先检查扣件缺失、换反、扭矩等无误情况下再区段采集数据并现场处理。

(5)晚上更换完扣件后必须清理现场。

6.5　轨道几何状态测量

高速铁路旅客列车运行速度高,为实现高速行驶条件下旅客列车的安全性和舒适性,要求高速铁路轨道必须具有高平顺性和精确的几何线性参数,包括轨道内部几何尺寸与外部几何尺寸,如轨距、轨向、高低、水平、扭曲、与设计高程及中线的偏差等,精度要求控制在毫米级范围内。轨道几何状态测量和检测是指在没有列车动载荷作用情况下,对轨道线路进行的检测方式。传统检测方法(轨距尺、弦线等)的精度和测量检测效率已不能满足高速铁路建设及运营要求。

轨道检查仪在检测工作中应用率最高，其工作原理是通过人工检测轨道表面的几何尺寸来判定轨道状态及质量，测量结果以波形图的形式随着仪器在轨道线路上的人工推行实时显示记录同时存储数据，具有使用方便快捷、设备结构简单易操作等优势。近几年来，将惯性导航和传统轨检仪技术进行组合而成的惯导轨道检查仪，融合多源数据，解算轨道几何状态参数，在保证测量精度的同时提升了检测效率。

6.5.1　轨道几何参数符号

轨道几何参数符号的确定，以面向大里程方向定义左右，偏差与调整量符号相反，具体规定有如下几点：

(1)平、竖曲线半径：如图 6-36 所示，↑表示沿着里程增加的方向，右手曲线半径为正，左手曲线半径为负。

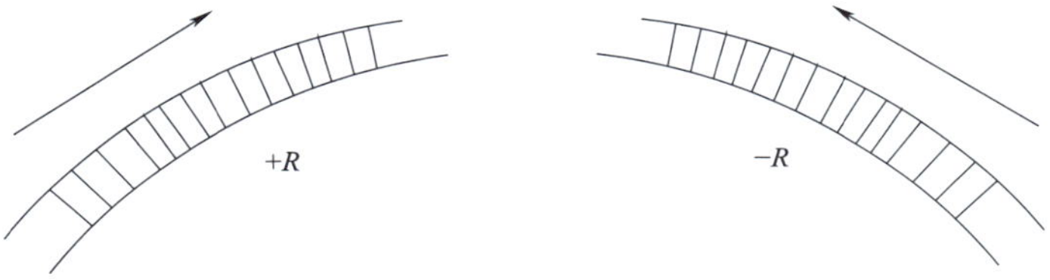

图 6-36　平曲线半径符号示意

(2)平面位置：轨道实际位置位于设计位置右侧时，平面偏差为正，反之为负。

(3)轨面高程：轨道实际位置位于设计位置上方时，高程偏差为正，反之为负。

(4)超高(水平)：如图 6-37 所示，沿着里程增加的方向，右手曲线超高值为正，左手曲线超高值为负。

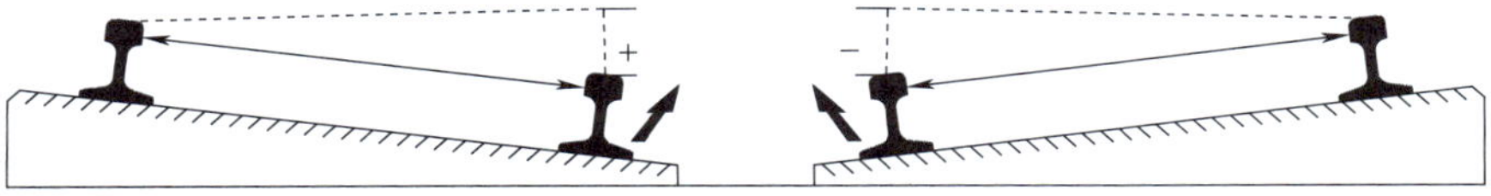

图 6-37　超高符号示意

(5)轨距：实测轨距大于设计轨距时，轨距偏差为正，反之为负。

6.5.2　轨距与轨距不平顺

轨距是指同一横截面两根钢轨顶面内侧向下 16 mm 处两作用边之间的距离。由于车轮轮缘与钢轨侧面接触点发生在钢轨顶面下 10～16 mm 之间，此处钢轨的磨损较小，能正确地反映出轨道变形所造成的轨距不平顺。轨距可通过铁路轨距尺、轨检小车等设备进行测量。

铁路轨距尺分为数显类轨距尺和机械类轨距尺。二者测量轨距的方法基本一致。数显类轨距尺与机械类轨距尺的精度对比情况见表 6-13。

表 6-13　数显类轨距尺和机械类轨距尺精度对比

轨距尺准确度等级		数显类轨距尺/mm	机械类轨距尺/mm
轨距	0 级	≤0.05	≤0.20
	1 级	≤0.10	≤0.50
	2 级	≤0.20	≤1.0

轨检小车轨距测量原理如图 6-38 所示。

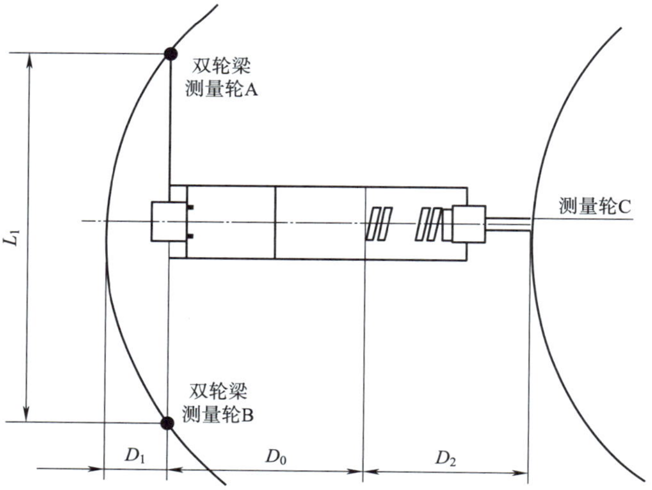

图 6-38　轨检小车轨距测量原理

轨距 D 是由固定长度 D_0 与两侧钢轨可变长度量 D_1 和 D_2 三部分组成。左侧偏移量 D_1 是指长度为 L_1 的双轮梁中心到与双轮梁接触的轨道间的最近距离，同时 D_1 也可代表长度为 L_1 的弦长对应的正矢；右侧的偏移量 D_2 是指伸缩架的弹簧在受到轨道两侧向内压缩力后弹簧的实际长度，由轨距传感器测量得到。中国铁设研发的 SGJ-T-CRC-Ⅲ 型惯导轨道检查仪测量轨距的限差见表 6-14。

表 6-14　SGJ-T-CRC-Ⅲ 型惯导轨道检查仪测量轨距的示值限差

项目	测量范围/mm	测量内容	示值限差/mm
轨距	1 410～1 470	零位正确性	±0.15
		示值误差	±0.30
		测量重复性	±0.15

轨距偏差是指实测轨距与设计轨距(1 435 mm)之差，见式(6-5)。轨距偏差超限会加大轮轨之间的作用强度，缩短轨道的使用寿命，从而影响列车的安全性。

$$\Delta D = D - 1.435 \tag{6-5}$$

式中 ΔD——轨距偏差，m；

D——实测轨距，m。

6.5.3 水平(超高)不平顺

水平是指同一里程处左、右两根轨道轨顶面的高程差，在直线段称为“水平”，在曲线段称为“超高”，如图 6-39 所示。列车在直线轨道上行驶时，为保证车体运行时不发生倾斜，左右两根轨道轨顶面高程差应为 0；当列车驶入曲线轨道时，圆周运动所产生的离心力会使车轮对外侧轨道产生侧向压力，为此设置了外轨超高，以利用车体自身重力的分力来抵消这种侧向压力，从而减小或消除轮轨之间水平方向的作用力。

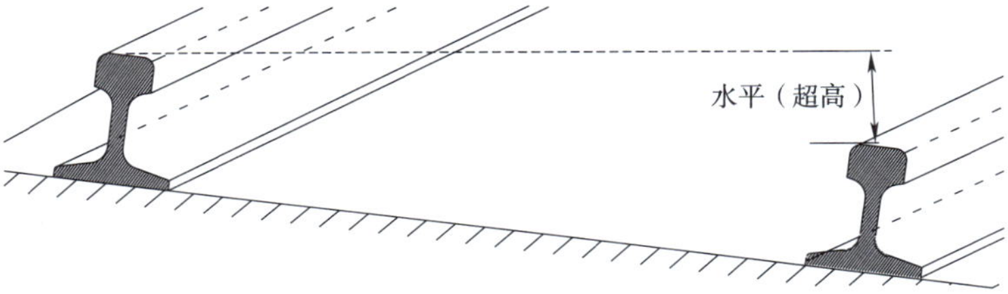

图 6-39 水平(超高)示意

水平(超高)可以通过铁路轨距尺或者轨道几何状态测量仪等设备精确测量。运用轨距尺测量水平的方法与测量轨距时类似。机械轨轨距尺测量水平的原理如图 6-40 所示。机械轨轨距尺主要由水平管和刻度盘两部分构成，水平为 0 且刻度盘调“0”时，水平管内的气泡居于水平管中央，若两根轨道不水平，则气泡会偏向一方，用手旋转刻度盘，可以调整水平管右端的高度至气泡位于中央位置，由于刻度盘转过的角度与水平度成一定的函数关系，以此便可获取该位置处的水平值。

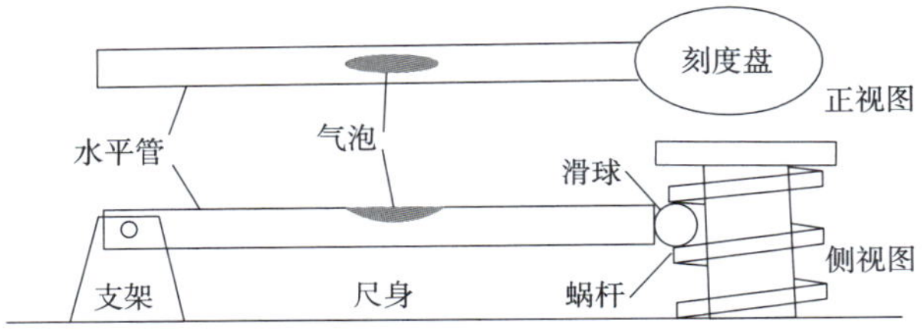

图 6-40 机械轨轨距尺测量水平的原理

数显类轨距尺主要是采用位移传感器和倾角传感器直接显示测量结果，因为其精度较高，且操作方便，逐渐得到各铁路工务段越来越广泛地使用。数显类轨距尺测量水平的标称精度见表 6-15。

表 6-15 数显类轨距尺测量水平标称精度

设备名称	准确度等级	测量水平精度/mm
数字轨距尺	0 级	≤0.10
	1 级	≤0.15
	2 级	≤0.40

轨检仪测量水平(超高)的原理与数显类轨距尺类似,首先采用高精度传感器测量轨道横向的倾角,根据实测轨距推算的左右两根轨道轨顶面的距离与倾角传感器采集的横向倾角正弦值之积,就可以计算出水平(超高),如图 6-41 所示。

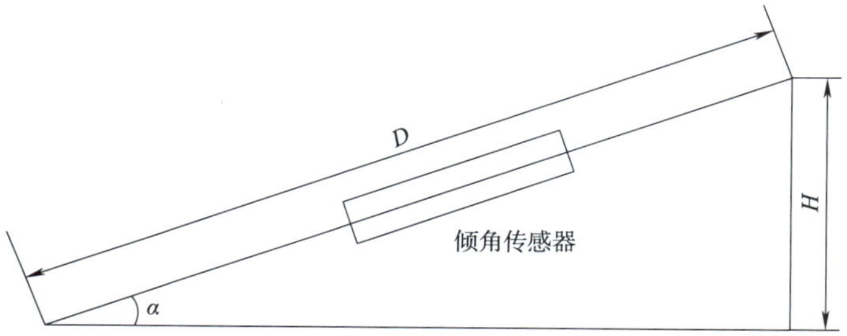

图 6-41 水平(超高)测量原理

水平(超高)不平顺是指轨顶面的实测水平(超高)与其对应的同一里程处的设计水平(超高)之差,该值反映了左右两股钢轨在竖直方向上发生的相对变形。设轨道上任意一点的水平(超高)理论值为 H_0,实测水平值为 H,则水平不平顺值 ΔH 可以表示为

$$\Delta H = H - H_0 = D \times \sin\alpha - H_0 \tag{6-6}$$

式中 D——两轨顶面之间的距离;

α——水平传感器测量角。

SGJ-T-CRC-Ⅲ型惯导轨道检查仪测量水平的标称精度见表 6-16。

表 6-16 SGJ-T-CRC-Ⅲ型惯导轨道检查仪测量超高的限差

项　目	测量范围/mm	测量内容	示值限差/mm
水平(超高)	±200	零位正确性	±0.15
		示值误差	±0.30
		掉头误差	±0.30
		测量重复性	±0.15

6.5.4 高低不平顺和轨向不平顺

轨道的高低是指单股钢轨顶面沿线路纵向在竖向上的高低起伏变化量,这反映了轨道在竖向的不平顺。对于高速铁路,由于路基的沉降、扣件的松动、钢轨的波浪形磨损和焊接接头处的低塌等不可抗拒的因素，即使轨面是平顺的，经过一段时间的列车运行后，也会造成钢轨的高低不平。钢轨的前后高低不平对列车的运营安全影响极大。列车在高低不平的轨道上行驶时，会对轨道产生冲击作用，列车速度越快，冲击越大，进而加剧线路的变形，形成一个恶性的循环。因此，必须定期采集轨道数据，计算出轨道的高低不平顺值，使其控制在规范允许的误差以内。轨向不平顺属于平面不平顺，其定义与高低不平顺类似，这里不再赘述。

轨道高低和轨向的检验标准及方法是相同的，可以直接拉弦测量或者利用轨检小车的检测数据计算得到。由于我国目前缺乏高速铁路较长时间运营实践经验，对轨道高低和轨向不平顺的控制方法主要参考国内普速线路以及国外高速铁路的有关规定。

在高速铁路大规模建设之前，国内多采用固定弦长（如直线上 10 m，曲线上 20 m）计算中间点的正矢作为普速铁路不平顺性的评价标准；对于高速铁路轨道的中长波不平顺，德国主要采用定弦检测（30 m 弦 5 m 基长和 300 m 弦 150 m 基长）的方法进行轨向和高低的不平顺检测。

1. 国内平顺性评价方法

传统上国内通常采用固定基准弦长的正矢差作为轨道平顺性的评判标准，通过固定弦长，评价该弦长对应的中间点的正矢与设计正矢的差值。由于每个检测点均对应一条独立的弦线，国内有些学者称这种方法为“动弦检测法”。国内 10 m 弦 5 m 基长测量与评价的原理如图 6-42 所示。

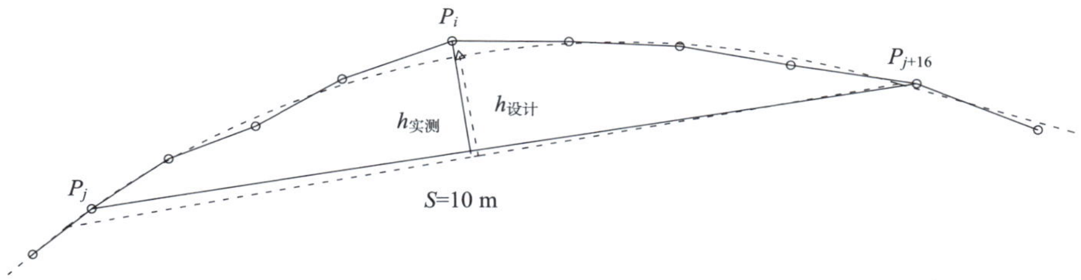

图 6-42　10 m 弦不平顺检测示意

图 6-42 中，P_j、P_i、P_{j+16} 分别表示轨枕编号为 j、i、$j+16$ 处的测点，P_j 与 P_{j+16} 组成 10 m 弦，通过计算 P_i 处的正矢可评价支承点 P_i 处的不平顺性，同理可评价下一个支承点 P_{i+1} 处的不平顺性，其所对应的弦线两端点为 P_{j+1} 与 P_{j+17}，依次类推，可以评价任意弦线对应的中间支承点处的不平顺性。国内 10 m 弦平顺性评价的数学模型为

$$\Delta h_i = h_{i设计} - h_{i实测} \tag{6-7}$$

式中　Δh_i——P_i 点处 10 m 弦轨向或高低的不平顺值；

$h_{i设计}$——P_i 处的设计正矢；

$h_{i实测}$——P_i 处的实测正矢。

2. 德国平顺性评价方法

德国进行轨道平顺性检测的方法与我国传统的方法有所不同。德国检测方法为拉一条长弦(30 m 弦或者 300 m 弦),分别计算弦线范围内的某个测点和该测点后 n 个扣件间距的测点到该弦线的矢高,以其设计矢高之差与实测矢高之差的差值作为评价该测点处 30 m 弦或者 300 m 弦轨向或高低不平顺的依据,由于每次拉弦可以评价多个点的不平顺性,所以称为“定弦检测”。具体描述见本章 6.4.1“轨道精调简介”之“3. 测量内容”的(9)和(10)。

6.5.5 扭曲与扭曲不平顺

扭曲不平顺(俗称三角坑)反映的是左右两股钢轨顶面相对于设计轨道面发生的扭曲状态,通常是指一定基长的两处横断面上的左、右轨轨顶面高程差之差。扭曲不平顺通常会引起车辆的侧滚和侧摆,过大的扭曲不平顺将导致车辆转向架呈三轮支撑一轮悬浮的恶劣状态,严重危及行车安全。

扭曲的测量基长一般为 3 m(无砟轨道)或者 6.25 m(有砟轨道),可通过轨检小车依据测得的水平(超高)偏差间接测出。SGJ-T-CRC-Ⅲ型惯导轨道检查仪测量扭曲的限差见表 6-17。

表 6-17 SGJ-T-CRC-Ⅲ型惯导轨道检查仪测量扭曲的限差

项目	测量范围/mm	示值误差(限差)/mm	测量基长/m
扭曲	±30	±0.6	6.25
		±0.6	3

扭曲不平顺的计算有常用的传统方法和依据定义推算的严密方法两种,下面分别进行介绍。

1. 计算扭曲不平顺值的传统方法

传统的扭曲不平顺(记不平顺值为 h)的计算方法如式(6-8)。

$$h=[(H_A-H_B)-(H_{A设}-H_{B设})]-[(H_C-H_D)-(H_{C设}-H_{D设})] \tag{6-8}$$

式中 H_A,H_B,H_C,H_D——A、B、C、D 四个点的实测高程;

$H_{A设},H_{B设},H_{C设},H_{D设}$——$A$、$B$、$C$、$D$ 四个点的设计高程。

式(6-8)中,H_A-H_B 可认为是该里程处的实测水平(超高)值,$H_{A设}-H_{B设}$ 可认为是该里程处的设计水平(超高)值,$(H_A-H_B)-(H_{A设}-H_{B设})$ 即 A、B 两点所在里程的水平(超高)偏差,所以扭曲可采用间隔一定基长的水平(超高)偏差之差来计算。

2. 计算扭曲不平顺值的严密方法

扭曲示意如图 6-43 所示。图 6-43 中,由于 D 处轨道发生了扭曲,A、B、C、D 四个点将不在一个平面上,扭曲为点 D 到平面 ABC 的距离 h。扭曲的严密计算即为先求取平面 ABC 的方程,再计算点 D 到平面 ABC 的距离。下面来推算扭曲的严密计算方法。

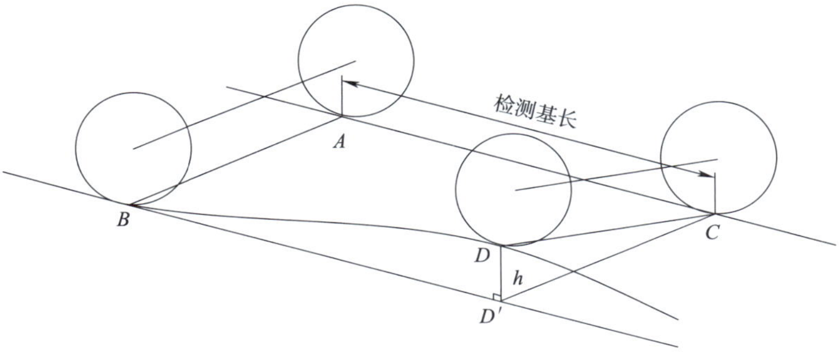

图 6-43　扭曲示意图

图 6-43 中，点 $A(X_A, Y_A, H_A)$、$B(X_B, Y_B, H_B)$ 位于同一里程处，点 $C(X_C, Y_C, H_C)$、$D(X_D, Y_D, H_D)$ 为与 A、B 间隔一定基长的两个点，这两个点位于同一里程处，点 D 距平面 ABC 的距离为 h。设平面 ABC 的平面方程为 $aX+bY+cH+d=0$，由点 A、B、C 的三维坐标可得

$$\begin{cases} aX_A + bY_A + cH_A + d = 0 \\ aX_B + bY_B + cH_B + d = 0 \\ aX_C + bY_C + cH_C + d = 0 \end{cases} \tag{6-9}$$

$d=0$ 时，式(6-9)为齐次线性方程组，可以按照齐次方程组求解的方法得出 a、b、c 的值；$d\neq0$ 时，将系数 a、b、c 分别除以 d 记为 a_0、b_0、c_0，则式(6-9)变为

$$\begin{cases} a_0X_A + b_0Y_A + c_0H_A + 1 = 0 \\ a_0X_B + b_0Y_B + c_0H_B + 1 = 0 \\ a_0X_C + b_0Y_C + c_0H_C + 1 = 0 \end{cases} \tag{6-10}$$

式(6-10)为非齐次方程组，可以按照非齐次方程组求解的方法得出 a_0、b_0、c_0 的值。

D 到平面 ABC 的距离 h 为

$$h = \frac{|aX_D + bY_D + cH_D + d|}{\sqrt{a^2 + b^2 + c^2}} \tag{6-11}$$

3. 两种方法的比较

实际计算时，常用的方法是通过对 A、B 所在里程处的超高与 C、D 所在里程处的超高求差来计算扭曲值 h 的，如式(6-12)。

$$h=[(H_A-H_B)-(H_{A设}-H_{B设})]-[(H_C-H_D)-(H_{C设}-H_{D设})] = \Delta e_{l1}-\Delta e_{l2} \tag{6-12}$$

式中　H_A，H_B，H_C，H_D——A、B、C、D 四个点的高程；

Δe_{l1}，Δe_{l2}——A、B 所在里程处的超高和 C、D 所在里程处的超高。

图 6-44 所示为常用的扭曲计算原理示意图，结合图 6-43 可知，传统方法计算扭曲时是用竖向距离近似替代了点到平面的法向距离。

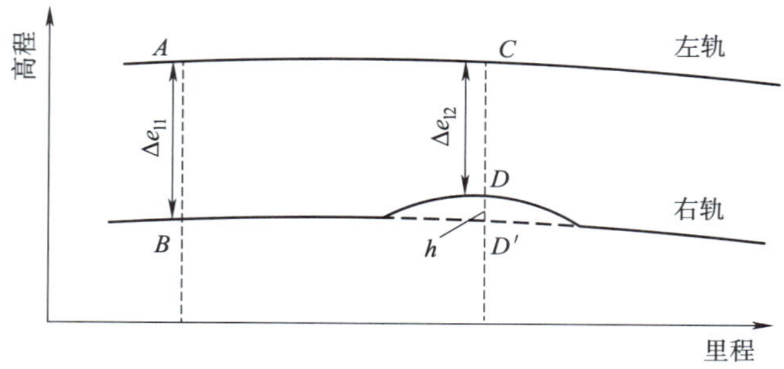

图 6-44 常用的扭曲计算原理示意

为了进行定量的分析，分别利用严密算法和常用的近似算法计算的一段某客运专线约 6 000 个测点基长为 3 m 的扭曲值如图 6-45 所示。该段线路设计的最大坡度约为 4‰，里程位于 13 799～15 286.955 m 之间，此处运用两种方法计算的扭曲差值与其他里程处相比较大，最大差值约为 0.03 mm。由于近似计算和严密计算的扭曲值不同之处在于一个为竖向的距离，一个为平面法向的距离，二者之差与直线坡度和缓和曲线段的超高变化率的大小呈正比。按照规范规定最大坡度为 30‰，缓和曲线超高顺坡率最大为 2‰，此时 3 m 基长的严密计算与近似计算的扭曲值差值约为 0.04 mm。

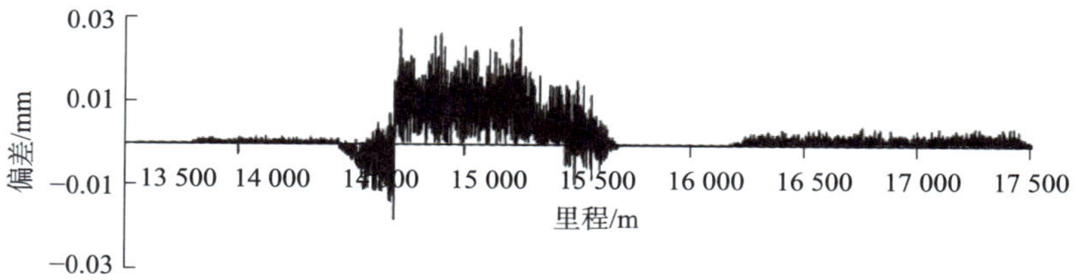

图 6-45 严密方法与近似方法计算的扭曲值比较

由以上分析可知，采用近似方法替代严密方法计算扭曲值的方法是可行的，并且近似方法降低了算法复杂度。

6.5.6 平面绝对偏差与高程绝对偏差

平面绝对偏差为实测点到设计线形的垂直距离；高程绝对偏差为实测点沿竖向到设计线形的距离。

1. 轨道中线平面偏差与高程偏差的计算

设轨道中线上点 P 的实测三维坐标为($X_{实测}$，$Y_{实测}$，$H_{实测}$)，P 点对应的设计三维坐标为($X_{设计}$，$Y_{设计}$，$H_{设计}$)，轨道中线点 P 的平面绝对偏差 d_P 可按下式计算：

$$d_P = \sqrt{(Y_{实测} - Y_{设计})^2 - (X_{实测} - X_{设计})^2} \tag{6-13}$$

轨道中线点 P 的高程绝对偏差 h_P 可按下式计算：

$$h = H_{实测} - H_{设计} \tag{6-14}$$

2. 基准轨、非基准轨平面偏差和高程偏差的计算

一般线路平面是将高轨(外轨)作为基准轨，即线路左偏时，右轨是基准轨；线路右偏时，左轨是基准轨。

由于轨距是三维空间里的一个概念，因此需将轨距归算到水平面内才能进行基准轨平面偏差的推算。依据中线平面偏差 d_P 推算基准轨平面偏差 $d_{P基}$ 计算公式如下：

$$d_{P基} = \left[\frac{\sqrt{D_{实测}^2 - e_{实测}^2}}{2} - \left(\frac{\sqrt{D_{设计}^2 - e_{设计}^2}}{2} - d_P\right)\right] \times f \tag{6-15}$$

式中 $D_{实测}$，$D_{设计}$——P 点处的实测轨距与设计轨距；

$e_{实测}$，$e_{设计}$——P 点处的实测超高与设计超高；

f——偏差的符号：线路左偏时，记 f 为 -1；线路右偏时，记 f 为 1。

非基准轨平面偏差 $d_{P非基}$ 与基准轨平面偏差 $d_{P基}$ 的代数和为轨距偏差在水平面的投影，故计算公式如下：

$$d_{P非基} = \left(\sqrt{D_{设计}^2 - e_{设计}^2} - \sqrt{D_{实测}^2 - e_{实测}^2}\right) - d_{P基} \times f \tag{6-16}$$

线路竖面是将低轨(内轨)作为基准轨，即线路左偏时，左轨是基准轨；线路右偏时，右轨是基准轨。

基准轨高程偏差 $h_{P基}$ 的计算公式如下：

$$h_{P基} = h_P - \left(\frac{e_{实测}}{2} - \frac{e_{设计}}{2}\right) \tag{6-17}$$

式中 h_P——轨道中线点 P 处的高程绝对偏差；

$e_{实测}$，$e_{设计}$——P 点处的实测超高与设计超高。

非基准轨高程偏差 $h_{P非基}$ 与基准轨高程偏差 $h_{P基}$ 的代数和为超高偏差，故计算公式如下：

$$h_{P非基} = (e_{实测} - e_{设计}) + h_{P基} \times f \tag{6-18}$$

6.5.7 轨道平顺性分析方法

对于轨道不平顺的评价与控制，国内外已经做了许多研究，并取得了显著的成果。在铁路发达的国家，如法国、日本、德国等，他们结合本国铁路运输的特点以及轨道结构、线路平纵断面的实际情况，研究制定了一系列严格的各级铁路轨道不平顺监控管理标准和控制措施，如轨道作业验收标准、轨道日常养护标准、轨道紧急补修标准、轨道限速管理标准等，为这些国家的轨道质量控制打下了坚实的基础，也为保证列车运行的安全、舒适和发展高速铁路提供了技术保证。

国内外基于轨道几何质量状态评价指数、计算方法及标准，逐渐形成了以轨道不平顺标准差为指标的区段轨道几何质量指数（TQI）、以轨道不平顺幅值超限数量为指标的区段轨道不平顺指数（P 值）、以轨道不平顺偏差为指标的区段轨道粗糙度指数（R^2）等三类评价指标体系。在此基础上，下面列举我国常用的线路静态几何尺寸容许偏差管理值。

我国高速铁路区段管理多采用轨道几何质量指数 TQI。TQI（Track Quality Index）是单元区段长度内高低、轨向、轨距、水平和三角坑的动态检测数据标准差之和，表示单元区段轨道状态的离散程度，与轨道状态的平顺性密切相关，即数值越小，轨道的平顺性程度越好、波动越小。

我国 TQI 计算方法如下：

$$\mathrm{TQI} = \sum_{i=1}^{7} \sigma_i \tag{6-19}$$

其中

$$\sigma_i = \sqrt{\frac{1}{n}\sum_{j=1}^{n} (x_{ij} - \overline{X_i})^2}$$

$$\overline{X_i} = \sqrt{\frac{1}{n}\sum_{j=1}^{n} x_{ij}}$$

式中 σ_i——各项几何偏差的标准差，$i=1,2,\cdots,7$ 分别为左高低、右高低、左轨向、右轨向、轨距、水平、三角坑；

x_{ij}——单元区段中各项几何偏差的幅值，$j=1,2,\cdots,n$；

n——采样点的个数（200 m 小单元区段中 $n=320$）。

我国高速铁路无砟轨道 TQI 的管理值见表 6-12。TQI 在我国已应用多年，在轨道区段质量状态评价中发挥了巨大的作用。

综上，在国内外铁路区段轨道评价方法中，以轨道不平顺标准差为基础的指标体系所反映的我国高速铁路轨道区段质量状态特征基本相似，差异主要为单元区段长度、单项项目选择和相关控制标准。我国铁路 TQI 选取了轨道 7 个单项项目，且具有综合 7 项指标的 TQI 值，是应用标准差评价方法中项目最全、最为系统和全面的评价方法，其评价结果较好地反映了现场存在的问题。

随着行车速度的不断提高和对轨道管理重要性认识水平的提高，轨道几何状态的检测、评价和管理也越来越受到重视，轨道静态几何不平顺容许偏差管理值也形成了一套独立的标准并写入规范。

轨道静态几何不平顺容许偏差管理值见表 6-18。

表 6-18 轨道静态几何不平顺容许偏差管理值

项目	200～250 km/h		250(不含)～350 km/h	
	临时补修	限速 (不大于 160 km/h)	临时补修	限速 (不大于 200 km/h)
轨距/mm	+6 −4	+8 −6	+5 −3	+6 −4
水平/mm	8	10	6	7
高低/mm	8	11	7	8
轨向(直线)/mm	7	9	5	6
三角坑/(mm/3 m)	6	8	5	6

注:1. 高低偏差和轨向偏差为 10 m 弦测量的最大矢度值。
2. 三角坑偏差不含曲线超高顺坡造成的扭曲量,在延长 18 m 的距离范围内无超过表列的三角坑。

道岔静态几何不平顺容许偏差管理值见表 6-19。调节器静态几何不平顺容许偏差管理值见表 6-20。

表 6-19 道岔静态几何不平顺容许偏差管理值

项目		200～250 km/h		250(不含)～350 km/h	
		临时补修	限速 (不大于 160 km/h)	临时补修	限速 (不大于 200 km/h)
轨距/mm	岔区	+5 −2	+8 −6	+5 −2	+6 −4
	尖轨尖	+3 −2		+3 −2	
水平/mm		7	10	6	7
高低/mm		7	11	7	8
轨向/mm	直股	6	9	5	6
	支距	4	—	4	—
三角坑/(mm/3 m)		6	8	5	6

注:1. 轨距偏差不含构造轨距加宽值。
2. 高低偏差和轨向偏差为 10 m 弦测量的最大矢度值。
3. 支距偏差为实际支距与计算支距之差。
4. 导曲线下股高于上股的限值:临时补修为 3 mm。
5. 三角坑偏差不含曲线超高顺坡造成的扭曲量,在延长 18 m 的距离范围内无超过表列的三角坑。

表 6-20 调节器静态几何不平顺容许偏差管理值

项目		200～250 km/h		250(不含)～350 km/h	
		临时补修	限速 (不大于 160 km/h)	临时补修	限速 (不大于 200 km/h)
轨距/mm	尖轨尖	+3 −2	+8 −6	+3 −2	+6 −4
	其他	+5 −2		+5 −2	

续上表

项　目	200～250 km/h		250(不含)～350 km/h	
	临时补修	限速 (不大于 160 km/h)	临时补修	限速 (不大于 200 km/h)
水平/mm	7	10	6	7
高低/mm	7	11	7	8
轨向/mm	6	9	5	6
三角坑/(mm/3 m)	6	8	5	6

注:1. 轨距偏差不含构造轨距加宽值。
2. 高低偏差和轨向偏差为 10 m 弦测量的最大矢度值。
3. 三角坑偏差不含曲线超高顺坡造成的扭曲量,在延长 18 m 的距离范围内无超过表列的三角坑。

曲线正矢临时补修容许偏差管理值见表 6-21。

表 6-21　曲线正矢临时补修容许偏差管理值

线路允许速度	实测正矢与计算正矢差/mm		圆曲线正矢连续差/mm	圆曲线最大最小正矢差/mm
	缓和曲线	圆曲线		
200～250 km/h	5	6	7	8
250(不含)～350 km/h	4	5	6	8

注:曲线正矢用 20 m 弦在钢轨踏面下 16 mm 处测量。

轨道静态几何不平顺容许偏差管理值中,临时补修管理值为应及时进行轨道修理的质量控制标准;限速管理值为保证列车运行平稳性和舒适性,需立即进行限速的质量控制标准。

6.5.8　轨道检查仪介绍

中国铁设自主研发的基于惯性导航的轨道检查仪 SGJ-T-CRC-Ⅲ型(简称惯导轨检仪),如图 6-46 所示,是一款采用 GNSS+惯导或者全站仪+惯导组合导航技术,集成倾角、轨距等多类传感器于一体的,用于快速、高精度测量轨道几何状态的设备。惯导轨检仪可用于铁路、地铁施工期轨道精调,以及运营期轨道平顺性检测。

1. 系统组成

硬件组成:工业平板电脑、车体、全站仪(或者 GNSS)、惯性导航仪、倾角传感器、电子轨距尺、里程计(左右轨各一个)、轨枕识别器、气象计。

软件组成:操控软件、数据后处理软件、轨道线形拟合软件。

2. 系统功能介绍

(1)硬件部分

工业平板电脑:安装操控软件,通过蓝牙与全站仪进行通信,通过 Wi-Fi 与小车主控中心通信。

图 6-46　SGJ-T-CRC-Ⅲ型惯导轨检仪

车体：用于承载惯性导航仪、全站仪、GNSS、倾角传感器等，以及承载主控中心电子电路。

全站仪：用于全站仪作业模式进行设站测量。

惯性导航仪：以 200 Hz 频率自动记录小车推行过程中角速度、加速度。

GNSS：GNSS 作业模式以 1 Hz 的频率自动记录观测数据。

倾角传感器：以 20 Hz 频率自动记录超高数据。

电子轨距尺：以 60 Hz 频率自动记录轨距数据。

里程计：以 20 Hz 频率自动记录小车推行距离。

轨枕识别器：以 60 Hz 频率自动记录轨枕测量数据。

气象计：以应答的方式向操控软件发送气象值，用于改正全站仪测量距离。

(2)软件部分

操控软件：安装于安卓平板电脑或者手机，以图形操作界面(图 6-47)进行全站仪设站测量，以及和惯导轨检仪主控中心通信(例如：发送开始、结束指令，以及获取传感器数据)。

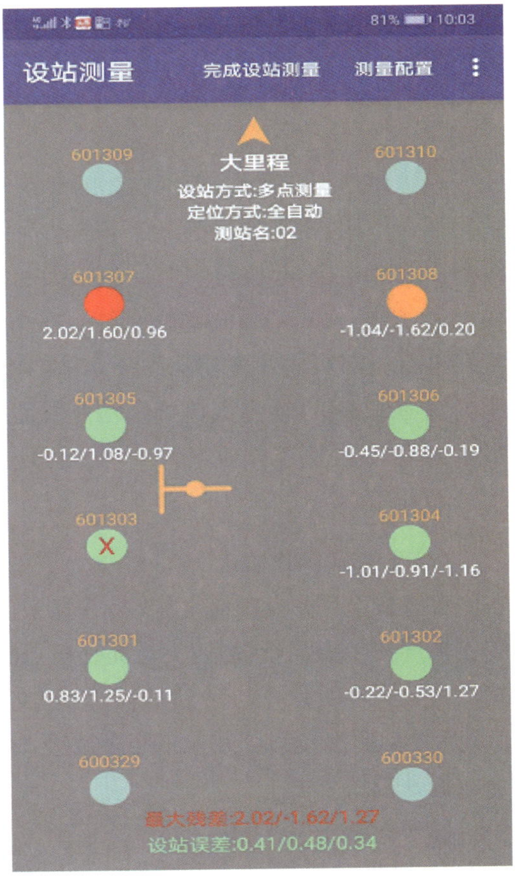

图 6-47　操控软件图形化操作界面

数据后处理软件：安装于 Windows 电脑，用于外业工作完成后解算 GNSS 数据、惯导数据，以及输出轨道相对线路设计资料的偏差量、中线坐标等，如图 6-48 所示。

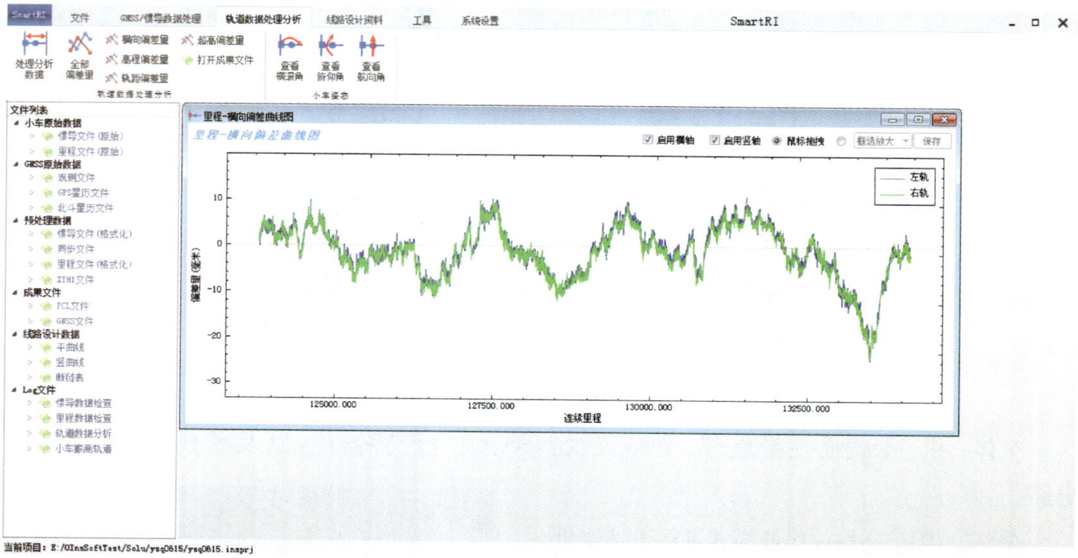

图 6-48　惯导轨检仪后处理软件界面

轨道线形拟合软件：根据实测的线路轨道三维坐标，系统可对线路的平纵断面线形进行优化拟合重构，在满足规范条件下自动优化出最小的作业调整量。软件包括平面线形拟合、纵断面线形拟合、起拨道顺坡优化三大功能（图 6-49、图 6-50）。根据轨道平面和高程设计偏差量，结合 AutoCAD 偏差波形图，在满足轨道长波平顺要求的前提下对较大偏差量处的线路进行局部顺坡处理，从而进一步减少作业调整量；通过插值计算可查询输出任意里程间距的轨道偏差量，输出大机捣固作业所需的 ver 数据格式，实现与大机数据的无缝对接，减少人工输入，提高工作效率。

3. 系统特点

（1）全站仪作业模式

①外业全图形化操作；②支持普通多点测量设站，支持单侧 CPⅢ高精度多点测量设站；③支持严密单点测量设站，支持简易单点测量设站；④支持惯导轨检仪临时抬离轨道；⑤支持设站数据实时计算与后处理计算；⑥支持现场实时注记；⑦支持全自动照准棱镜、测量 3 点后自动照准棱镜以及人工照准棱镜；⑧支持里程断链处理；⑨支持无线路设计资料作业与数据处理。

（2）GNSS 作业模式

①一键启动；②支持惯导轨检仪临时抬离轨道；③支持现场实时注记；④支持多基准站数据处理；⑤支持 GPS、北斗卫星导航系统；⑥支持里程断链处理；⑦支持无线路设计资料

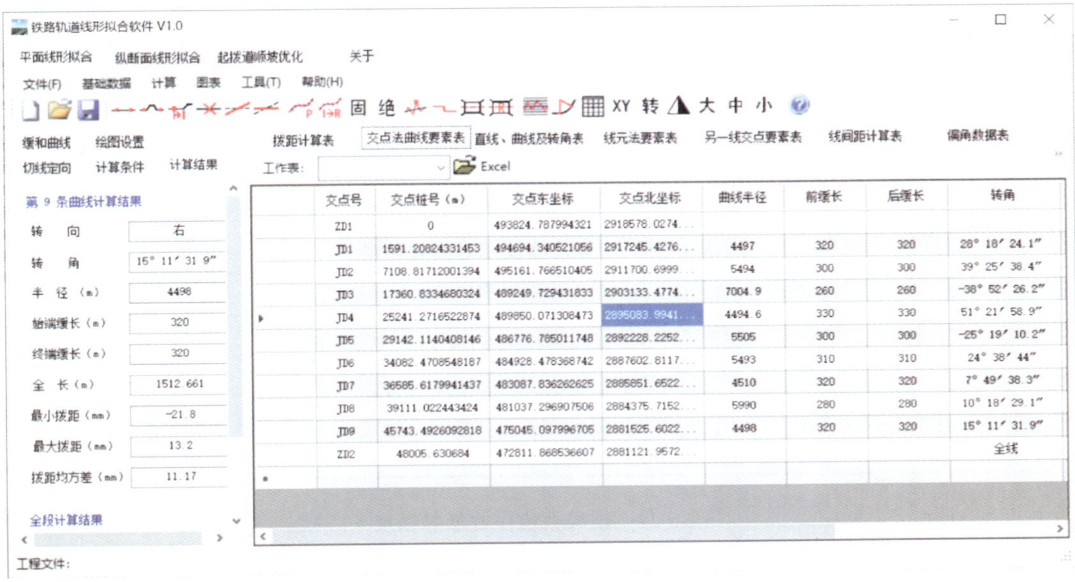

图 6-49　轨道线形拟合软件界面

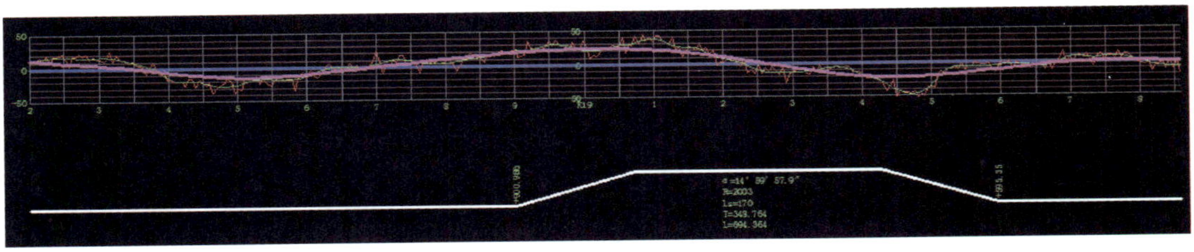

图 6-50　起拨道顺坡优化

作业与数据处理。

（3）纯惯导相对测量作业模式

①一键启动；②支持惯导轨检仪临时抬离轨道；③支持现场实时注记；④支持无线路设计资料作业与数据处理；⑤支持里程断链处理。

（4）作业效率

①全站多点测量设站模式约 1.5 km/h；②全站仪单点测量设站模式约 2.5 km/h；③GNSS 作业模式约 5 km/h；④纯惯导相对测量作业模式最高约 30 km/h。

4. 测量精度与技术指标

SGJ-T-CRC-Ⅲ型惯导轨检仪的相关精度与技术指标分别见表 6-22～表 6-25。

表 6-22　惯导轨检仪绝对定位精度

作业模式		横向精度/mm	垂向精度/mm
全站仪	多点测量设站	≤1	≤1
	单点测量设站	≤2	≤2.5
GNSS		≤15	≤25

表 6-23　惯导轨检仪相对测量精度

作业模式		横向精度/(mm/30 m)	垂向精度/(mm/30 m)
全站仪	多点测量设站	0.3	0.3
	单点测量设站	0.3	0.3
GNSS		0.3	0.3
纯惯导相对测量		0.3	0.3

表 6-24　惯导轨检仪传感器精度

类　别	精　度
轨距/mm	≤0.15
超高/mm	≤0.2
里程计	≤1/2 000
无砟轨枕识别正确率/%	≥99.9

表 6-25　惯导轨检仪技术指标

轨距测量范围/mm	1 410～1 470
超高测量范围/mm	−250～250
重量/kg	<40
单块电池工作时间/h	≥6
工作温度/℃	−30～70

第7章 高速铁路精密工程测量装备创新

为实现高速铁路跨越式发展，2005年中国铁路部门引进了德国高速铁路施工技术。在铁路部门“引进、消化、吸收、再创新”与“自主创新”相结合的战略部署下，以铁路建设为主业的科研院所、高校及相关设计和施工企业迅速开展了对高速铁路相关技术的系统研究工作。

轨道系统的高平顺性是实现列车高速行驶的前提条件。实现和保持高精度的轨道几何状态是高速铁路建设的关键。而实现和保持轨道系统高平顺性的关键技术之一便是精密测量技术。这一点在我国高速铁路领域逐渐形成关键理念，并且在起步之初就抓住了需要突破瓶颈的两个方面：一是精密测量控制网的建网技术，即如何建立满足高平顺性指标要求的轨道精密测量控制网；二是精调技术，即快速高效地进行轨道系统的精密测设、定位工作，包括无砟轨道（板）铺设精调和轨道精调。

在精密测量软件方面，引进了博格公司的PPP布板软件、旭普林公司的雷达2000软件，这两个软件是无砟轨道设计和铺设的一体系统，包含轨道设标网测设和无砟轨道铺设精调测量的模块，其测量数据处理的理念基于西方国家的测量理论理念。在精密测量硬件方面，对应CRTSⅡ型板引进了博格公司的精调标架设备；对应旭普林公司的雷达2000无砟轨道系统引进了轨道测量小车，主要有安伯格GRP1000和GEDO CE。在硬件系统方面，我国高铁建设之初国内就出现了多个品牌的同类产品，但这些装备也基本是仿制模式，包括测量理论、方法和作业形式方面等，没有从无砟轨道施工精密测量的实际需求进行系统深入研发。

7.1 轨道精密测量硬件的发展和创新

本节论述的轨道精密测量硬件是指轨道精密测量标志、无砟轨道板铺设精调装备和轨道精调装备，以及相关内容。

7.1.1 轨道精密测量标志

在高速铁路建设的起始阶段，轨道施工控制的控制网称为轨道设标网，英文简称GCP，对应控制点为轨道设标点。为了适合中国高速铁路建设的体系习惯，2009年12月颁布的

《高速铁路工程测量规范》将其名称确定为轨道控制网，即中国高速铁路精密测量等级体系中的CPⅢ控制网，作为轨道施工、精调和维护的基础控制，是高速铁路工务设备验收的主要内容之一，纳入运营期工务专业检查和维保项目。

1. 装备的形式与制造

最早的轨道控制点的棱镜组件是由德国博格公司和旭普林公司推荐，由螺栓、连接杆件和棱镜组件构成。棱镜组件安装稍复杂且价格昂贵，在国内只有郑西高铁使用了这种式样，如图7-1和图7-2所示。

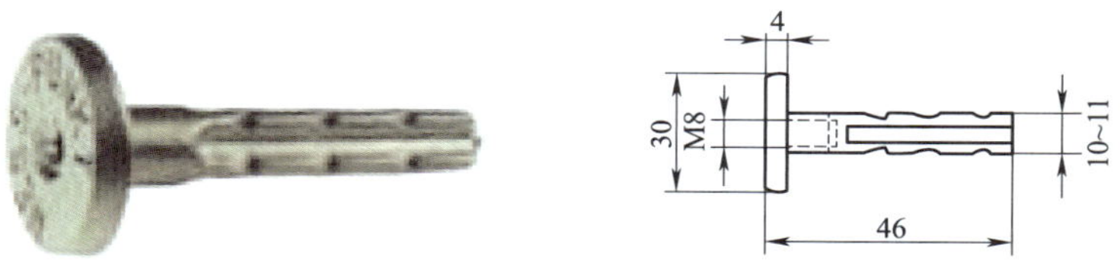

图7-1　德国博格公司和旭普林公司推荐使用的CPⅢ标志预埋组件(单位:mm)

后来，由于标志保护和使用功效等问题，于2016年进行了全部更换，重新按照铁三院研制的单轴CPⅢ套筒进行了埋设。

此式样CPⅢ组件(图7-3)的点位平面位置为轨道标记螺栓前缘的中心点，高程位置为轨道标记螺栓前缘的上侧。棱镜组件的竖直状态由一个整平水准气泡控制，棱镜中心位置的可重复性从原理上是不严格的。

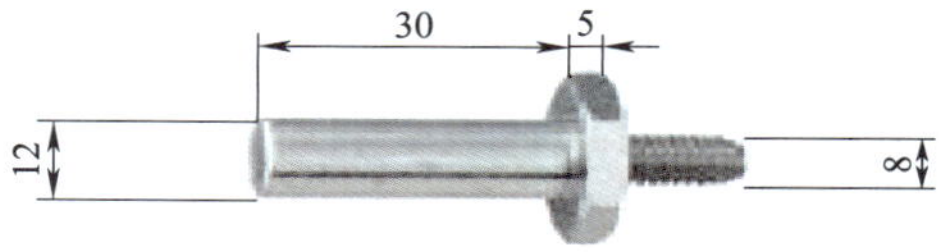

图7-2　德国博格公司和旭普林公司推荐使用的CPⅢ 轨道标记螺栓实物(单位:mm)

图7-3　德国博格公司和旭普林公司推荐使用的CPⅢ棱镜组件装配实物

2006 年，铁三院在京津城际高铁研制了简单、高效的 CPⅢ棱镜组件（图 7-4），稍有遗憾的是，由于当时德国博格公司作为咨询方，坚持认为放在防撞墙内侧影响限界，而不得已安置在了防撞墙外侧，使用不太方便。

图 7-4　京津城际高铁使用的 CPⅢ标志及安装实物

后期的京沪高铁等线路研制了插拔式和螺旋式 CPⅢ套筒，并配以相应的平面和高程测量连接杆，使 CPⅢ点成果的获取工效和使用更加方便、快捷，如图 7-5、图 7-6 所示。

图 7-5　京沪高铁使用的 CPⅢ套筒及安装实物

图 7-6　京沪高铁 CPⅢ点标识及编号实物

2. 装备的安装与施工

轨道控制网（CPⅢ）标志作为高速铁路工务设备进行管理和使用，在京津城际轨道控制网建设中尚未形成系统的安装和施工规定，只有 CPⅢ是线上永久固定标志，线上 CPⅡ还是临时转点，没有保留的要求和条件，2013 年进行了补设。后续建设的高速铁路轨道控制网点的安装和施工逐步规范，形成了统一的标准。

（1）线上 CPⅡ点的布设原则

线上 CPⅡ点应沿线路 600 m 左右布设一个，沿线路前进方向左右交替埋设于两 CPⅢ点对之间。桥梁段,线上 CPⅡ点应布设于桥梁固定端防撞墙上部;路基段,线上 CPⅡ点单独埋设于两个接触网杆之间,稳固可靠,不影响行车安全,并方便 CPⅢ平面网联测的位置;隧道段,线上 CPⅡ点布设于隧道内防撞墙上。线上 CPⅡ点标志的埋设采用预埋方式,应采用快干砂浆、水泥或者锚固剂等进行固定,确保 CPⅡ标志预埋件的稳固,标志桩头应高于桩顶面 5 mm。

(2)线上 CPⅡ点的布设方式

①桥梁段 CPⅡ点的布设

CPⅡ点宜布设在简支梁固定端距梁端 0.5 m 的桥梁防撞墙顶面上,具体如图 7-7 所示。

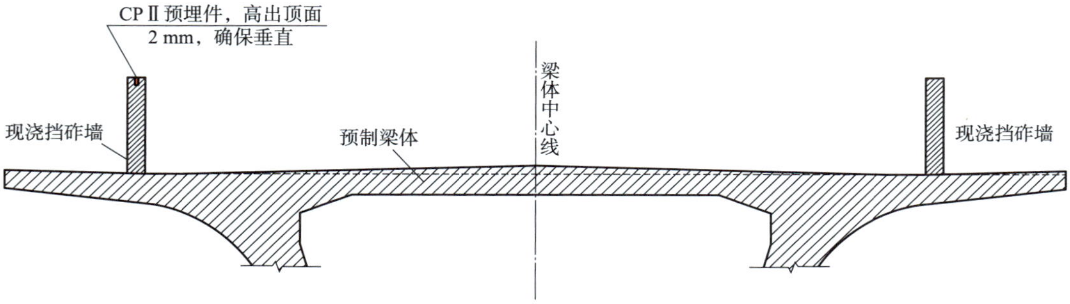

图 7-7 桥梁段线上 CPⅡ点布置示意

②路基段 CPⅡ点的布设

路基地段线上 CPⅡ点应布置在混凝土立柱上,立柱内侧边缘不应超过接触网杆内侧边缘,如图 7-8 和图 7-9 所示。

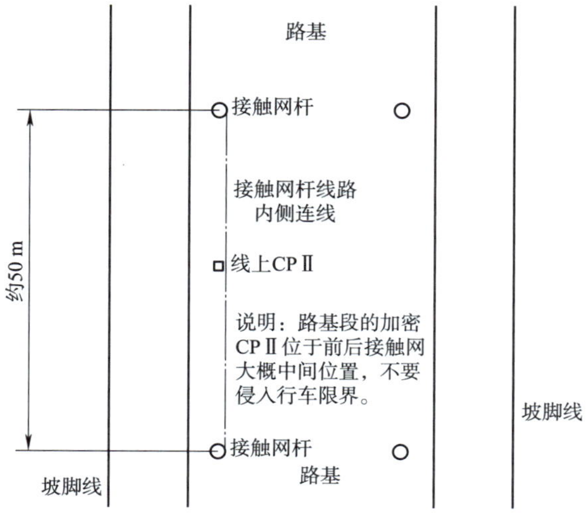

图 7-8 路基段线上 CPⅡ点俯视图

路基段线上 CPⅡ点基础直径为 50 cm,基础深度大于 1.8 m,立柱顶面与设计轨顶面大

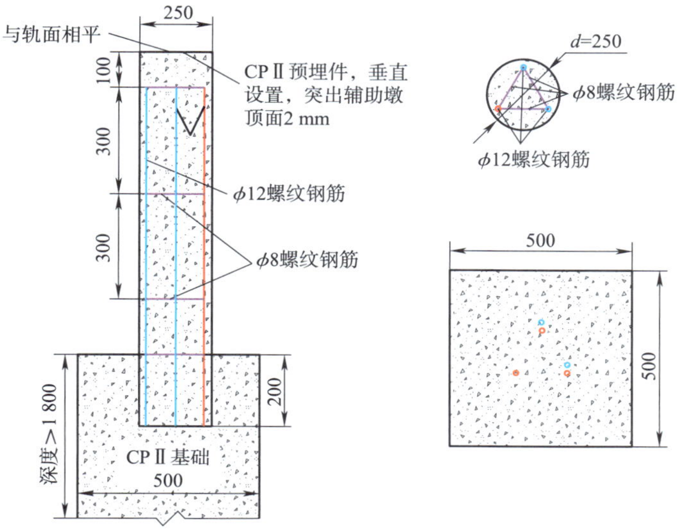

图 7-9　路基段线上 CPⅡ点基础及立柱施工尺寸及配筋(单位:mm)

致相平。在立柱施工时埋设 CPⅡ标志预埋件。

③隧道洞内 CPⅡ点的布设

考虑隧道特点,隧道洞内 CPⅡ控制网应在隧道贯通后,采用导线(网)方法进行测量。

洞内 CPⅡ点布设充分考虑后续施工的影响,布设在隧道内防撞墙顶面上,标志的埋设优先采用预埋方式,也可采用后钻孔方式,但均要采用快干砂浆、水泥或者锚固剂等进行固定,确保标志的稳固。隧道洞内 CPⅡ点俯视图如图 7-10 所示。

图 7-10　隧道洞内 CPⅡ点俯视图

(3)线上 CPⅡ点标志的形式

线上 CPⅡ点预埋件使用不生锈及不腐蚀的金属材料制作,与线下 CPⅠ、CPⅡ点标志一致，如图 7-11 所示。

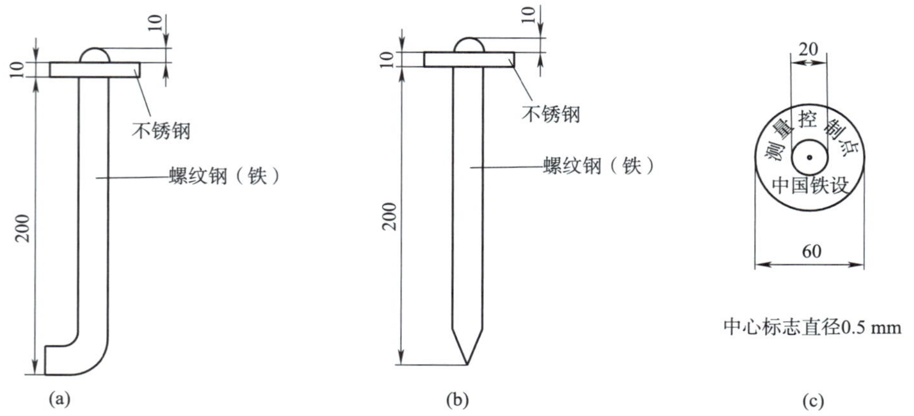

图 7-11　线上 CPⅡ点标志样式(单位:mm)

(4)线上水准基点的布设要求

线上水准基点点间距应不大于 2 km 布设一个，隧道段宜 1 km 布设一个。桥梁部分应上桥埋设，线上水准点可与线上 CPⅡ点共用。桥下水准贯通测量时，应在线上水准点对应的桥下设置临时水准点，为将高程传递到桥面上做准备。路基和站场段的线上水准基点，可以利用路基段的线上 CPⅡ点或单独埋设，隧道段可利用洞内 CPⅡ点。

(5)CPⅢ点的布设原则

CPⅢ控制点沿线路走向按 50～70 m 间隔成点对布设。每对 CPⅢ点分布于线路两侧，点位设置高度应高于设计轨顶面 0.3 m 左右，避免轨道与混凝土材质不同出现的视线扰动影响。CPⅢ点应设置在稳固、可靠、不易破坏和便于测量的地方，并应防冻、防沉降和抗移动。

CPⅢ点标志的埋设采用预埋方式，应采用快干砂浆、水泥或者锚固剂等进行固定，确保 CPⅢ标志预埋件的稳固。

(6)CPⅢ点的现场标记式样

CPⅢ点编号，路基地段应标绘于 CPⅢ标志柱内侧，标志正下方 0.2 m 处；桥梁地段应标绘于防撞墙内侧，侧面及顶面与防撞墙边缘齐；隧道段应标绘于 CPⅢ点标志下方。点号标志字号应采用统一规格字模，字高为 6 cm 的黑体字刻绘。点号铭牌白色抹底规格为 40 cm ×25 cm，红色油漆应注明工程线名简称、CPⅢ编号字样，每行居中排列，严禁采用手写标识。CPⅢ点的现场标记如图 7-12 所示。

(7)CPⅢ点的布设方式

①桥梁段 CPⅢ点的布设

CPⅢ点应布设在简支梁固定端距梁端 0.5 m 的位置。在桥梁防撞墙上，每隔 60 m 左

图 7-12　CPⅢ点标识

右水平埋设 CPⅢ测量标志，并且要求每对 CPⅢ点之间的连线应与此处线路的延伸方向大致垂直；CPⅢ预埋件布设于桥梁防撞墙上，需高于轨面 0.3 m，当防撞墙高度不满足要求时，需在防撞墙上设置辅助立柱，具体要求分别如图 7-13、图 7-14、图 7-15 所示，图示主要为我国北方地区高铁线路采用。

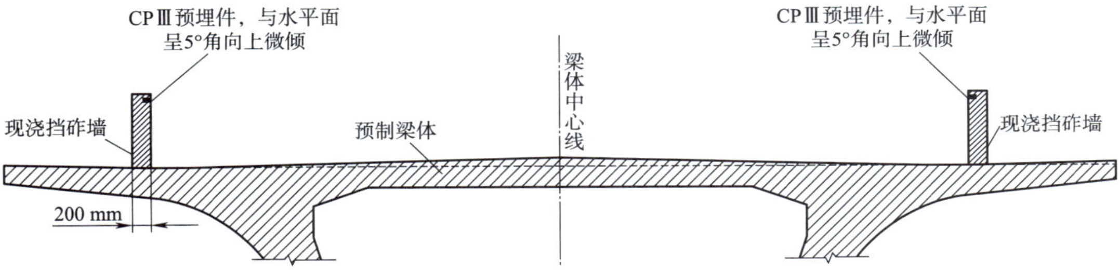

图 7-13　桥梁段 CPⅢ点布置示意

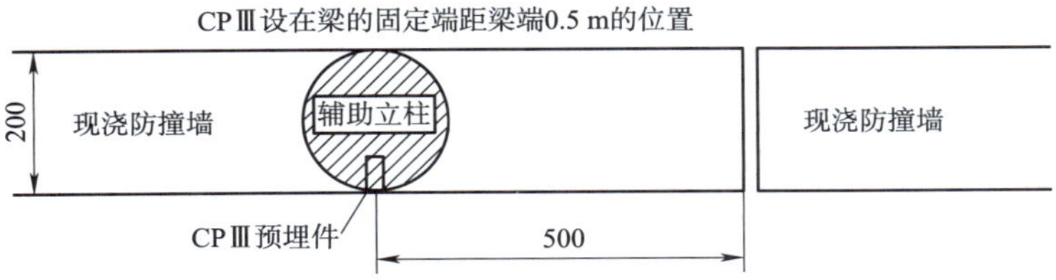

图 7-14　桥梁段 CPⅢ俯视图(单位:mm)

T 形梁段落应将 CPⅢ点设置在梁面上或者直接在固定于梁面的挡砟墙上加高，在梁固定端凿除适当的挡砟块后植筋施工辅助立柱，辅助立柱宜高于轨面 35 cm，如图 7-16 所示，图示主要为我国北方地区高铁线路采用。

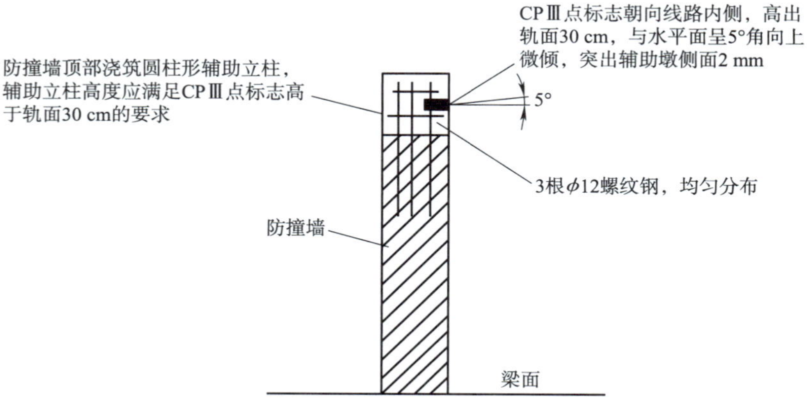

图 7-15　桥梁段 CPⅢ布筋示意

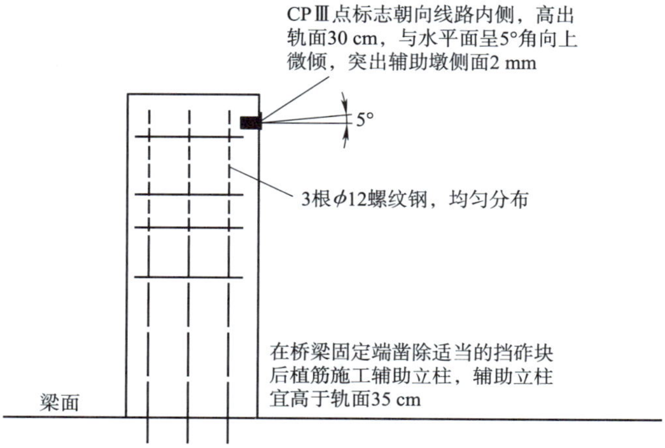

图 7-16　T 形梁部分 CPⅢ点布置示意

②路基段 CPⅢ点的布设

路基地段 CPⅢ点应布置在接触网杆基础的扩大基础的辅助混凝土立柱上，辅助立柱内侧边缘应与接触网杆内侧边缘平齐。CPⅢ点辅助立柱埋设时应与接触网施工单位沟通，避开接触网补偿下坠砣和其他设备，确定合理位置后方可埋设。路基段 CPⅢ点的布设分别如图 7-17、图 7-18、图 7-19 所示。

CPⅢ辅助立柱直径为 25 cm，辅助立柱顶面宜高于设计轨顶面 30 cm。待立柱稳定后，在侧面使用快干砂浆或锚固剂埋设 CPⅢ标志预埋件。

CPⅢ辅助立柱施工时，使用的 PVC 管应有必要的抗拉强度，能够长久正常使用，避免材料不达标出现的裂缝和断裂，以避免在运营期脱落影响列车行车安全。

③车站段 CPⅢ点的布设

在车站范围内因为股道较多、同期施工的其他工程较多，应该根据站内具体情况将 CPⅢ

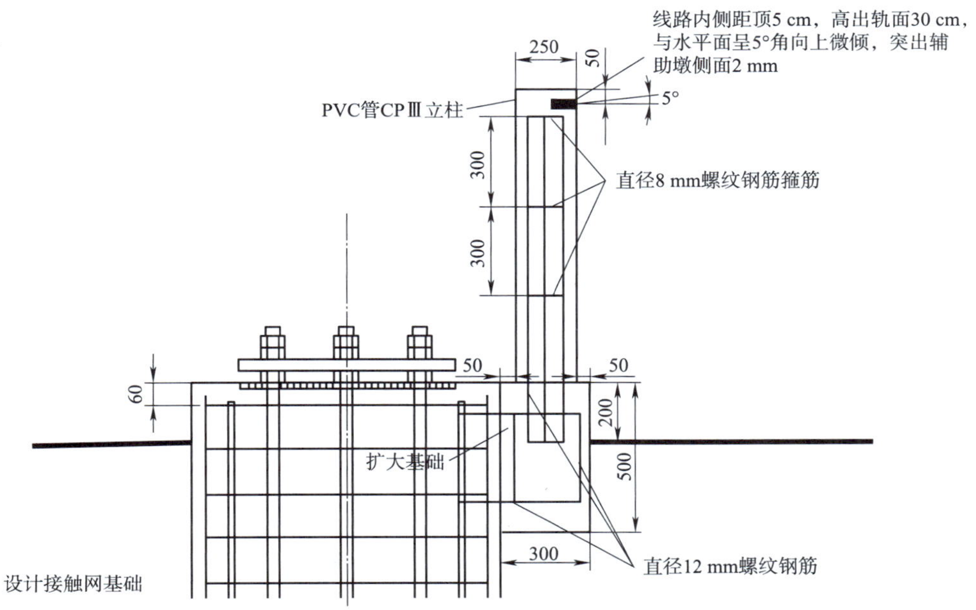

图 7-17　路基段 CPⅢ立柱侧视图(单位:mm)

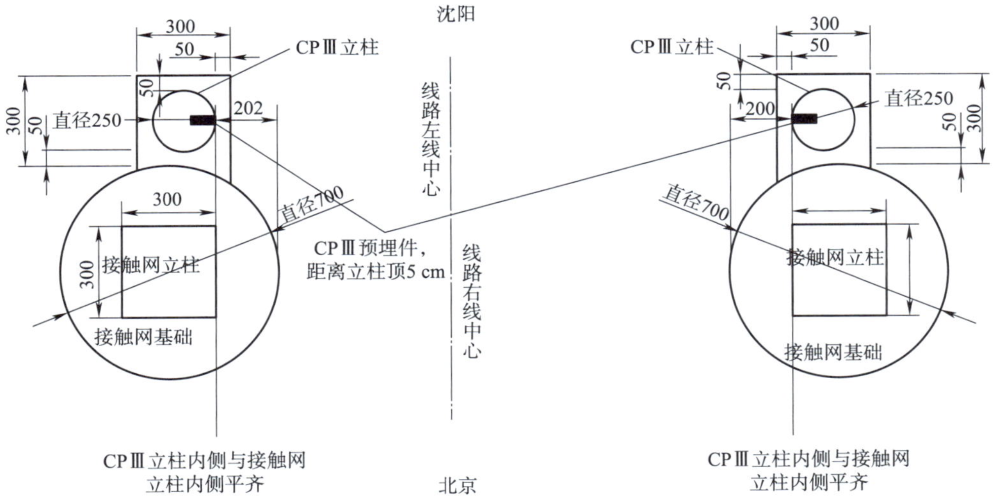

图 7-18　路基上 CPⅢ立柱俯视图(单位:mm)

点设在站房雨棚柱基础上、站台侧面或单独埋设 CPⅢ的标志桩，在同一个车站的 CPⅢ标志桩形式应统一，要保证标志点的稳定性，不影响行车安全及其他专业要求。车站 CPⅢ埋设如图 7-20 所示。

④隧道段 CPⅢ点的布设

隧道内 CPⅢ点一般布置在电缆槽上方隧道衬砌上，CPⅢ点位置需高于电缆槽顶面 30 cm

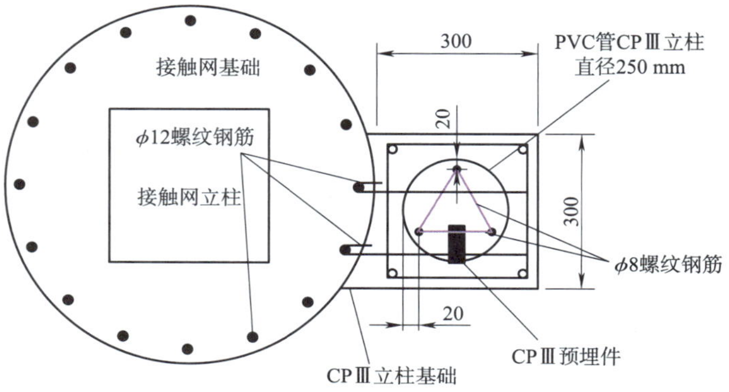

图 7-19　路基上 CPⅢ立柱基础配筋示意(单位:mm)

图 7-20　车站范围 CPⅢ点埋设实景

且保证在线路中间设立全站仪可以方便观测,相邻 CPⅢ点对纵向相距 60 m 左右,布置形式如图 7-21 所示。

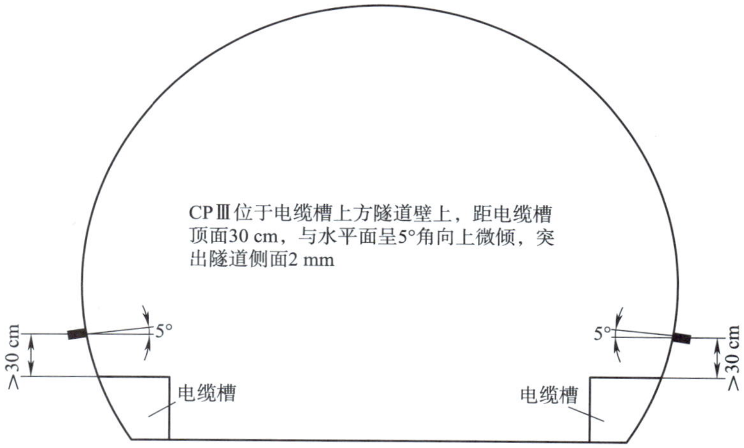

图 7-21　隧道内 CPⅢ控制点布设位置示意

7.1.2　无砟轨道板铺设精调装备

1. CRTSⅡ型板精调

CRTSⅡ型板精调系统如图 7-22 所示。

图 7-22　CRTSⅡ型板精调系统

CRTSⅡ型板的精调基准是轨道板的大钳口，其精调理念：认为轨道板是通过数控磨床精确打磨过的，轨道板大钳口的打磨误差是已知的，只要以轨道板大钳口的中心为基准，通过将大钳口的打磨误差平均分配，把轨道板精确调整到设计位置，使各相邻轨道板大钳口中心之间的相对精度达到±0.3 mm，轨道系统就达到了高平顺性。

事实上，在对轨道板进行打磨时，轨道板的小钳口、轨底坡等也存在打磨误差，并且轨道扣件、钢轨等还存在制造误差。因此，在轨道板上安装扣件，铺上钢轨后，轨道的实际位置并不严格位于设计位置，客观地讲，轨道系统的实际精度并不高。

在京沪高铁建设时，中铁十五局集团有限公司提出以轨道设计位置为基准，直接对轨道系统进行精调。基本原理：以轨道设计位置为基准，直接利用轨道控制网（CPⅢ网），将轨道系统精确测设、调整到设计位置。其实质是通过调整轨道位置间接调整轨道板，突出特点是调轨，关注的是承轨槽与承轨槽之间的相对精度。轨道模拟装置相当于钢轨，棱镜的反射中心相当于钢轨的轨顶中心。精调时，棱镜中心就是模拟的轨道上的特征点，如图 7-23 所示。

2. CRTSⅠ型板和 CRTSⅢ型板精调

之后的 CRTSⅠ型板和 CRTSⅢ型板精调均采用了模拟钢轨面中心的理念。例如：DT-CRTS-03 是大铁检测在 CRTSⅠ型板及 CRTSⅡ型板的精调系统基础上，针对 CRTSⅢ型板的结构特性及施工工艺、调板要求结合精调软件研发出的一套精调标架，如图 7-24 所示。该标架采用 CNC 加工，精度高，结构巧妙，使得测量精度有保障。一套标架共有 7 只，其中

图 7-23　自定心钢轨模拟装置

图 7-24　CRTSⅢ型板精调标架(板凳)

一只作为校准用的基础标架，每一个标架都有 RFID 身份识别，方便信息化管理。

7.1.3　轨道精调装备

轨道精调装备的核心设备称为轨道几何状态测量仪，由轨距测量传感器、超高测量传感器、机身棱镜及手持 PDA 组成的测量小车和高精度全站仪、无线通信单元等组成，是检测铁路轨道内部几何状态(轨距、水平、轨向、高低、正矢扭曲)和外部几何状态(轨道中线偏差、高程偏差)的测量装置，是高速铁路道床结构的铺设、长轨铺设、长钢轨精调和后期工务轨道养护维修的基本装备。

最早引进中国的有德国的 GEDO CE 轨检小车(图 7-25)和瑞士安博格轨检小车(分为 GRP1000、GR3000、GRP5000 等系列)，这两个品牌的轨道精调装备在国际上均有一定的业务数量。

中国高铁建设起步之初，国内的科研院所和科技研发机构按照“引进、消化、吸收、再创新”的思路研制了中国制造的轨道测量系统，系统在测量原理、装备布局和功能增强方面均有较多创新。代表性的有江西日月明测控科技股份有限公司、中国铁设(图 7-26)、广州南方测绘科技股份有限公司、长沙悦诚机电科技有限公司和中铁工程设计咨询集团有限公司(简称“中铁设计”)(图 7-27)研发制造的轨检小车。

图 7-25　GEDO CE 测量小车

图 7-26　中国铁设轨道检测仪

图 7-27　中铁设计轨道检测仪

1. 产品特点

(1)自动测量线路坐标、高程、轨距、水平等轨道几何状态参数。

(2)自动分析计算线路中线坐标、左右轨坐标、左右轨面高程、轨向、高低和扭曲等几何状态参数。

(3)根据线路测量数据进行轨道调整量分析计算。

(4)自动进行轨道平顺性评价分析和评定结果的统计。

(5)自动进行轨道测量结果的报表输出。

2. 适用范围

上述轨道检测仪的适用范围表现在以下三个方面：

(1)轨道几何参数测量

静态检测客运专线轨道的几何状态。可以测量轨道的中线坐标、轨面高程、轨距、超高、里程、扭曲等参数，并在以上参数的基础上，自动计算出轨道的轨向、高低等平顺性指标。

(2)轨道调整量计算

基于测量的轨道几何参数,计算并优化轨道的平面和高程调整量,指导精调施工作业,优化轨向、高低、轨距、水平、超高等平顺性指标。

(3)轨道维护

准确查找出需要进行维修的里程点,灵活有效地测量当前轨道线形和几何参数,并与标准设计进行比较,自动生成校正数据列表。对有砟轨道捣固车,可根据轨道测量生成的数据报表自动进行捣固施工。

7.2 轨道精密测量软件的发展和创新

本节论述的轨道精密测量软件主要包括:轨道控制网(CPⅢ)测量全站仪机载软件、精密工程测量平差软件、无砟轨道板精调系统、无轨道板尺寸快速智能检测系统、高速铁路工程沉降数据处理与评估分析系统,并介绍相关研发的软件的概要内容。

7.2.1 CPⅢ测量全站仪机载软件

在中国高速铁路建设的测量实践中,具有伺服马达功能的测量机器人广泛采用,而瑞士徕卡公司生产的系列智能型全站仪以其测量精度稳定、抗环境干扰能力强等特点占据了高铁测量领域的大部分江山。本节着重介绍基于徕卡 Viva 操作系统的机载数据采集和测站指标检核软件的研发结果。

1. Viva 系统介绍

Viva 系统也叫 SmartWorx,是以微软 Win CE 为平台开发出来的一套用于徕卡测量设备的用户操作界面,如图 7-28 所示。

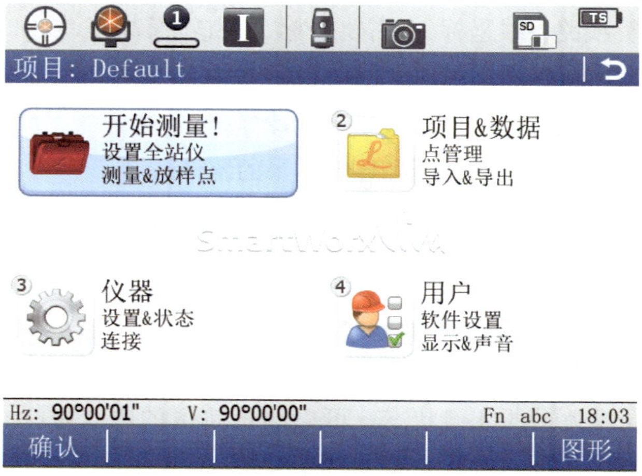

图 7-28 Viva 主界面

Viva 系统与 Vxworks 系统(Vxworks 系统的测量设备已停产)相比具有以下优点:兼容性更强、对图像支持得更好、Viva 系统测量程序界面更友好、硬件支持功能更强大,但也存在以下缺点:稳定性不如 Vxworks 系统、Viva 系统测量设备开机时间更长。

2. Viva 二次开发平台

Viva 二次开发平台安装完成后进行环境变量设置、类和函数封装、文字库编辑、创建工程项目,之后可以在 Viva 系统(SmartWorx)下开发全站仪的机载软件。

3. CPⅢ外业数据采集软件

轨道控制网 CPⅢ测量采集的数据信息为观测目标的水平方向、竖直方向和斜距,以及每测站的气压和温度信息。从配置/测量、数据查看、数据输出、测站间限差比较等几个方面设计 CPⅢ外业数据采集软件主菜单,如图 7-29 所示。

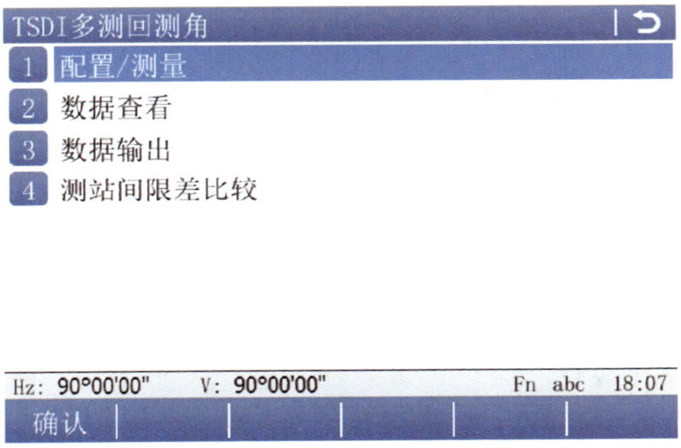

图 7-29　CPⅢ外业数据采集软件主菜单

(1)配置

本模块主要用来进行一些外业观测的参数设置、学习测量以及自动观测。

①基本设置

基本设置如图 7-30 所示。

本软件支持全自动、半自动以及手动三种模式的观测,如图 7-31 所示。

本软件中学习点获取方式,可以通过人工照准、自由设站搜索(CPⅢ复测适用)、定向文件导入(变形监测适用)三种方式获得,如图 7-32 所示。

②水平方向观测值限差设置

该限差值主要用来检查水平方向观测数据的质量,在数据超限时,软件会提示是否重新观测某一测回或者重新观测所有测回,如图 7-33 所示。

③垂直方向观测值限差设置

该限差值主要用来检查垂直方向观测数据的质量,在数据超限时,软件会提示是否重新观测某一测回或者重新观测所有测回,如图 7-34 所示。

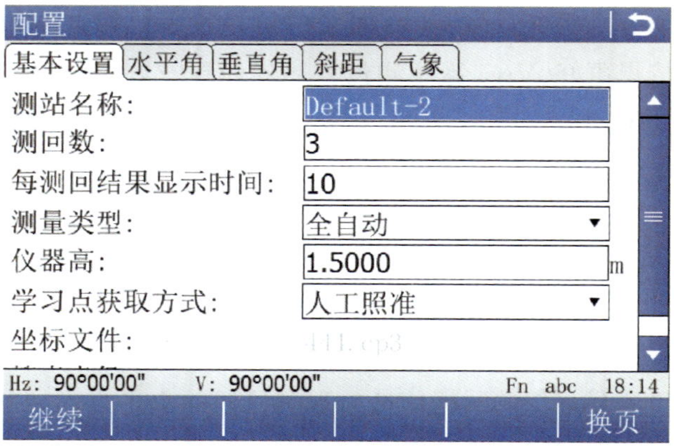

图 7-30　基本设置

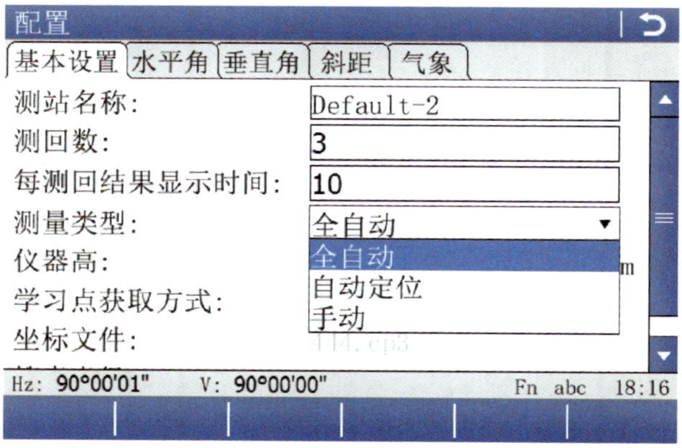

图 7-31　观测方式

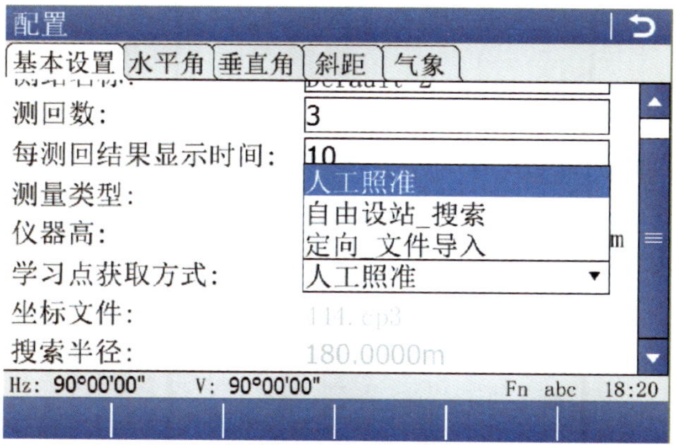

图 7-32　学习点获取方式

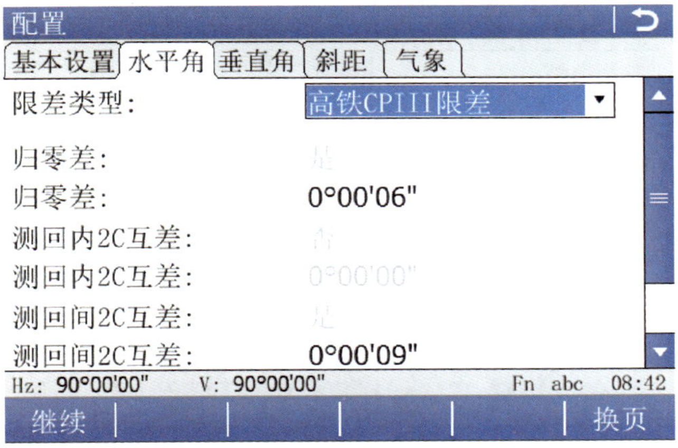

图 7-33　水平方向观测限差设置

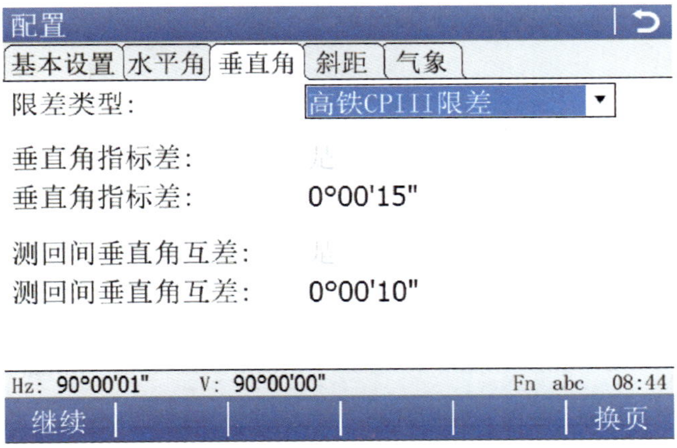

图 7-34　垂直方向观测限差设置

④斜距观测值限差设置

该限差值主要用来检查距离观测数据的质量，在数据超限时，软件会提示是否重新观测某一测回或者重新观测所有测回，如图 7-35 所示。

⑤气象值设置

气象值主要用来对测距进行气象改正，如图 7-36 所示。

(2)测量

①学习测量

所有配置完成后，即可进行学习测量。学习点列表界面如图 7-37 所示。

在学习点列表中可进行下列操作：增加学习点、删除学习点、插入学习点、编辑学习点，如图 7-38 所示。

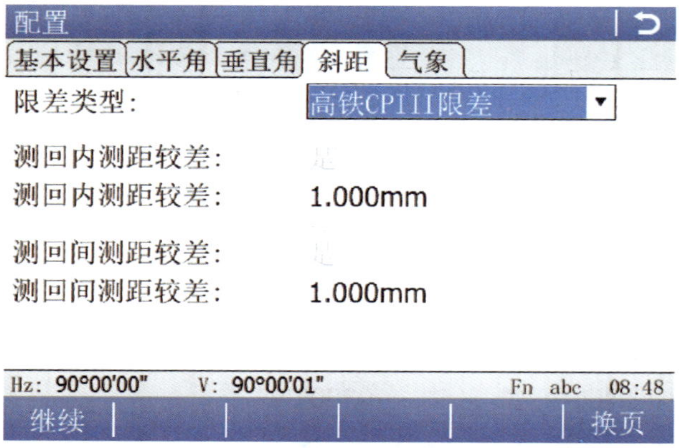

图 7-35　斜距观测值限差设置

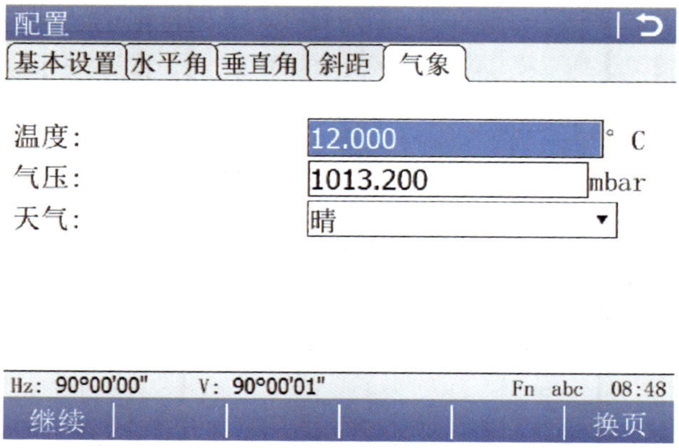

图 7-36　气象值设置

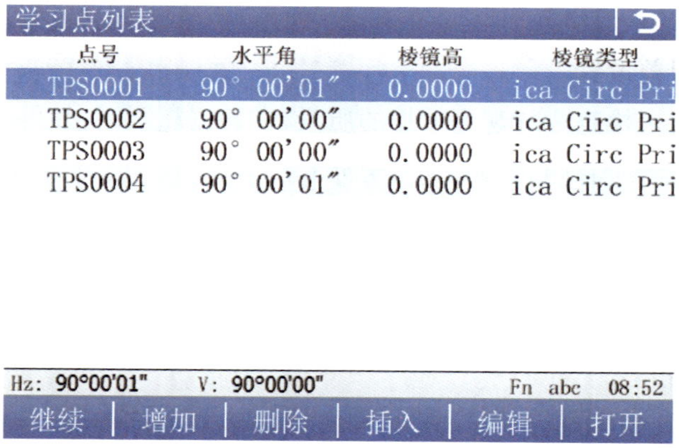

图 7-37　学习点列表界面

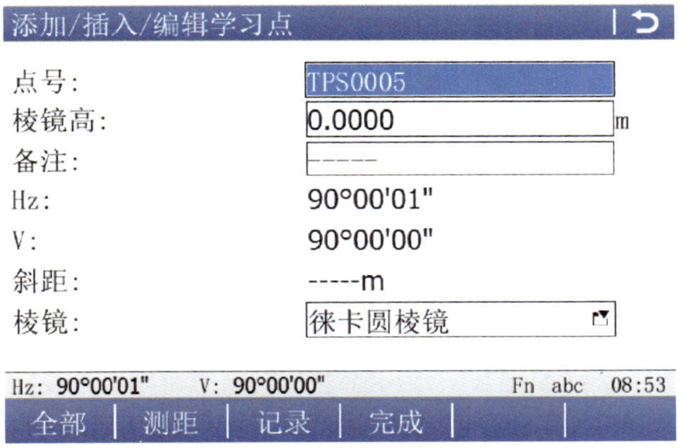

图 7-38　增加、插入、编辑学习点

②自动测量

在学习点完成后，即可进行自动观测，如图 7-39 所示。

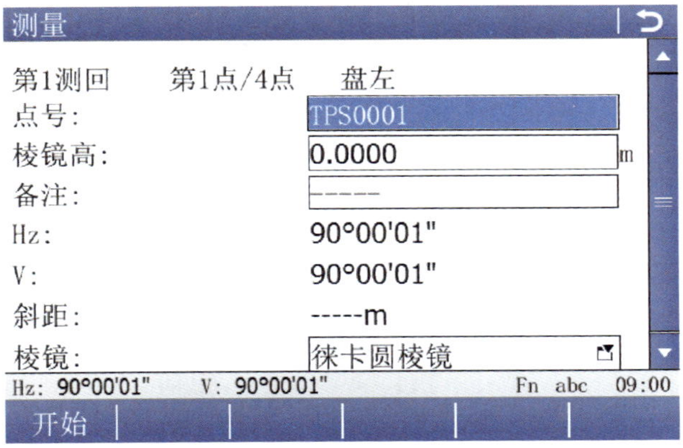

图 7-39　自动观测界面

(3)限差检查

每测回测量完毕，软件会检查该测回的数据是否合格，如图 7-40 所示。

在所有的测回测量完毕后，会对所有的数据进行质量检查，如图 7-41 所示。

(4)数据查看

本模块主要用来检查外业观测的原始测量数据，如图 7-42～图 7-44 所示。

(5)数据输出

本模块主要用来将外业观测的原始测量数据输出到 SD 卡，如图 7-45 所示。

(6)测站间限值比较

本模块主要用来比较相邻的两个具有公共点的测站，如图 7-46 所示。

检查两个相邻测站间 CPⅢ边长之差称之为 CPⅢ弦长较差检查，如图 7-47 所示。

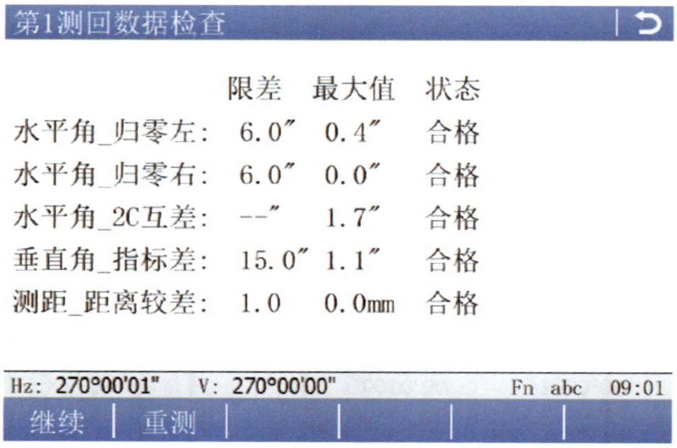

图 7-40 某测回数据检查

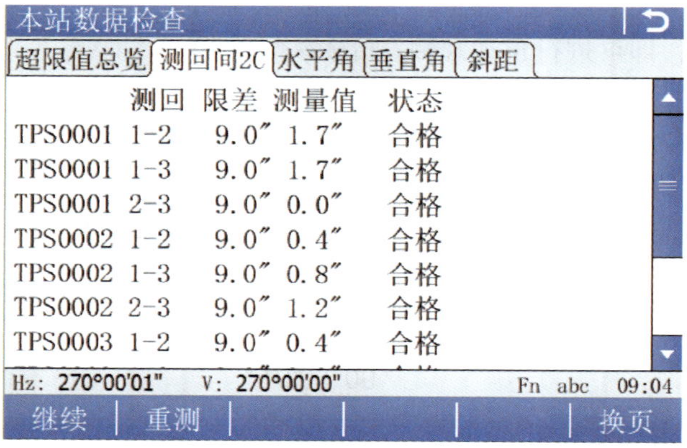

图 7-41 测站所有数据质量检查

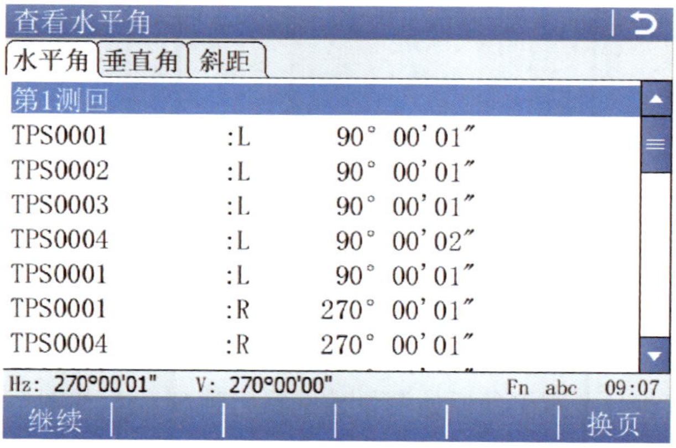

图 7-42 原始数据查看-水平方向观测值

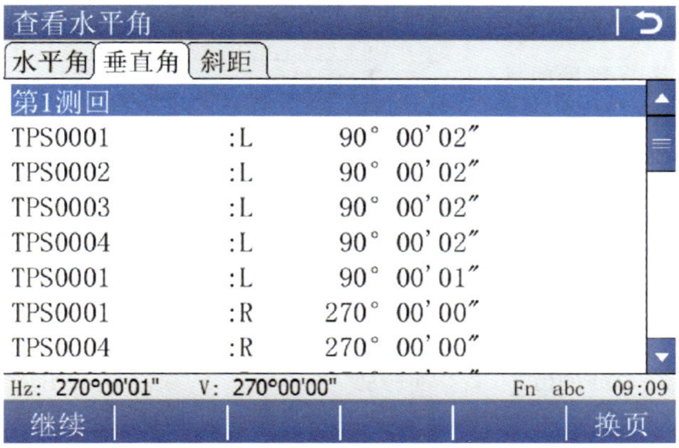

图 7-43　原始数据查看-垂直方向观测值

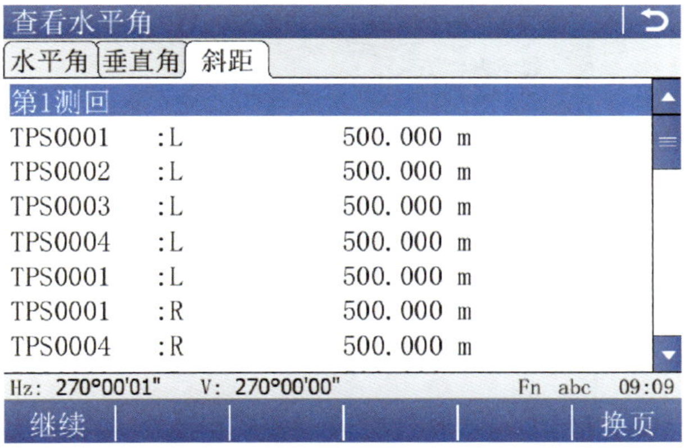

图 7-44　原始数据查看-斜距观测值

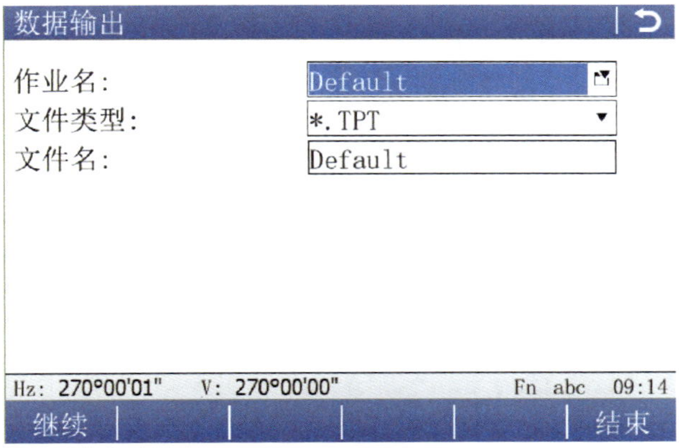

图 7-45　原始数据输出

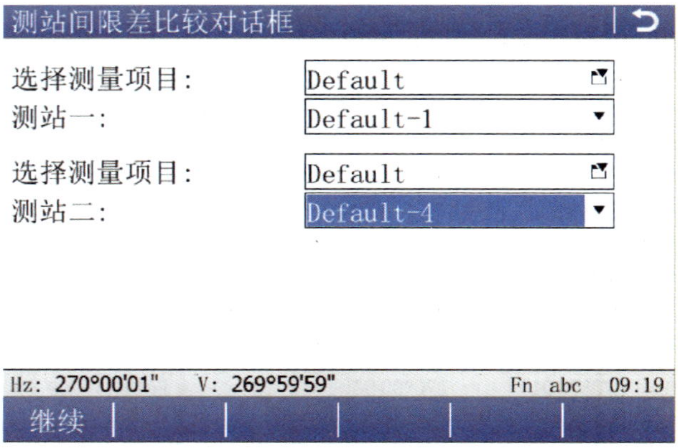

图 7-46　测站间限差比较

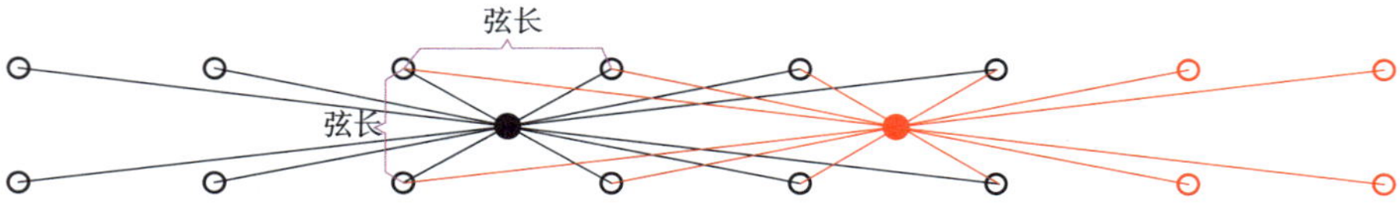

图 7-47　CPⅢ弦长较差检查

由于 CPⅢ测量中，一个点被观测多次，因此相邻两 CPⅢ点在不同的测站中均可计算距离（弦长），比较不同测站间的弦长是一种发现不合格数据的有效手段。

7.2.2　精密工程测量平差软件

外业采集经测站检查合格的站观测数据在内业首先完成测站平差，包括相关指标差的检查（图 7-48）、测站绘图（图 7-49）、测站平差文件的输出（图 7-50）以及测量边长的改化。

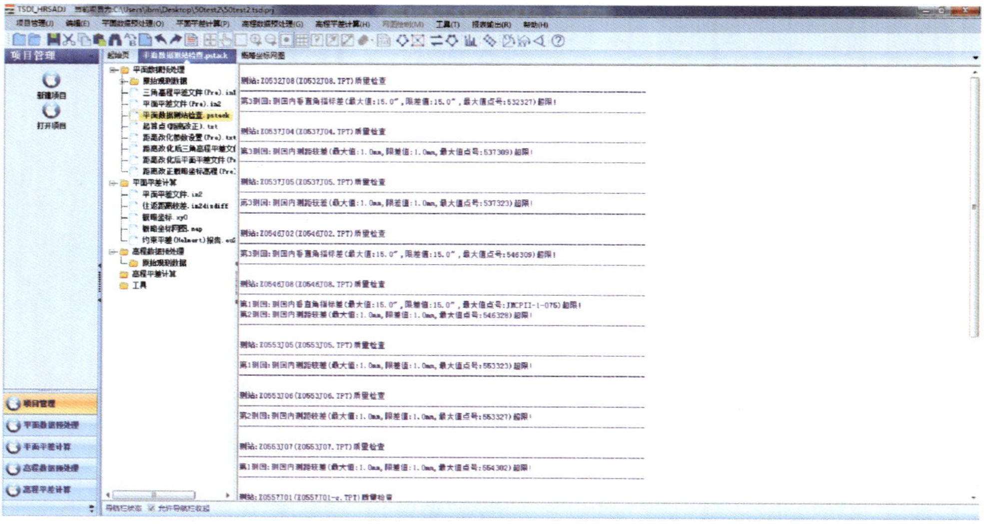

图 7-48　平面观测数据质量检查

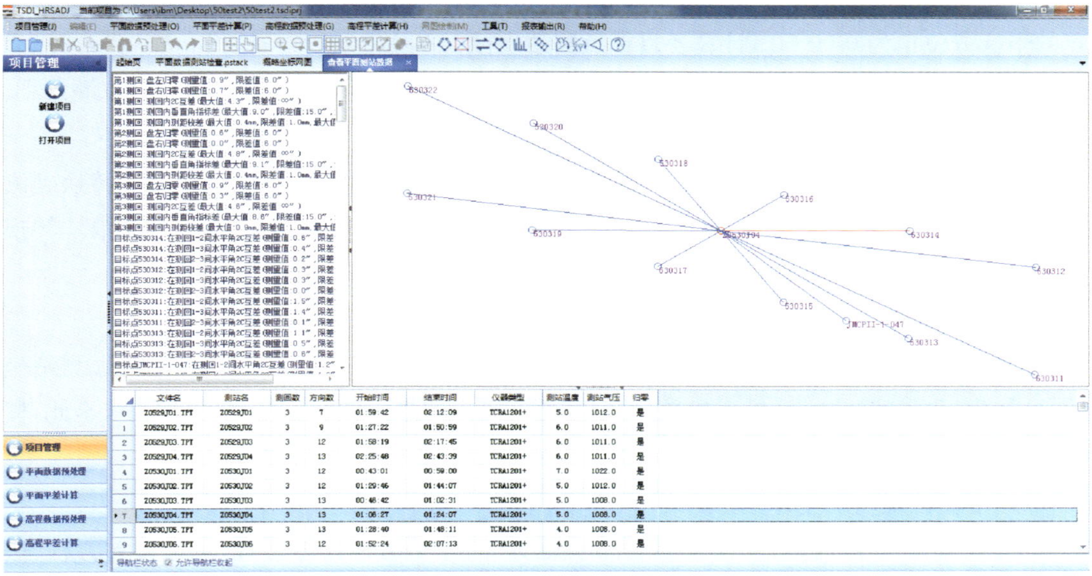

图 7-49　查看平面测站数据

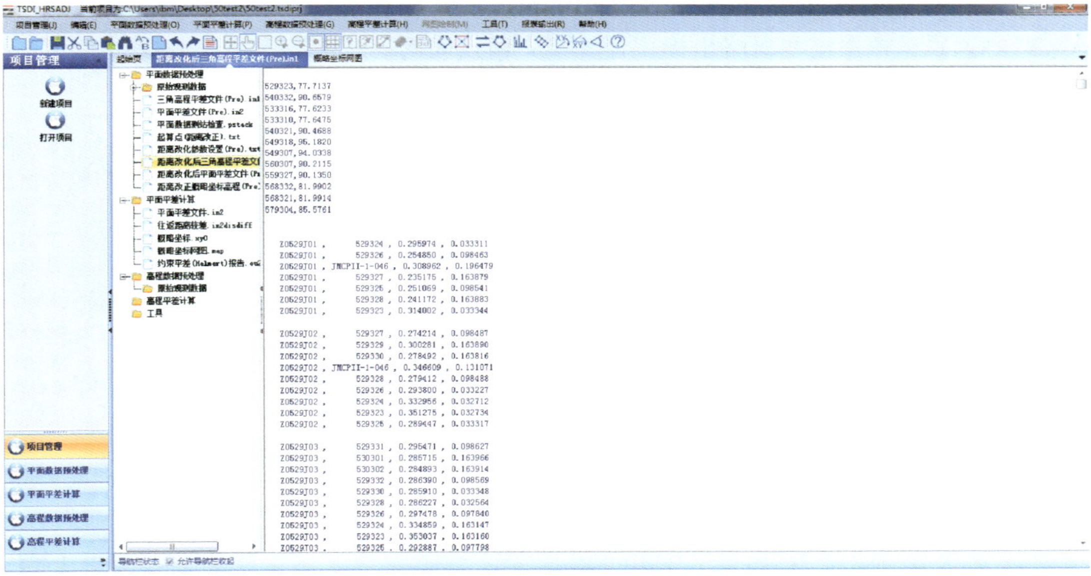

图 7-50　输出测站平差文件

1. 轨道控制网数据处理与平差计算理论和方法

(1)平面控制网概略坐标推算方法

平面控制网概略坐标推算的核心方法为四参数坐标变换、递归算法。方法如下：

步骤 1:任意取一测站(命名为 A),令该测站点坐标为(0,0),令该测站点至某一个目标点的坐标方位角为 0°00′00″,计算各目标点测站坐标;

步骤 2:搜索与测站 A 有公共点的测站 B、C、D 等,计算所有搜索出来的测站(测站 B、C、D 等)的测站坐标;

步骤 3:根据测站 A 与测站 B 之间的公共点,将测站 B 的坐标通过四参数法转换到测站 A 的测站坐标系下,然后再通过与测站 C 的公共点,将测站 C 的坐标通过四参数法转换到测站 A 的测站坐标系下,依次进行计算,直至所有搜索出来的测站计算完毕;

步骤 4:通过递归算法,重复 1、2、3 步的工作,直至所有的测站计算完毕;

步骤 5:至此步,所有测点的坐标均在同一坐标系下,通过已知点的两套坐标(测站坐标、已知坐标),计算坐标变换四参数,然后将所有测点的坐标转换到已知坐标系下,至此,概略坐标推算完毕。

(2)平面控制网平差计算方法

平面控制网平差计算方法从以下几个方面介绍:水平方向误差方程、测边误差方程、法方程、Helmert 定权、秩亏自由网平差。

①测角误差方程

在图 7-51 中,j、k 是两个待定点,它们的概略坐标为 X_j^0、Y_j^0,X_k^0、Y_k^0。根据这些概略坐标可计算 j、k 两点间的近似坐标方位角 α_{jk}^0 和近似边长 S_{jk}^0。设这两点概略坐标的改正数分别为 $\hat{x}_j$、$\hat{y}_j$、$\hat{x}_k$ 和 $\hat{y}_k$,即

$$\begin{cases}\hat{X}_j = X_j^0 + \hat{x}_j \\ \hat{Y}_j = Y_j^0 + \hat{y}_j\end{cases},\begin{cases}\hat{X}_k = X_k^0 + \hat{x}_k \\ \hat{Y}_k = Y_k^0 + \hat{y}_k\end{cases} \tag{7-1}$$

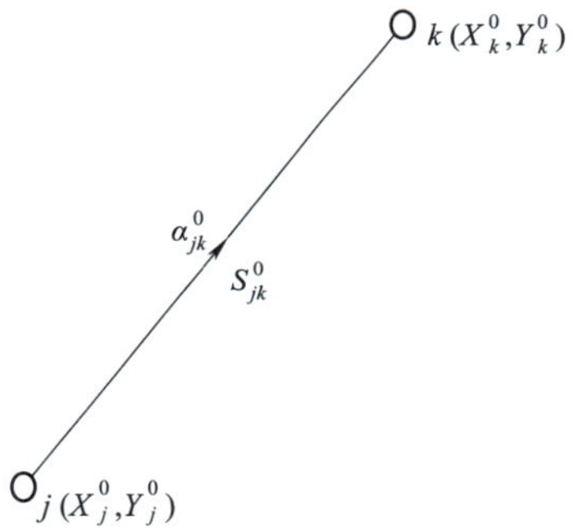

图 7-51　方向观测示意

由概略坐标改正数引起的近似坐标方位角的改正数为 $\delta_{\alpha_{jk}}$,即

$$\hat{\alpha}_{jk} = \alpha_{jk}^0 + \delta_{\alpha_{jk}} \tag{7-2}$$

现求坐标改正数 $\hat{x}_j$、$\hat{y}_j$、$\hat{x}_k$ 和 $\hat{y}_k$ 与坐标方位角改正数 $\delta_{\alpha_{jk}}$ 之间的线性关系。

根据图 7-51 可以写出

$$\hat{\alpha}_{jk} = \arctan\frac{(Y_k^0 + \hat{y}_k) - (Y_j^0 + \hat{y}_j)}{(X_k^0 + \hat{x}_k) - (X_j^0 + \hat{x}_j)} \tag{7-3}$$

将式(7-3)右端按泰勒公式展开,得

$$\hat{\alpha}_{jk} = \arctan\frac{Y_k^0 - Y_j^0}{X_k^0 - X_j^0} + \left(\frac{\partial\hat{\alpha}_{jk}}{\partial\hat{X}_j}\right)_0\hat{x}_j + \left(\frac{\partial\hat{\alpha}_{jk}}{\partial\hat{Y}_j}\right)_0\hat{y}_j + \left(\frac{\partial\hat{\alpha}_{jk}}{\partial\hat{X}_k}\right)_0\hat{x}_k + \left(\frac{\partial\hat{\alpha}_{jk}}{\partial\hat{Y}_k}\right)_0\hat{y}_k \tag{7-4}$$

式(7-4)中,右边第一项就是由概略坐标算得的近似方位角 α_{jk}^0,对照式(7-2)可知:

$$\delta_{\alpha_{jk}} = \left(\frac{\partial \hat{\alpha}_{jk}}{\partial \hat{X}_j}\right)_0 \hat{x}_j + \left(\frac{\partial \hat{\alpha}_{jk}}{\partial \hat{Y}_j}\right)_0 \hat{y}_j + \left(\frac{\partial \hat{\alpha}_{jk}}{\partial \hat{X}_k}\right)_0 \hat{x}_k + \left(\frac{\partial \hat{\alpha}_{jk}}{\partial \hat{Y}_k}\right)_0 \hat{y}_k \tag{7-5}$$

其中

$$\left(\frac{\partial \hat{\alpha}_{jk}}{\partial \hat{X}_j}\right)_0 = \frac{\dfrac{Y_k^0 - Y_j^0}{(X_k^0 - X_j^0)^2}}{1 + \dfrac{Y_k^0 - Y_j^0}{(X_k^0 - X_j^0)^2}} = \frac{Y_k^0 - Y_j^0}{(X_k^0 - X_j^0)^2 + (Y_k^0 - Y_j^0)^2} = \frac{\Delta Y_{jk}^0}{(S_{jk}^0)^2} \tag{7-6}$$

同理可得

$$\left(\frac{\partial \hat{\alpha}_{jk}}{\partial \hat{Y}_j}\right)_0 = -\frac{\Delta X_{jk}^0}{(S_{jk}^0)^2} \tag{7-7}$$

$$\left(\frac{\partial \hat{\alpha}_{jk}}{\partial \hat{X}_k}\right)_0 = -\frac{\Delta Y_{jk}^0}{(S_{jk}^0)^2} \tag{7-8}$$

$$\left(\frac{\partial \hat{\alpha}_{jk}}{\partial \hat{Y}_k}\right)_0 = \frac{\Delta X_{jk}^0}{(S_{jk}^0)^2} \tag{7-9}$$

将式(7-6)～式(7-9)结果代入式(7-5),并顾及全式得

$$\delta''_{\alpha_{jk}} = \frac{\rho \Delta Y_{jk}^0}{(S_{jk}^0)^2} \hat{x}_j - \frac{\rho \Delta X_{jk}^0}{(S_{jk}^0)^2} \hat{y}_j - \frac{\rho \Delta Y_{jk}^0}{(S_{jk}^0)^2} \hat{x}_k + \frac{\rho \Delta X_{jk}^0}{(S_{jk}^0)^2} \hat{y}_k \tag{7-10}$$

式(7-10)中,$\rho = 206\ 265''$,即 1 弧度对应的秒值。

②测距误差方程

在图 7-52 中,测得待定点间的边长 L_i,设待定点的坐标平差值 $\hat{X}_j$、$\hat{Y}_j$、$\hat{X}_k$ 和 $\hat{Y}_k$ 为未知参数。

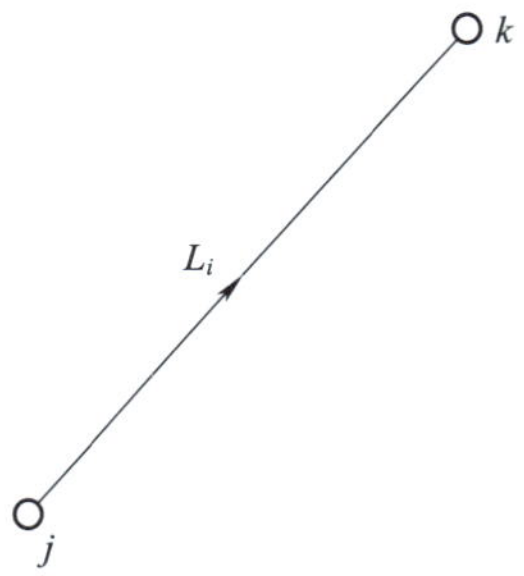

图 7-52　距离观测示意

根据式(7-1),由图 7-52 可写出 $\hat{L}_i$ 的平差值方程为

$$\hat{L}_i = L_i + v_i = \sqrt{(\hat{X}_k - \hat{X}_j)^2 + (\hat{Y}_k - \hat{Y}_j)^2} \tag{7-11}$$

按泰勒公式展开,得

$$L_i + v_i = S_{jk}^0 + \frac{\Delta X_{jk}^0}{S_{jk}^0}(\hat{x}_k - \hat{x}_j) + \frac{\Delta Y_{jk}^0}{S_{jk}^0}(\hat{y}_k - \hat{y}_j) \tag{7-12}$$

其中

$$\Delta X_{jk}^0 = X_k^0 - X_j^0, \Delta Y_{jk}^0 = Y_k^0 - Y_j^0 \tag{7-13}$$

$$S_{jk}^0 = \sqrt{(X_k^0 - X_j^0)^2 + (Y_k^0 - Y_j^0)^2} \tag{7-14}$$

令

$$l_i = L_i - S_{jk}^0 \tag{7-15}$$

由式(7-12)可得测距误差方程为

$$v_i = -\frac{\Delta X_{jk}^0}{S_{jk}^0} \hat{x}_j - \frac{\Delta Y_{jk}^0}{S_{jk}^0} \hat{y}_j + \frac{\Delta X_{jk}^0}{S_{jk}^0} \hat{x}_k + \frac{\Delta Y_{jk}^0}{S_{jk}^0} \hat{y}_k - l_i \tag{7-16}$$

③法方程

将水平方向误差方程、测距误差方程写为矩阵形式为

$$\boldsymbol{V} = \boldsymbol{B}\hat{\boldsymbol{x}} - \boldsymbol{l} \tag{7-17}$$

式中 $\boldsymbol{B}$——误差方程的系数；

$\boldsymbol{V}$——观测值的改正数；

$\boldsymbol{l}$——观测值与泰勒展开 0 阶项之差，即 $L-f(X^0)$。

按最小二乘原理，式(7-17)的$\hat{\boldsymbol{x}}$必须满足$\boldsymbol{V}^{\mathrm{T}}\boldsymbol{P}\boldsymbol{V}=\min$ 的要求，得

$$\frac{\partial \boldsymbol{V}^{\mathrm{T}}\boldsymbol{P}\boldsymbol{V}}{\partial \hat{x}} = 2\boldsymbol{V}^{\mathrm{T}}\boldsymbol{P}\frac{\partial \boldsymbol{V}}{\partial \hat{\boldsymbol{x}}} = \boldsymbol{V}^{\mathrm{T}}\boldsymbol{P}\boldsymbol{B} = \boldsymbol{O} \tag{7-18}$$

转置后得

$$\boldsymbol{B}^{\mathrm{T}}\boldsymbol{P}\boldsymbol{V} = \boldsymbol{O} \tag{7-19}$$

解此基础方程，消除 $\boldsymbol{V}$，得法方程为

$$\boldsymbol{B}^{\mathrm{T}}\boldsymbol{P}\boldsymbol{B}\hat{\boldsymbol{x}} - \boldsymbol{B}^{\mathrm{T}}\boldsymbol{P}\boldsymbol{l} = \boldsymbol{O} \tag{7-20}$$

解法方程得到平差坐标为

$$\hat{\boldsymbol{x}} = (\boldsymbol{B}^{\mathrm{T}}\boldsymbol{P}\boldsymbol{B})^{-1}\boldsymbol{B}^{\mathrm{T}}\boldsymbol{P}\boldsymbol{l} \tag{7-21}$$

④Helmert 定权

根据先验方差进行第一次定权，即

$$P_{\beta} = \frac{\sigma_0^2}{\sigma_{\beta}^2} = 1 \tag{7-22}$$

$$P_{s} = \frac{\sigma_0^2}{\sigma_{s}^2} \tag{7-23}$$

式中 P_{β}——水平方向观测值权值；

P_{s}——距离观测值权值；

σ_0——单位权中误差；

σ_{β}——水平方向测量中误差；

σ_{s}——测距中误差。

平差计算估计出水平方向、距离单位权方差分别为 $\hat{\sigma}_{\beta}^2$、$\hat{\sigma}_{s}^2$，进行再次定权，得

$$P_{\beta} = \frac{\sigma_0^2}{\hat{\sigma}_{\beta}^2} = 1 \tag{7-24}$$

$$P_{s} = \frac{\sigma_0^2}{\hat{\sigma}_{s}^2} \tag{7-25}$$

然后再进行平差计算，估计水平方向、距离单位权方差，再次定权，如此迭代平差计算，直至水平方向、距离单位权方差 $\hat{\sigma}_{\beta}^2$、$\hat{\sigma}_{s}^2$ 相等，停止迭代计算。

⑤秩亏自由网平差

秩亏自由网平差的误差方程为 $\boldsymbol{V}=\boldsymbol{B}\hat{\boldsymbol{x}}-\boldsymbol{l}$，由于没有已知点限制条件，秩亏损，法方程具有无穷多组解。为了使法方程具有唯一解，采用重心基准(即平差前所有点概略坐标的平

均值与平差后所有点平差坐标的平均值相等)进行限制,填补秩亏。

采用重心基准,基准权设为单位阵,$\boldsymbol{P}_x=\boldsymbol{E}$,平差模型为

$$\begin{cases}\boldsymbol{V}=\boldsymbol{B}\hat{\boldsymbol{x}}-\boldsymbol{l}\\ \boldsymbol{S}^{\mathrm{T}}\hat{\boldsymbol{x}}=\boldsymbol{O}\\ \boldsymbol{V}^{\mathrm{T}}\boldsymbol{P}\boldsymbol{V}=\min\end{cases} \tag{7-26}$$

2. 高程控制网的平差方法

高程控制网的平差方程为

$$L_i+v_i=-\hat{X}_{i1}+\hat{X}_{i2} \tag{7-27}$$

式中　L_i——高差观测值;

v_i——改正数;

X_{i1},X_{i2}——相邻两待求点高程。

写成矩阵形式为 $\boldsymbol{V}=\boldsymbol{B}\hat{\boldsymbol{x}}-\boldsymbol{l}$。

高程控制网间接平差通过各个测段的距离倒数定权,组成法方程、法方程求解的方法与平面控制网类似,这里不再赘述。

3. CPⅢ三角高程的计算方法

(1)CPⅢ平面网测量方法

CPⅢ平面网采用自由测站的方式进行测量,每站测量 6 对 CPⅢ点,每站测量完毕,向前移动 2 对 CPⅢ点,这样可保证每个 CPⅢ点至少被测量 3 次,如图 7-53 所示。

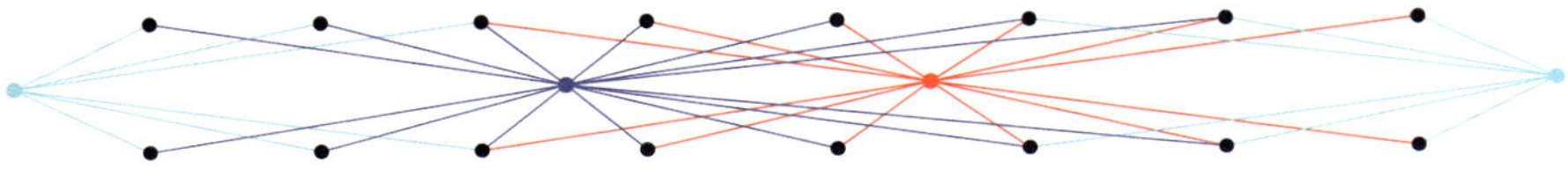

图 7-53　CPⅢ平面网自由测站测量示意

CPⅢ高程网测量一般采用精密水准以矩形法的形式测量,采用后前前后、前后后前的模式测完一个四边环后,然后测下一个四边环,如图 7-54 所示。如采用三角高程测量方法,则平面网测量和高程网测量可同时完成,提高作业效率。

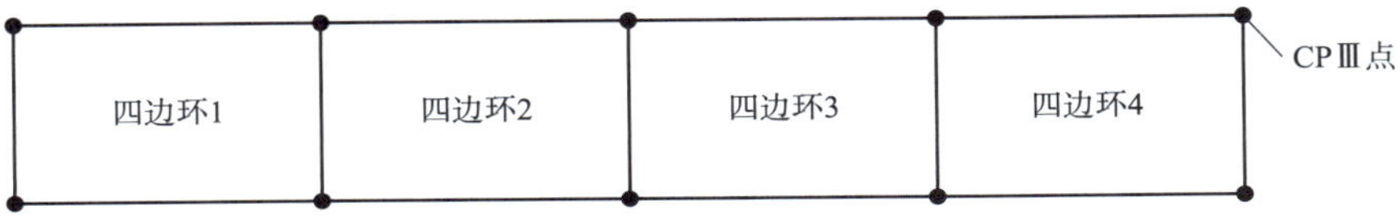

图 7-54　CPⅢ矩形法测量形成的四边环示意

(2)高差选取

影响三角高程精度的主要因素为大气折光和仪器的系统误差(视准轴误差等),距离越长其影响量越大,通过差分方式将这些影响量消除,将大大提高数据的可靠性与精度。本书的核心思想是将测站点至各目标点的高差经过差分处理,由自由测站的测站点至目标点的高差模式转换为各目标点间高差的四边环模式,如图 7-55 所示。

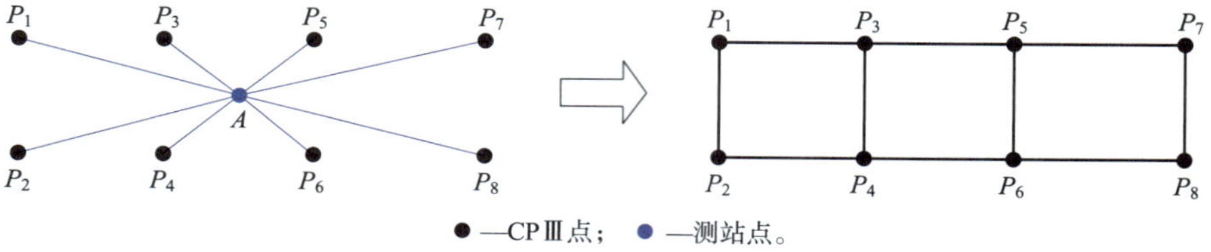

图 7-55 CPⅢ自由设站网转四边环网

①异侧点高差处理

如图 7-55 所示,点 P_1、P_2为位于线路左右两侧的一对 CPⅢ点,P_1、P_2基本位于同一水平面上,同一测站中两点观测时间大约相同,因此设站点 A 测量 P_1、P_2时受到大气折光、仪器的系统误差以及其他因素的影响基本相同,通过式(7-28)进行差分处理,抵消相同的影响因素,可得到 P_1、P_2间较高精度的高差值。

$$H_{\mathrm{P1P2}}=H_{\mathrm{AP1}}-H_{\mathrm{AP2}} \tag{7-28}$$

式中 H_{P1P2}——点 P_1与 P_2间的高差;

H_{AP1}——点 A 与 P_1间的高差;

H_{AP2}——点 A 与 P_2间的高差。

②同侧点高差处理

如图 7-55 所示,点 P_1、P_3为位于线路同侧的两个 CPⅢ点,P_1、P_3基本位于同一水平面上,同一测站中两点观测时间大约相同,测站点 A 测量 P_1、P_3时,距离差约为 60 m,受到大气折光、仪器的系统误差以及其他因素的影响有较大的相同部分,通过式(7-29)进行差分处理,抵消部分相同的影响因素,可得到 P_1、P_3间较高精度的高差值。

$$H_{\mathrm{P1P3}}=H_{\mathrm{AP1}}-H_{\mathrm{AP3}} \tag{7-29}$$

式中 H_{P1P3}——点 P_1与 P_3间的高差;

H_{AP1}——点 A 与 P_1间的高差;

H_{AP3}——点 A 与 P_3间的高差。

(3)定权

外业观测时必须保证每个 CPⅢ点至少被测量 3 次,因此经过如图 7-55 所示的转换后,不管是异侧点(图 7-55 中的 P_1、P_2点)还是同侧点(图 7-55 中的 P_1、P_3点),至少有两个高差值。在进行平差计算时，不能将相同测段的高差值进行简单的平均处理，因为即使采用差分处理也不能完全抵消所有外界影响因素，离测站越远的观测点受外界影响的因素越大，精度越差，差分处理的效果也越差。因此为提高精度，将相同测段的高差进行加权平均，这里采用距离的倒数进行定权，这样可保证离设站点较近的高差值赋予较大的权重，离设站点较远的高差值赋予较小的权重。加权平均处理方法如下：

以图 7-55 中异侧 CPⅢ点 P_1、P_2点为例说明（同侧点处理方法相同），测站点 A 至 P_1、P_2点的距离分别为 S_1、S_2，差分得到 P_1、P_2点高差为 H，另一测站点 B 至 P_1、P_2点的距离分别为 S_1'、S_2'，差分得到 P_1、P_2点高差为 H'，则 P_1、P_2点的最终高差 H_{ave} 为

$$H_{ave}=\frac{\dfrac{H}{S_1+S_2}+\dfrac{H'}{S_1'+S_2'}}{\dfrac{1}{S_1+S_2}+\dfrac{1}{S_1'+S_2'}} \tag{7-30}$$

（4）平差处理

得到最终高差后，经四边环闭合差检验合格后，同水准网一样采用传统间接平差处理方法进行平差计算，根据高差值开列误差方程：

$$\boldsymbol{V}=\boldsymbol{BX}-\boldsymbol{L} \tag{7-31}$$

根据最小二乘原理组法方程：

$$\boldsymbol{B}^{\mathrm{T}}\boldsymbol{PBX}=\boldsymbol{B}^{\mathrm{T}}\boldsymbol{PL} \tag{7-32}$$

式(7-32)中，$\boldsymbol{P}$ 为权矩阵，因为式(7-30)中已经对高差值进行了加权处理，所以此处 $\boldsymbol{P}$ 取单位矩阵。

由式(7-32)得到各点的高程值 $\boldsymbol{X}$ 为

$$\boldsymbol{X}=(\boldsymbol{B}^{\mathrm{T}}\boldsymbol{PB})^{-1}\boldsymbol{B}^{\mathrm{T}}\boldsymbol{PL} \tag{7-33}$$

4. 高程控制闭合差推算方法

高程控制网的闭合差推算分为附合路线闭合差推算、闭合环闭合差推算。

（1）附合路线闭合差推算

高程控制网附合路线如图 7-56 所示。

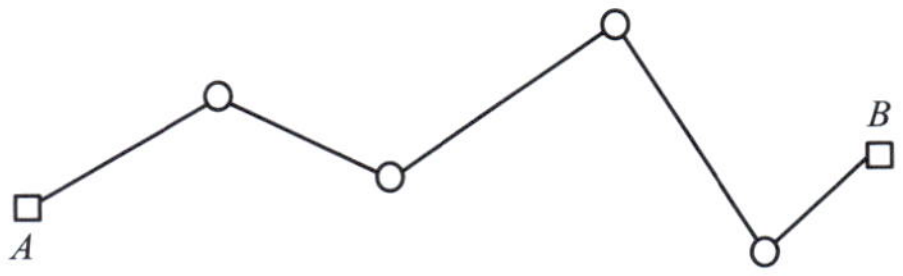

图 7-56　附合水准路线

推算步骤如下：

①任取一已知点（A 点）作为附合路线的起点；

②搜索下一点，计算路线长度、高程；

③继续搜索，直至已知点（B 点）为止；

④递归循环搜索，直至所有的附合路线搜索完毕。

（2）闭合环闭合差推算

闭合环如图 7-57 所示。

推算步骤如下：

①任取一点（A 点）作为起点，假设高程为 0；

②搜索下一点，计算路线长度、高程；

③继续搜索，直至闭合至 A 点为止，推算出的高程即为闭合差；

④递归循环搜索，直至所有的闭合环搜索完毕。

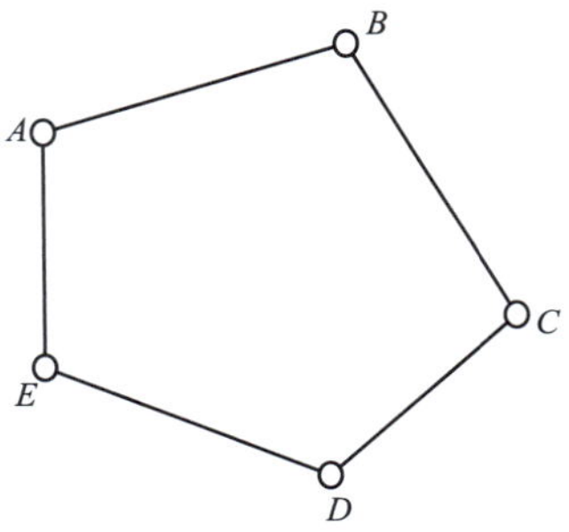

图 7-57　高程闭合环

7.2.3　无砟轨道板精调系统

在本书相关章节中已经论述过 CRTSⅡ型板的精调方式效率不高、增加了 GRP 点的测设工序，目前已经不再使用。这里简要介绍我国有自主知识产权的 CRTSⅢ型板的精调。

1. 使用 CPⅢ点直接进行设站精调的精度计算

用全站仪进行三维坐标测量，其坐标计算公式为

$$\begin{cases} x = s \cdot \sin \upsilon \cdot \cos \beta \\ y = s \cdot \sin \upsilon \cdot \sin \beta \\ z = s \cdot \cos \upsilon \end{cases} \tag{7-34}$$

式中　s——斜距；

υ——天顶距；

β——方位角。

将式(7-34)全微分，并转化为误差表达形式，可得

$$m_x^2 = (\sin \upsilon \cdot \cos \beta)^2 m_s^2 + \left(\frac{s \cdot \cos \upsilon \cdot \cos \beta}{\rho}\right)^2 m_\upsilon^2 + \left(-\frac{s \cdot \sin \upsilon \cdot \sin \beta}{\rho}\right)^2 m_\beta^2 \tag{7-35}$$

$$m_y^2 = (\sin \upsilon \cdot \sin \beta)^2 m_s^2 + \left(\frac{s \cdot \cos \upsilon \cdot \sin \beta}{\rho}\right)^2 m_\upsilon^2 + \left(\frac{s \cdot \sin \upsilon \cdot \cos \beta}{\rho}\right)^2 m_\beta^2 \tag{7-36}$$

$$m_z^2 = \cos^2 \upsilon \cdot m_s^2 + \left(-\frac{s \cdot \sin \upsilon}{\rho}\right)^2 m_\upsilon^2 \tag{7-37}$$

假定平面点位精度为 m_P，横向调整量精度为 m_L，竖向调整量精度为 m_H，根据式(7-35)、式(7-36)和式(7-37)可得

$$\begin{cases} m_P^2 = m_x^2 + m_y^2 \\ m_H^2 = m_z^2 \end{cases} \tag{7-38}$$

精调时，距离一般控制在 5～30 m，仪器高于轨面的高度控制在 1.2 m，竖直角可控制在 3.5°～10°，即天顶距可控制在 80°～86.5°。在这种情况下，全站仪的水平角、竖直角测量精度相当，假定测角精度为 $m_\upsilon = m_\beta = m$，则将式(7-35)、式(7-36)、式(7-37)代入式(7-38)并简化，可得

$$\begin{cases} m_P^2 = \sin^2 \upsilon \cdot m_s^2 + \left(\dfrac{s}{\rho}\right)^2 \cdot m^2 \\ m_H^2 = \cos^2 \upsilon \cdot m_s^2 + \left(\dfrac{s \cdot \sin \upsilon}{\rho}\right)^2 \cdot m^2 \end{cases} \tag{7-39}$$

假定设站方向与线路的夹角为 α，则由式(7-39)可得

$$\begin{cases} m_L^2 = \sin^2 \alpha \cdot \sin^2 \upsilon \cdot m_s^2 + \cos^2 \alpha \cdot \left(\dfrac{s}{\rho}\right)^2 \cdot m^2 \\ m_H^2 = \cos^2 \upsilon \cdot m_s^2 + \left(\dfrac{s \cdot \sin \upsilon}{\rho}\right)^2 \cdot m^2 \end{cases} \tag{7-40}$$

精调时，设站方向大致与线路平行，与线路的夹角可控制在 10°以内。精调时只用全站仪的一个盘位，用到的只是测量仪器的分辨率。在 30 m 范围内，测距分辨率不会大于±0.2 mm，测角分辨率不会大于±2″。由式(7-40)可得

$$\begin{cases} m_L^2 \leqslant \sin^2 10° \cdot \sin^2 90° \cdot m_s^2 + \cos^2 0° \cdot \left(\dfrac{s}{\rho}\right)^2 \cdot m^2 = \sin^2 10° \times 0.2^2 + \left(\dfrac{20\,000}{206\,265}\right)^2 \times 2^2 \approx 0.038\,8 \\ m_H^2 \leqslant \cos^2 \upsilon \cdot m_s^2 + \left(\dfrac{s}{\rho}\right)^2 \cdot m^2 = \cos^2 80° \times 0.2^2 + \left(\dfrac{20\,000}{206\,265}\right)^2 \times 2^2 \approx 0.038\,8 \end{cases}$$

因此，m_L 和 m_H 均优于±0.2 mm。

通过以上分析，说明用 CPⅢ控制网直接测控轨道精调是可行的。

2. 系统架构

CRTSⅢ型板的精调系统架构详见 6.1.1 节。

CRTSⅢ型轨道板精调测量系统软件的部分界面如图 7-58～图 7-63 所示。

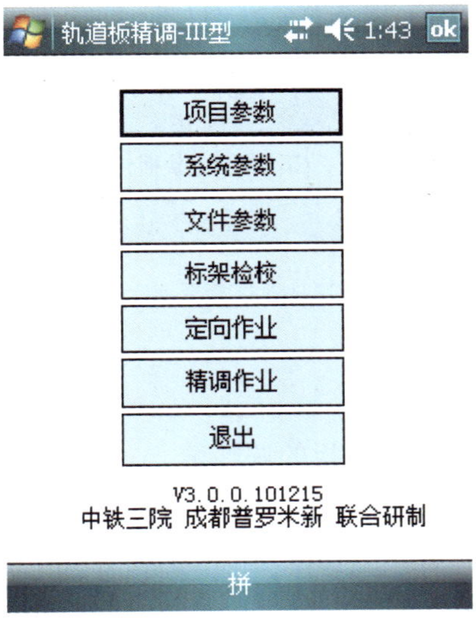

图 7-58　主界面

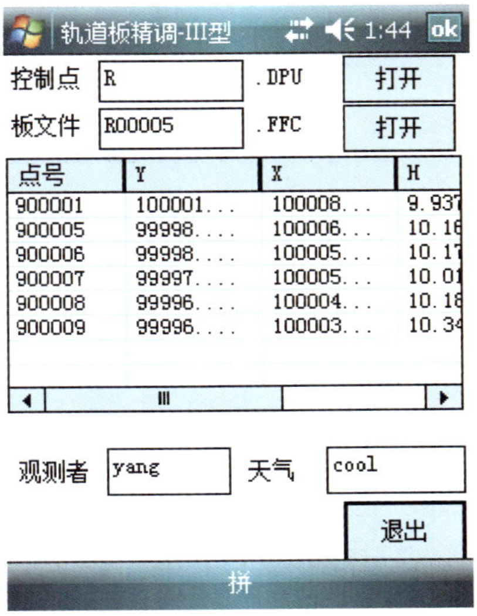

图 7-59　导入 CPⅢ坐标文件及板文件

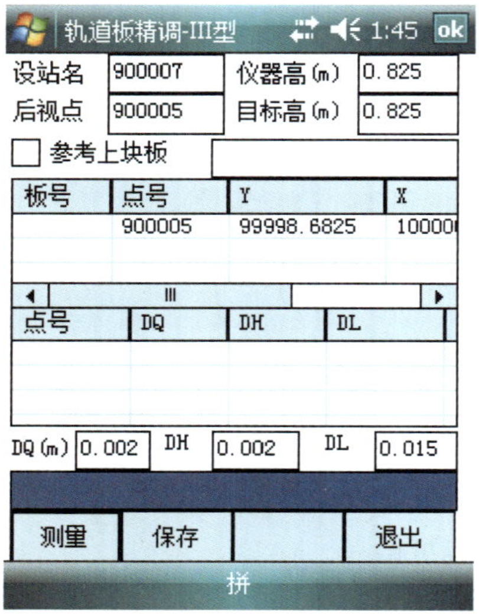

图 7-60　设站定向

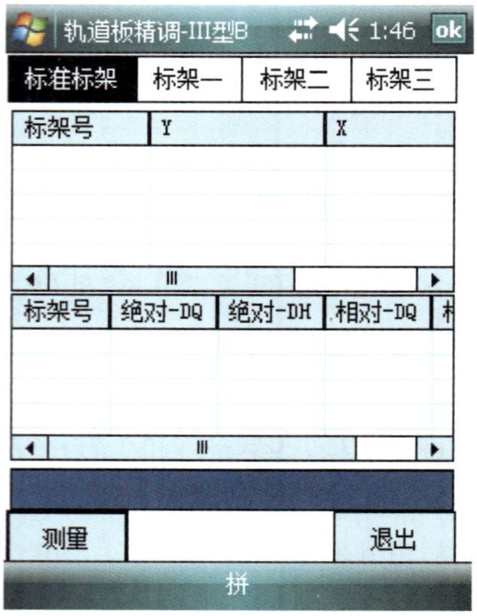

图 7-61　检校标架

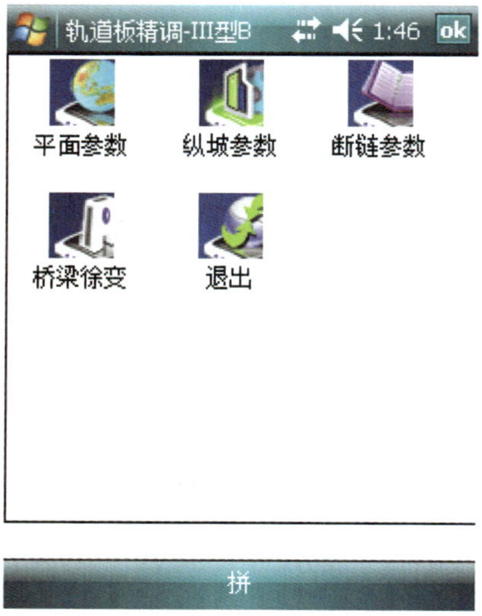

图 7-62　线路参数输入

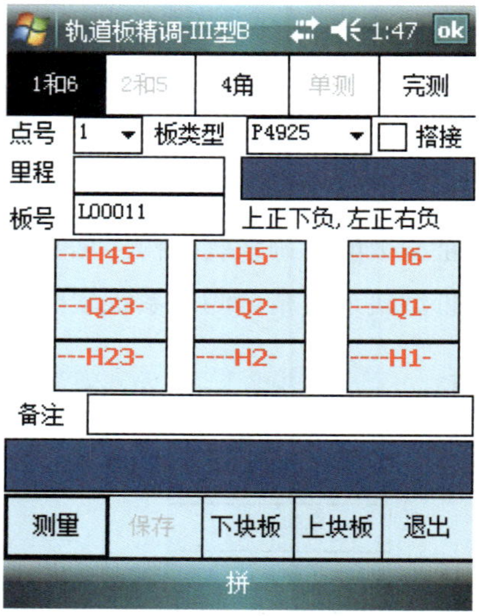

图 7-63　轨道板精调

3. 系统特点

(1)建立"随机定位、偏移算法"数学模型,直接获得轨道板的调整量

常规的做法是先由设计的线路参数计算板文件,轨道板精调系统再调用对应的板文件与实测值进行对比,获得调整量。这种方式与 CRTSⅡ型板的精调方式基本一致,由于 CRTSⅡ型板板文件中有大钳口打磨偏差,所以调用板文件可以在调整量计算时加以补偿,而 CRTSⅢ型板的板文件中并未有此内容,且中间计算过程太多,受人为因素影响大,易出错。而本系统对轨道板的调整量计算上省去了众多的中间环节,直接通过线路参数反算任

意里程处标架棱镜的理论坐标，计算出与实测值的差即可获得调整量，就算现场工人不小心把标架安放到不对应的承轨台上，本系统也能正确地计算出该处的调整量，故将此计算模型称为“随机定位、偏移算法”。

(2)具有标架检校功能

测量标架在长途运输、温度剧变以及精调施工过程中均有可能产生精度损失，因此需要不定期对标架进行检校。本系统可以借助标准标架，计算出工作标架与标准标架的差异，从而消除每根标架及棱镜之间的差异，保证测量成果的准确性和平顺性。

(3)采用搭接平滑过渡方案，消除设站误差

在设站时，采用上块已调好的轨道板参与定向，从而保证轨道板调整后的平顺性。但由于 CRTSⅢ型板是在桥梁上底座的单元结构，所以在精调时任意设站建议全站仪尽量避免架设在梁的活动端一侧。

(4)气象参数自动改正

为消除气象参数对测量结果的影响，软件可自动读入气象值。

4. 工作流程

CRTSⅢ型轨道板精调测量系统工作流程如图 7-64 所示。

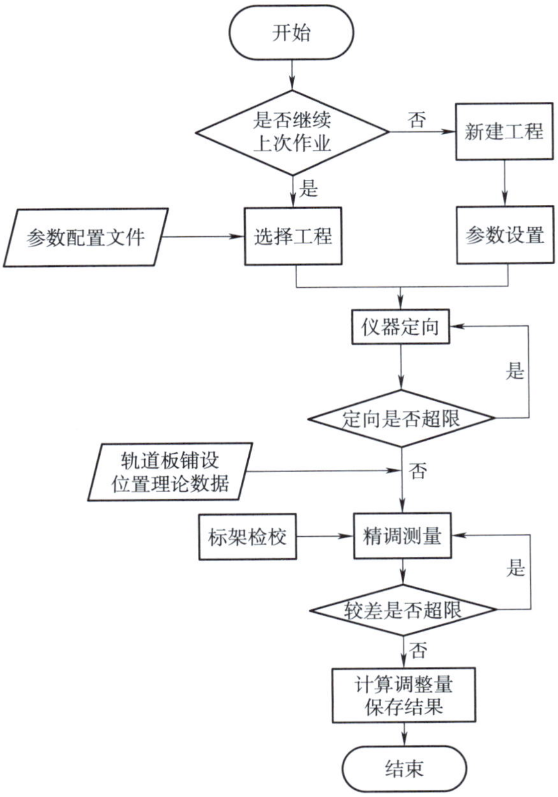

图 7-64　CRTSⅢ型轨道板精调测量系统工作流程

7.2.4 无砟轨道板尺寸快速智能检测系统

CRTSⅢ型无砟轨道板尺寸快速智能检测系统(以下简称“轨道板检测系统”),如图7-65所示,既可实现无砟轨道板尺寸的快速检测,又可提高检测精度。软硬件结合,形成整套解决方案。数据采集控制系统一键式驱动工业机器人、激光扫描仪、光学跟踪仪动态获取轨道板激光点云数据,智能数据分析系统自动重建轨道板三维模型、分析计算尺寸偏差、生成规范要求的各项检测报告,实现采集分析全程自动化。

图7-65 CRTSⅢ型无砟轨道板尺寸快速智能检测系统

系统适用于高速铁路CRTSⅢ型无砟轨道板外形尺寸偏差的检测。首先,将手持类激光扫描仪获取的轨道板表面激光点云导入至软件系统中,进行轨道板局部坐标系的点云坐标纠正;其次,利用本软件系统提供的激光点云自动分类及三维模型重建算法,实现轨道板各部件模型的三维重建;最后,利用重建的轨道板各部件三维模型,计算轨道板设计数据,实现轨道板外形尺寸偏差的计算,并将计算结果输出为固定格式的检测报表。

1. 系统主要功能

(1)轨道板参数计算

根据轨道板设计参数以及线路平面、纵断面设计文件,计算不同类型的轨道板各主要部件尺寸。设定轨道板局部坐标系原点及轴线方向,计算预埋套管中心在轨道板局部坐标系中的坐标值。此轨道板设计参数计算结果用于轨道板各部件几何模型自动提取及轨道板几何尺寸偏差计算。

(2)轨道板坐标系纠正

手持类激光扫描仪获取轨道板表面激光点云数据,激光点云坐标值是建立在扫描仪设备坐标系上的。激光点云需要转换至轨道板局部坐标系下,再进行轨道板各部件点云的自动分类与三维模型重建。检测软件将自动提取轨道板四角特征点云,通过模型拟合方法,获取四角部件的三维模型。通过轨道板四角部件特征模型的几何中心值，建立坐标系转换矩阵，将轨道板激光点云转换至轨道板局部坐标系下。

(3)关键部件模型拟合

通过点云自动分类算法提取轨道板各主要部件的激光点云，再通过不同的模型拟合算法，实现轨道板各主要部件三维模型重建。采用圆形随机采样一致性算法，实现预埋套管顶部点云的自动分类，再通过圆柱模型的最小二乘拟合算法，实现预埋套管几何参数的计算。采用平面随机采样一致性算法，实现承轨槽、钳口面的点云的自动分类，再通过平面模型的最小二乘拟合算法，实现承轨槽、钳口面几何参数的计算。

(4)外形尺寸偏差计算

根据自动提取的轨道板各部件几何模型参数，计算各部件特征数据与设计数据的偏差值，实现轨道板外形尺寸偏差的计算。如通过计算预埋套管圆柱模型中轴线的距离，实现轨道板螺栓孔距离的计算；通过将承轨槽平面向上抬升设计高度，计算其与左、右钳口面相交直线的空间距离，实现轨道板大、小钳口间距离的计算。再与设计值进行对比，分析轨道板偏差值。

(5)检验结果报告输出

根据轨道板设计规范中的要求，逐个检测项目制定相应的数据成果模板文件。检测软件在实现轨道板各部件尺寸的计算后，自动将检测结果输出至检测模板文件中。

2. 创新点

系统的功能特点主要有以下创新点：

(1)模型拟合，提高检测精度

采用模型拟合的方法重建轨道板各部件三维模型，基于重建的轨道板各部件三维模型，进行轨道板外观尺寸偏差检测，检测结果精度整体优于 0.1 mm，且自动剔除扫描测量的噪声点，提高检测结果的重复精度。如预埋套管顶部球形工装的激光点云数量超过 2 000 个，球形拟合误差优于 0.1 mm；承轨面的激光点云数量超过 10 000 个，平面拟合误差优于 0.05 mm。

(2)自主研发，满足用户需求

由中国铁设自主研发的轨道板检测系统软件，实现少量人工交互的激光点云处理。从点云数据导入软件至最终成果报告生成，仅需要简单几步即可完成。用户可定义各种模型拟合限差，软件自动判断拟合精度是否符合要求。

(3)数据管理，信息化程度高

采用轻量型数据库对轨道板设计参数与检测结果数据进行管理。支持用户自定义或由设计文件导入方式，实现不同类型轨道板设计参数的计算与存储。将检测结果数据上传至轨道板检测信息化管理系统，实现检测结果的实时共享与发布。

(4)增值服务，提升检测结果

利用轨道板设计参数，自动重建轨道板三维设计模型，将成品轨道板表面激光点云与三维设计模型进行对比分析，实现轨道板整体加工偏差的全面检测。

第 8 章　高速铁路精密工程测量组织与管理创新

随着高速铁路精密测量技术和方法的不断发展和完善，应用项目也在持续增加。中国的高速铁路参建单位和部门正在研究、制定并逐步完善高速铁路精密测量的管理体系。这一体系的逐步形成，为中国蓬勃发展的高速铁路建设提供了至关重要的工程管理保障作用。高速铁路建设的测量管理体系经历了从无到有、逐渐完善提高的过程。高铁测量技术人员，集国外引进技术和国内成功经验于一体，形成了一整套具有中国高速铁路特色的测量组织和管理体系。高铁精密测量是高铁建设的关键技术之一，没有高精度的测量就没有高铁建设的成功。高精度的测量，就像串起闪亮珍珠的线，将高铁的各个“小珍珠”精密地串联在一起，最终形成一条“明亮的珍珠项链”。

8.1　高速铁路精密工程测量工作流程

高速铁路的测量精度要求极高，测量项目也非常繁多。根据工程建设的进程，精密工程测量工作可以分为以下九个阶段：

第一，依据设计文件，进行线下精密工程测量控制网（简称“精测网”）建网。这是高铁测量工作的第一步，需要根据设计文件的要求建立精测网。

第二，依据精测网成果，进行线下工程（桥梁、隧道、涵洞）施工。在精密网建立之后，可以开始进行线下工程的施工。

第三，对线下工程进行沉降观测，并对进行评估（初评）。在施工过程中，需要对线下工程进行沉降观测，并对沉降观测数据进行初步的评估。

第四，通过初评后，进行 CPⅢ控制网的测设及评估工作（路基段卸载预压土）。在采集观测数据初评通过后，需要进行 CPⅢ控制网的测设和评估工作。

第五，CPⅢ控制网测量成果通过评估后进行无砟轨道施工，并对其进行验收及处理、评估。在 CPⅢ网测量成果评估通过后，可以开始进行无砟轨道的施工，并对其进行验收和处理、评估。

第六，对线下结构物进行沉降评估（终评）。在无砟轨道施工完成后，需要对线下结构物再次进行沉降评估，这是终评阶段。

第七，工程静态验收，轨道的精调验收。在终评通过后，可以进行工程的静态验收和轨道的精调验收。

第八，轨道的动态验收。在静态验收和精调验收通过后，需要进行轨道的动态验收。

第九，运营期精测网复测和变形监测，以及轨道静态检测和动态检测。在轨道动态验收通过后，进入运营期，需要进行精测网的复测和变形监测，以及轨道的静态检测和动态检测。

高速铁路精密工程测量具体工作及其衔接关系如图 8-1 所示。由工作流程图可以清晰地看出不同阶段、部门、工作内容的输入、输出以及传递的关系，可见精密测量工作贯穿在高铁建设项目的组织管理体系中。

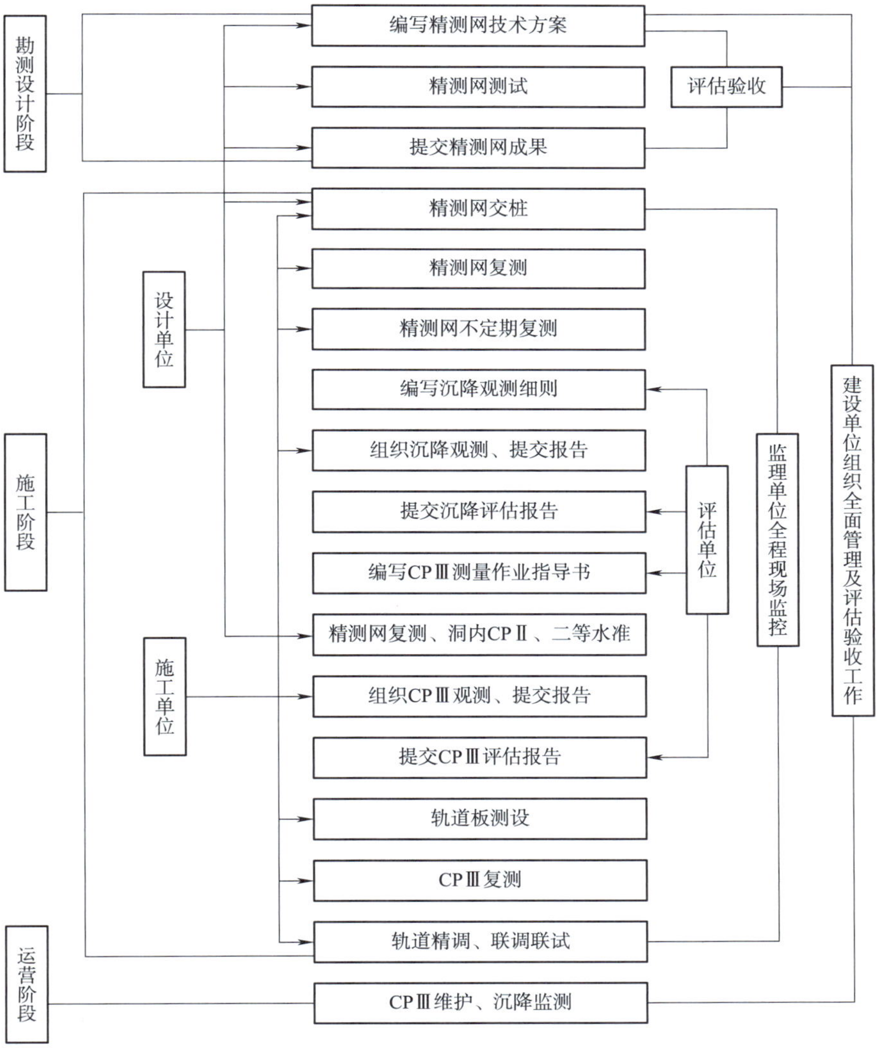

图 8-1　高速铁路精密工程测量工作流程

8.2 高速铁路测量组织管理体系形成与发展

高速铁路建设测量管理机构由铁路行业主管部门、建设单位(如高速铁路公司或客专公司)、监理单位、施工单位、设计单位和咨询评估单位组成。这些单位通过分级管理,各司其职,明确职责。

8.2.1 高速铁路沉降监测组织与管理体系

1. 铁路建设行业管理部门

涉及沉降监测专业的主要是建设管理部、科技管理部,工程建设管理中心和工程项目鉴定中心。这些部门按照企业职责制定相应的企业标准和管理规定。

2. 建设单位

设立沉降监测工作领导小组,负责项目沉降监测工作的组织与管理。组长由总工兼任,下设沉降监测工作组具体负责各项沉降监测的管理工作,建立项目的沉降监测工作管理制度,实施沉降监测工作汇报制度。具体工作包括:

(1)负责铁路工程沉降变形观测与评估,确定沉降变形评估单位,并组织勘察设计、施工、监理和评估等单位实施。

(2)组织制定沉降变形观测及评估细则。

(3)组织审核沉降变形观测实施方案。

(4)组织检查验收沉降变形观测和评估工作。

(5)组织分析处理沉降变形异常及平行观测对比结果异常情况。

(6)组织沉降变形观测标志、元器件、测量和评估成果的竣工资料移交工作。

3. 施工单位

由总工分管沉降监测工作,下设测量队。测量队对本标段的沉降监测工作实行垂直管理,具体工作包括:

(1)参与制定沉降变形观测和评估细则。

(2)编制沉降变形观测实施方案。

(3)负责沉降变形观测人员、设备配置,做好人员培训、仪器检定工作。

(4)负责建立沉降变形监测网,按设计要求埋设观测点,做好观测设施的保护及元器件的保护工作。

(5)负责沉降变形观测,必要时可委托专业化队伍。

(6)发现沉降变形异常情况时,及时通知相关单位,并参与分析处理。

(7)提交沉降变形观测资料,参与沉降变形评估工作。

4. 监理单位

由副总监分管沉降监测工作,下设测量室。测量室具体全面负责现场沉降监测监理队伍的培训与管理，沉降监测监理工作的指导与管理，具体工作包括：

(1)参与制定沉降变形观测及评估细则。

(2)审核沉降变形观测实施方案、平行观测实施方案。

(3)负责基准点、工作基点、观测点验收。

(4)检查沉降变形观测实施方案、平行观测实施方案执行情况。

(5)负责对变形观测、平行观测进行旁站检查、监督，旁站记录形式统一为在施工单位观测记录上进行签认。

(6)负责对沉降变形观测数据进行审核，对沉降观测数据的真实性进行确认。

(7)参与分析处理沉降变形异常情况。

(8)及时检查观测数据与平行观测数据，审核对比结果，提出处理意见。

(9)提交沉降变形观测监理工作报告。

(10)参与沉降变形评估工作。

5. 咨询评估单位

负责对施工单位的测量工作进行指导和检查，平行观测，对施工单位的数据进行评估，具体工作包括：

(1)负责编制沉降变形观测及评估细则。

(2)审核施工单位编写的沉降变形观测实施方案。

(3)负责沉降变形工作技术培训和现场指导。

(4)负责编制平行观测方案，应与施工单位同步进行沉降变形平行观测，提交沉降变形平行观测资料。

(5)参与沉降变形观测数据的检查工作。

(6)负责沉降变形数据的分析与评估，提交沉降变形评估报告。

(7)负责分析沉降变形观测异常情况。

这些单位的协同工作，确保了高速铁路建设的精度和质量，为我国高速铁路的快速发展提供了有力的技术支持。这是一个系统化、标准化的管理流程，体现了我国高速铁路建设的严谨性和专业性。这也是我国高速铁路建设能够在短时间内取得显著成果的重要原因之一。

8.2.2　高速铁路测量标准化管理

在高速铁路建设中，各个单位都有其特定的职责和任务。

1. 建设单位

建设单位负责测量方案设计、精度标准的组织审查和批复，组织控制基桩交接、测量控制网复测、竣工测量和竣工交接工作。此外，建设单位还负责组织参建单位的测量人员培训，协调建设过程中各参建单位的测量工作，必要时组织相邻标段进行贯通测量和跨标段联测。建设单位还会委托有资质的单位对项目进行测量验收、抽检、复核和误差/错误争议的核查，对重要工点和重要工程进行监测和观测。

2. 设计单位

设计单位负责提出项目测量方案和对测量精度标准的要求，按要求布设和测量所设计线路的精密控制测量基桩。设计单位还需要向施工、监理单位进行测量设计交底，移交测量设计文件，现场逐点移交控制基桩。设计单位还需要参加建设过程中工程测量误差、错误的处置，并提出处置方案，参加竣工测量和竣工交接工作。设计单位还需要负责施工期精测网定期复测。

3. 施工单位

施工单位应根据各类控制桩橛的分布和工程实际情况，合理组织安排各项测量工作，并对各工区（含参建单位）的测量工作进行指导和检查。施工单位的测量工作主要包括：需要接收设计移交的 CPⅠ、CPⅡ控制网和高程控制网并进行不定期复测与维护，线下工程施工测量、沉降观测，以及轨道控制网（CPⅢ）的测量和复测，无砟轨道的安装测量等相关测量工作。施工单位还需要统一测量内外业资料，分类管理测量资料，建立资料的档案。施工单位还需要配合和接受测量监理工作，按监理要求提交相关测量资料。施工单位还需要配合建设单位委托的第三方测量机构进行建设过程的测量验收、抽检、复核，误差/错误争议的核查，以及对重要工点和重点工程进行监测和观测。

4. 监理单位

监理单位应结合工程实际情况编写测量监理实施细则，依据监理合同和监理规范对测量工作进行监理。监理单位需要负责检查施工单位测量人员资格、测量仪器和设备的检定情况；审核施工单位的测量方案；检查施工单位施工测量的内外业成果资料，对其正确性和完整性进行复核；对设计单位、施工单位提供施工测量成果资料的抽检测量，以及对工程施工质量的抽检测量（配合建设单位委托的第三方测量机构，建设过程中对项目进行测量验收、抽检、复核及误差/错误争议的核查）；主持建设过程中工程测量误差、错误的处置，并提出处置意见；按业主批准的测量错误处置方案对相应工程处置进行监理。

8.3 精测网交桩与复测维护

8.3.1 精测网交桩及其复测工作

开工前由建设单位组织，监理单位参加，设计单位在现场向施工单位进行桩橛以及测量成果资料交接。交桩后，施工单位应立即组织进行全面复测。复测精度应符合规定要求，并经驻地监理现场检测合格后，设计单位、施工单位、监理单位办理交接手续。设计单位向施工单位现场交桩的范围应包括 CPⅠ控制桩、CPⅡ控制桩和水准点桩。

施工单位应根据相关标准规定和文件，结合工程实际情况制定合理的精测网复测技术方案，在报监理审批之后执行；平面与高程控制网测量和复测应由专业队伍实施。

精测网使用的技术交底。技术交底工作首先应该召开技术交底会议，会议由建设单位组织，勘察设计、监理、施工和测量咨询评估单位参加，会议的主要内容是勘察设计单位介绍工程概述、工程结构分布、精测网简况等，勘察设计和精测网布测中的特殊情况说明，精测网成果使用中需要重点关注的情况，与相关铁路工程衔接情况以及施工进场后的关键节点和部位的核测，采用精测网成果对设计的中线、纵横断面及重要工点进行核测等；然后进行资料交接。精测网技术交底会是高铁工程建设中重要的起点会议，关系整个工程建设期精测网的使用、维护和移交的顺利实施。

高速铁路参建施工单位多，每个施工单位在各自的标段施工，保证相邻标段交接处测量结果的符合性是确保工程建设质量的关键所在。因此需要加强相邻标段的测量工作协调，保证测量控制网的平顺对接。相邻标段施工、监理和建设单位指挥部应共同签署共用桩协议，共同保护和维护公共点的高程和坐标，并做好现场桩橛的保护。

设计单位向施工单位提交的测量成果资料应包括 CPⅠ控制桩成果表及点之记、CPⅡ控制桩成果表及点之记、水准点成果表及点之记、线路曲线要素表。

交桩时，控制桩应确保完整、稳固，测量资料必须齐全，并应附控制桩的点之记。监理单位、施工单位应按照招标文件和规范要求进行现场核对，检查交桩数量、精度。凡重要桩位丢失不能满足施工测量要求的，设计单位负责补桩、补测并提供补测成果资料。

交接桩工作办理完毕后，签署交接桩记录表，一式四份，建设单位、监理单位、设计单位、施工单位各一份，交接桩记录表存入工程档案。

8.3.2　复测维护

在高速铁路建设中，施工单位和监理单位在测量控制桩的复测和维护方面都有着重要的职责。

施工单位负责对复测后的测量控制桩的维护，不定期进行检查和复测。控制网复测开始之前，应补埋所有丢失的控制点。施工单位复测工作完成后，应将完整的、经监理工程师复核签认的复测报告提交给专家评审。根据评审意见对复测报告进行完善，之后将复测报告提交给各指挥部，并同时抄送给建设单位的工程管理部和技术质量部。

如果首次复测的成果超出了限差要求，设计单位将对其进行复核，并启用新的设计成果。如果控制点丢失，设计单位将负责重新埋设和测量，并重新对施工单位进行交桩。

如果后续的复测超出了限差要求，或者需要补设控制点，这些成果应经过监理单位的审核后才能启用，并将新的成果抄送给设计单位。

监理单位对复测工作实行全程监理，包括对施工单位复测工作的完整性和复测报告进行审核并签章。

8.4　精测网咨询评估管理

8.4.1　精测网的咨询评估

精测网的咨询评估是建设单位委托有高铁精测网技术及管理经验的第三方进行的独立

的精密测量技术与管理工作，咨询评估单位是建设单位委派的精测网管理部门，一般受工程部专业工程师直接领导。

精测网咨询评估主要包括CPⅠ、CPⅡ、CPⅢ和线路水准基点网评估。咨询评估单位根据项目特点和相关技术规范编制《××高铁精测网咨询评估细则》，由建设单位组织评审后实施。以下为高铁精测网咨询评估细则编制的主要内容（目录摘录）：

一、总则
二、技术依据
三、坐标和高程系统
（一）坐标系统
（二）高程系统
四、工程概况
五、组织管理
（一）建设、评估、施工、监理各方职责
（二）评估机构设置
六、评估工作内容和方法
（一）精测网复测评估工作内容和方法
1. 一般规定
2. 数据采集
3. 数据处理
4. 施工单位复测成果资料提交
5. 精测网复测评估流程
（二）施工加密控制测量评估工作内容和方法
1. 一般规定
2. GNSS加密施工控制网测量
3. 线路水准基点的加密
4. 施工单位加密控制测量成果资料提交
5. 施工加密控制测量评估流程
（三）轨道控制网（CPⅢ）测量评估内容和方法
1. 一般规定
2. 线上CPⅡ网测量
3. 线路水准基点的加密
4. 线下工程沉降评估
5. CPⅢ点的埋标与布设
6. CPⅢ测量仪器设备及软件
7. CPⅢ平面网测量与数据处理
8. CPⅢ网高程测量与数据处理
9. 数据整理及成果提交要求

10. CPⅢ网的复测与维护

11. CPⅢ控制网测量评估流程

七、附件

8.4.2　长大隧道控制测量咨询评估

高速铁路长大隧道内均按无砟轨道结构进行设计。因隧道洞内外的地形条件及施工环境等因素的影响，隧道各项测量工作的技术难度要远高于一般桥梁及路基段落测量，需要进行的咨询评估主要内容为：

(1)隧道洞外独立控制网的测量咨询评估。

(2)隧道洞内加密 CPⅡ的测量咨询评估。

(3)隧道洞内 CPⅢ的测量咨询评估。

8.5　线下工程沉降观测评估管理

线下工程沉降观测评估是确定铺设轨道的关键时间节点和关键工序的主要依据之一。这项工作通常由具有工程经验的独立第三方承担，由建设单位委托。咨询评估单位会根据项目特点和相关技术规范编制《高铁线下工程沉降变形咨询评估细则》，由建设单位组织评审后实施。细则中会明确以下内容：

(1)总则。明确细则的适用范围、沉降评估关键时间节点和关键工序，合理确定轨道铺设时机，明确工作技术依据。

(2)地质、水文、不良地质说明。梳理项目的地质、水文、不良地质情况。

(3)建设各方的主要职责和工作内容及程序。明确各参建单位的职责和工作内容及程序。

(4)沉降变形观测及评估工作流程。明确沉降变形观测及评估的工作流程。

(5)沉降变形监测网的技术要求。明确沉降变形监测网的建立方法、测量等级、测量精度、观测路径、观测频率、测量标识等技术要求，以及观测设备、观测数据整理的要求，并提出特殊沉降观测要求。

(6)线下工程沉降变形观测的重点及范围。明确线下工程沉降变形观测的重点及范围，规定观测期、观测点布置、观测频次等要求。

(7)桥梁工程沉降变形观测的范围。明确桥梁工程沉降变形观测的范围，包含无砟轨道段落的预制箱梁、连续梁、特殊现浇梁等梁体徐变观测，规定观测期、观测点布置、观测频次等要求。

(8)评估的段落要求、方法选择和时间。明确评估的段落要求、方法选择和时间，确定评估应考虑的影响因素，制定评估的判定标准、观测点预测分析、沉降评估过程特殊说明等。

(9)沉降变形观测数据管理及提交格式。明确沉降变形观测数据管理及提交格式，沉降数据提交过程中附件及报表。

高速铁路建设的关键技术之一是沉降控制。根据地形地质条件、轨道类型和行车速度等因素指标，按规定的间距布设沉降观测断面，在路基清表后埋设沉降板，在路基成型后埋设观测桩，在桥墩完成后埋设沉降观测点以及在隧道仰拱埋设沉降观测点，开展沉降观测工作。评估单位结合观测点沉降变形预测分析成果、各构筑物沉降变形评估成果、沉降变形过程曲线图、工程地质条件、基础类型、结构类型等，综合分析判断线下工程结构物沉降是否满足轨道铺设条件，提出评估意见。

评估意见为“通过”时，评估单位编写沉降变形评估分析报告，建设单位组织专家审查沉降变形评估分析报告。沉降观测评估分析报告作为工程静态验收的文件内容之一。

高铁沉降变形观测与评估具体流程如图 8-2 所示。

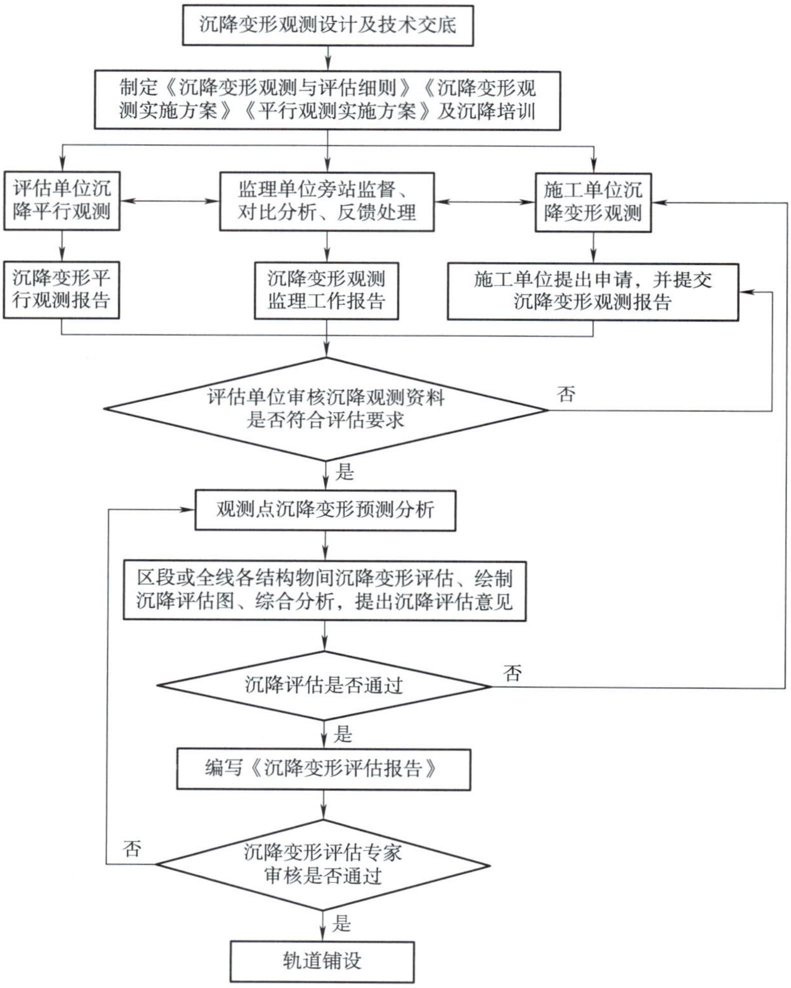

图 8-2　沉降变形观测与评估流程

8.6　精测网静态验收

精测网静态验收项目应包括 CP0、CPⅠ、CPⅡ、线上加密 CPⅡ、CPⅢ控制点、线路水准基点和线上加密水准基点验收。验收方式分为内业检查和观感质量检查。

8.6.1　内业检查

1. 各验收项目内业检查内容

(1)CP0、CPⅠ、CPⅡ及水准基点主要检查内容包括：

①施测单位测绘资质；

②测量技术人员资质；

③使用的仪器设备情况(型号及检验证书)；

④技术设计方案；

⑤观测记录；

⑥平差计算表；

⑦技术报告；

⑧成果文件(成果表、点之记)；

⑨评估报告或评审验收结论。

(2)CPⅢ(含线上加密 CPⅡ和加密水准基点)主要检查内容包括：

①施测单位测绘资质；

②测量技术人员资质；

③使用的仪器设备情况(型号及检验证书)；

④技术方案(技术设计书)；

⑤CPⅡ加密测量；

⑥二等水准加密测量；

⑦观测记录；

⑧平差计算表；

⑨技术总结(技术报告)；

⑩成果文件；

⑪评估报告或评审验收结论；

⑫监理意见。

2. 内业检查规定

内业检查应符合下列规定：

(1)检查内业资料清单、目录,审查资料是否齐全、完整;

(2)测量成果质量是否满足规范要求;

(3)检查内业资料签字、盖章是否完备。

8.6.2 观感质量检查

应对全线控制点进行实地目测检查,重点路段现场实地检查,发现问题进行进场测量或测试、拍照、录像等。

1. 观感质量检查内容

观感质量检查内容如下:

(1)点位的合理性;

(2)点之记的正确性;

(3)标石埋设尺寸;

(4)护井及外部装饰;

(5)稳定性和可靠性。

2. 观感质量检查规定

观感质量检查应符合下列规定:

(1)根据内业检查和观感质量检查情况,按施工标段分别随机抽取 CPⅠ及水准点各3%、CPⅡ 2% 进行无损探桩检查,每个标段 CPⅠ及水准点应各不少于 1 个、CPⅡ不应少于2 个。

(2)建设阶段评估单位已进行探桩(或旁站)检查或提供每个点埋桩整个过程照片的精密控制网,可不做主要功能和实体质量抽查。

(3)探桩检查应检查桩的埋设深度和材质是否达到设计要求,并对检查过程拍摄照片。

第 9 章　精密工程测量发展展望

9.1　高速铁路精密工程测量存在的技术问题

中国高速铁路的快速发展在全球范围内引起了广泛关注。高速铁路精密工程测量作为确保工程建设质量和运营安全的重要技术手段，与高速铁路建设的其他专业技术一样，构成了高速铁路工程建设关键技术体系的重要组成部分。高精确的测量结果不仅确保了高铁线路的几何线形状态，也为高速列车的安全性和乘客舒适性提供了重要基础。

中国高速铁路精密工程测量技术体系巧妙地结合了高速铁路建设的特点和现代测绘技术的进展。该体系坚持原始创新、集成创新和引进消化吸收再创新的理念，通过加强对关键技术的理论支撑与验证，强调重大科研和试验的作用，充分体现了“三网合一”的测量要求。这一技术体系覆盖了高速铁路工程的勘测设计、施工以及运营维护的全过程。

然而，随着北斗技术、空间技术、计算机技术以及信息和通信技术的不断发展，现代测绘学正朝着空间信息学科的交叉和发展方向迈进。尽管高速铁路精密工程测量经过十多年的发展取得了显著成就，但也面临一些需要紧急解决和进一步发展的技术问题。

1. 软硬件装备国产化进展不足

软硬件装备尚未实现完全自主化和国产化。在硬件产品方面，例如精密测量智能型全站仪、高精度电子水准仪、测地型 GNSS 接收机等主要采用国外产品，国产替代产品在精度上仍有待提高。在软件产品方面，中长基线解算软件等主要依赖国外软件。

2. 精测网测量存在局限性

精测网测量工作量大，自动化和智能化水平较低，实时性不足，未能完全满足建设、运营维护的需求。控制网建设和复测维护周期长，特别是 CPⅢ网精度要求高、工作量庞大，对施工建设的考虑较多，而对运营期的使用考虑相对较少。高铁测量自动化、智能化和测量效率都需要进一步提高。

3. 基准统一和维护方法亟待改进

全国高速铁路控制基准不统一，基准的维护方法有待改进。已建成的高速铁路项目使用不同的工程独立坐标系，缺乏统一的测绘地理基准。框架控制网和基岩点未考虑大地参考框架中的变化，对其稳定性和变化缺乏有效评价。对于高速铁路长线路和长周期基准维护，现有技术方法仍不够严谨，需借助现代大地基准方法如北斗卫星定位进行改进。

4. 投影变形影响工程测量

受投影变形影响，尤其是在山区和东西向铁路，工程独立坐标系分带较多，有的投影带仅几公里，使用不方便，容易出现搭接问题，也影响精测网的精度。

5. 特殊工程测量方法需深入研究

特长海底隧道、跨海大桥等特殊铁路工程，以及磁悬浮、真空管道、超级高铁等更高速度的高速铁路，其控制测量技术方法仍有待深入研究。

6. 技术标准体系尚待完善

尽管 2009 年发布了《高速铁路工程测量规范》，然而使用十几年后，标准仍需修订和完善。尤其值得注意的是，在高速铁路测量方面，国家标准需要更新，而国际标准尚未建立。

解决这些问题需要我们继续努力和探索，以推动中国高速铁路精密工程测量技术的进一步发展，为我国高速铁路的快速发展提供更强大的技术支持。

9.2 高速铁路测量技术和方法的创新

未来的特殊铁路工程，包括但不限于特长海底隧道、跨海大桥、磁悬浮、真空管道和超级高铁等项目，面临着复杂的地质、地形和工程要求，对控制测量技术提出了更高要求和更多挑战。目前的研究表明，这些特殊铁路工程的控制测量技术尚存在许多亟待深入研究和改进的问题，涉及测量精度、环境适应性、数据处理等方面。

1. 特长海底隧道

随着交通网络的发展，特长海底隧道作为连接陆地的重要通道越发重要。然而，由于海底隧道的工程特性，如地质条件的不确定性、海水压力、地震和海底地形的变化等，对其控制测量技术提出了严峻的挑战。目前的测量技术在处理海底隧道中的位置变化、变形监测和环境因素的同时，尚未达到足够的准确性和实时性。未来的研究应该聚焦于提高海底隧道测量的精度，加强对地下水位、地质条件等影响因素的监测与预测，以更好地支持海底隧道的建设及其安全运营。

2. 跨海大桥

跨海大桥是连接陆地的重要桥梁，其建设需要考虑海上水流、海浪、风力等多种自然因素。在跨海大桥的控制测量中，目前尚存在对大气、水文和地质因素的不充分考虑，导致了在极端气象条件下的桥梁稳定性问题。未来的研究应该通过引入气象学、海洋学等交叉学科的知识，加强对影响大桥建设各因素的综合监测与测量，以提高大桥的建设质量和运行安全性。

3. 磁悬浮技术

磁悬浮作为一种高速铁路交通方式，具有列车无接触、高速、低振动等优势，但其控制测量技术尚未充分发展。目前，对磁悬浮列车的位置监测、悬浮系统的稳定性控制等方面的研究还相对不足。未来的研究可以通过引入先进的传感器技术、实时数据处理算法等技术手段，以提高磁悬浮列车的运行安全性和稳定性。

4. 真空管道和超级高铁

真空管道和超级高铁作为未来可能的高速交通工具，具有极高的运行速度和先进的技术特点。然而，这些交通工具的控制测量技术目前仍面临许多挑战，包括超高速度下的测量精度、安全性和系统的可靠性等方面的高要求。未来的研究应该加强对真空管道和超级高铁的控制测量系统的设计和优化，以确保其在高速运行中的安全性和性能。

9.3 提升高速铁路控制测量基准的现代化策略

中国高速铁路精密工程测量领域当前面临一个紧迫问题：高速铁路控制基准的不统一和维持方法有待改进。为应对这一挑战，我们倡导利用空天地一体化测绘技术、大数据、人工智能等多种技术的交叉融合，推动高速铁路测量基准动态或连续维护体系的研究。这包括建立覆盖全国高铁网的北斗地基增强系统以及构建线路高精度精化大地水准面模型。同时，应用新技术如大地测量、InSAR、高分卫星遥感数据、北斗精密定位、自动化监测等进行复测和监测的优化应用研究及标准规范建设，以实现基准维护和变形监测的自动化、智能化、实时化和数据共享，全面提升基准维护和监测水平。

1. 建立统一的高速铁路控制基准

制定一个统一的高速铁路控制基准，既满足当前各项目需求，又有利于未来数据的整合和共享。国家层面的协调对确保各项目在选择基准时能够达成一致至关重要。

2. 采用现代大地基准测量方法

引入现代大地基准测量方法，如北斗卫星定位，提高基准的长期稳定性和精度。这种方法能更好地应对地壳运动、板块运动等因素的影响，为高速铁路的长期运营提供可靠的基准支持。

3. 加强对基准维持方法的研究

针对高速铁路的特殊环境和工程需求，加强对基准维持方法的研究，包括对控制网的建设、复测维护周期的优化、投入的降低等方面的探讨，提高基准的可维持性和经济性。

4. 推动技术标准的完善

针对高速铁路控制基准的不统一问题，积极推动相关技术标准的完善。修订现有的《高速铁路工程测量规范》,并制定高速铁路测量方面的国家标准和国际标准,确保技术规范的科学性和适用性。

5. 加强国际合作

在高速铁路控制基准的统一和维持方法的研究中,加强国际合作至关重要。通过与国际上先进的铁路测量技术机构、研究机构的交流与合作,共同推动相关技术的发展和应用。这有助于借鉴国际经验,提升我国高速铁路控制测量的水平。

9.4 智能测绘仪器装备的自主创新

测绘仪器装备,在提高测绘活动中的感知、认知、表达、行为能力方面具有至关重要的作用。当前,随着云计算、物联网、智能芯片、人工智能等新兴技术的崛起,为智能化测绘仪器装备的研制提供了新思路。

1. 硬件自主创新挑战

精密测量设备在高速铁路建设和运营维护中扮演不可或缺的角色,关系线路的几何线形状态以及列车运行的安全性和舒适性。然而,在全站仪、电子水准仪、测地型 GNSS 接收机等关键硬件领域,国内产品在精度和稳定性上与国外产品相比仍然存在较大的差距。这导致在高速铁路工程中依然依赖大量进口设备,增加了成本,降低了国家在相关技术领域的自主掌握程度。

2. 软件自主创新挑战

在软件方面,中长基线解算软件等关键产品仍主要采用国外软件,国内替代品在功能和性能上尚未达到对等水平。这使得在高速铁路工程的各个阶段,从勘测设计到施工运营,都存在对国外软件的依赖。在信息安全和技术保密的考量下,这种依赖性带来了一定的风险,尤其是在高速铁路建设作为国家重要基础设施的背景下,对于自主可控的软件系统的需求更为迫切。

解决这一问题的关键在于从硬件和软件两个方面进行系统性的技术创新和产业升级。首先,需要加大对硬件领域的研发投入,鼓励科研机构和企业加强合作,攻克精密测量设备的关键技术,提升国产产品的精度和性能。同时,政府可以通过出台支持政策,引导企业加大在硬件研发领域的投入,鼓励创新型企业参与到高速铁路测量领域的技术攻关中。

在软件方面,应加强高校与企业的合作,培养更多在测绘、地理信息等领域有深厚造诣的人才。政府可以通过设立专项基金,支持相关领域的创新项目,推动国内软件在高速铁路测量领域的快速发展。此外,还需要建立健全知识产权保护体系,保护创新成果,激励企业投入更多的精力和资源在软件自主研发上。

除了技术创新，还需要加大对产业链的整合力度。建立完整的产业链，包括从硬件制造到软件开发再到系统集成等多个环节，形成完备的自主可控体系。在整个产业链的建设中，要注重各个环节的协同作用，提高整体产业水平，最终实现对软硬件装备的自主化和国产化。

9.5 智能化测绘技术在特定测绘目标中的应用

为解决特定测绘目标或任务中"怎样做"和"怎样做得更好"的问题，需要充分利用智能原理与知识，研究并发展适宜的技术方法。例如，在施工测量领域，特别是轨道板打磨、安装和轨道精调等高精度要求的测量任务，传统工程测量仪器已无法满足需求。因此，迫切需要开发适应铁路建造技术的先进测量仪器设备和系统。高铁施工建设过程中需要对沉降变形进行严格控制，更需要实现现场实时监测、远程网络控制和智能预警管理，将高铁工程测量引向信息化、智能化的方向。

在实现这一目标的过程中，首先需要加强对自动化技术的研究和开发，以实现测量过程中的自动化操作，从而减轻人力负担，提高工作效率。这包括对测量仪器的自动化控制、数据采集与处理的自动化等方面的探索。其次，引入智能化技术也是不可或缺的。通过人工智能算法对测量数据进行实时分析和判读，能够显著提高数据的准确性和可靠性。深度学习技术的应用，能够对复杂的测量数据进行智能分析，及时发现潜在问题并提出解决方案。

为了解决控制网建设、复测维护周期长、投入大的问题，还可以考虑引入更先进的测量设备和技术。采用先进的全站仪、高精度电子水准仪等设备，能够有效提高测量的精度和效率。同时，结合北斗技术、空间技术等现代测绘技术手段，进一步提高测量的精准度和适用性。通过这些创新性的方法，可以推动高铁测绘技术朝着更为智能、精准的方向发展。

9.6 高速铁路精密工程测量技术标准体系建设的深刻思考

在中国高速铁路精密工程测量领域，技术标准的不完善成为亟须深入思考和改进的关键问题。尽管于2009年发布了铁道行业标准《高速铁路工程测量规范》，然而多年来的实际运用和技术发展显示，现有标准已明显滞后，难以应对当前工程的复杂性和高度发展需求。因此，技术标准不完善的问题涉及多个层面，需要全方位、深层次地思考和完善。

首先，现有技术标准在理论体系、测量方法和数据处理等方面存在过时的概念和方法。

高速铁路精密工程测量不断涌现新技术和方法，如全球导航卫星系统(GNSS)、激光扫描、惯导技术等的广泛应用，显著提高了测量的精度和效率。然而，现有标准未充分考虑这些新兴技术的应用，导致在实际工程中可能存在未被纳入标准体系的先进测量手段，影响了测量结果的准确性和全面性。

其次，技术标准在区域和工程类型的适用性上存在一定的局限性。中国高速铁路的建设涉及多样的地理和地质条件，但现有标准并未充分考虑这些不同地貌对测量的影响。尤其在高海拔山区和沿海地区，可能存在投影变形、大气湿度等因素，而现行标准未对这些特殊条件进行详细规范，导致测量的可靠性和适用性受到制约。

此外，技术标准对于测量数据的质量控制和评估缺乏系统性和细致的规定。高速铁路精密工程测量的数据量庞大，对数据的质量要求极高，但现有标准在质量控制和评估的细节上并没有详细规定。这可能导致不同测量团队或单位之间存在差异，而缺乏统一的数据质量标准可能对工程建设和后期运营带来一定风险。

在国际合作方面，现有技术标准并未充分考虑国际接轨的需求。高速铁路的建设涉及到国际合作和交流，但由于技术标准的局限，中国的高速铁路精密工程测量标准与国际标准存在不少差异，这可能成为国际工程项目合作中的一项障碍。在高速铁路测绘相关标准制订及修订的过程中，应密切关注国际技术发展的动态，积极参与国际标准的制定，逐步实现与国际标准的对接，提高中国高速铁路精密工程测量的国际竞争力。

9.7 促进高速铁路精密工程测量的跨学科协同创新与合作

高速铁路精密工程测量的研究与应用涉及测绘、人工智能、大数据以及铁道工程建设和运营维护等多个学科领域。这种多学科交叉的性质使其成为一项复杂而庞大的系统工程，其全生命周期覆盖高速铁路工程的研究、勘测设计、施工建造和运营维护。为了更好地应对这一挑战，必须积极推动跨学科的协同创新与合作，通过学科结合发现增长点，实现新的突破，培养更多创新型人才。

首先，高速铁路精密工程测量需要借助测绘、人工智能和大数据等多学科的知识。测绘技术的高精度定位与空间数据获取为工程提供了基础支持，而人工智能的算法和大数据的处理能力则为复杂数据的分析和应用提供了强有力的工具。通过跨学科融合，可以更好地发挥各个学科的优势，实现技术的互补和创新。

其次，建立起高效的协作机制对于推动跨学科创新至关重要。政府、学术界、高校、科研机构、事业单位和企业等相关各方应该充分发挥各自的积极性，建立起优势互补、资源共享的良性协作机制。政府在政策和资源支持上发挥引导作用，学术界和高校提供前沿研究和人才培养支持，科研机构和企业提供实际应用场景和技术需求，共同推动高速铁路精密工程测量的综合发展。

在推动跨学科协同的过程中，注重培养创新型人才是关键一环。这需要各方共同努力，设计跨学科融合的培训计划，为学生提供全面的知识和技能，使其能够涉足多个学科领域，具备解决实际问题的能力。实习、项目合作和行业导师制度等形式也应得到更多关注，以激发学生的创新潜力，使他们能够更好地适应跨学科合作的工作环境。

参考文献

[1] 何华武. 中国高速铁路创新与发展[J]. 中国铁路,2010(12):5-8.

[2] 朱颖. 客运专线无砟轨道铁路工程测量技术[M]. 北京:中国铁道出版社,2008.

[3] 张忠良,杨友涛,刘成龙. 轨道精调中后方交会点三维严密平差方法研究[J]. 铁道工程学报,2008(5):33-36.

[4] 徐小左,刘成龙,杨友涛. 无砟轨道精调中 CPⅢ 网点稳定性检测方法的研究[J]. 铁道工程学报,2008(9):21-25.

[5] 杨铁利,高铁军. 自由设站的粗差定位与剔除[J]. 黄金学报,2001,3(1):68-72.

[6] 王磊,刘成龙,杨雪峰,等. 高速铁路自由设站 3 维整体平差计算及精度评定[J]. 测绘科学技术学报,2011,28(4):258-261.

[7] 钟德堂. 三维网平差及其计算程序[J]. 勘察科学技术,1988(5):41-45.

[8] 李德仁,袁修孝. 误差处理与可靠性理论[M]. 2 版. 武汉:武汉大学出版社,2012.

[9] 罗三明. 一种确定大气垂直折光系数的新方法[J]. 测绘通报,1995(4):33-36.

[10] 王凤艳,陶元洲. 测区垂直大气折光系数的变化及因地选择大气折光系数的意义[J]. 测绘通报,2005(4):14-17.

[11] 杨友涛. 工程三维控制网平差方法研究[D]. 成都:西南交通大学,2008.

[12] 金立新,付宏平. 法截面子午线椭球高斯投影理论[M]. 西安:西安地图出版社,2012.

[13] 欧阳新. 高速铁路 CPⅢ 平面控制网平差方法研究及程序设计[D]. 长沙:中南大学,2014.

[14] 闫广峰. 高速铁路轨道控制网测量数据质量控制研究[D]. 成都:西南交通大学,2020.

[15] 闫广峰,高山,章建华. CPⅢ 区段搭接严密平差法研究[J]. 铁道学报,2014,36(7):101-105.

[16] 陶武勇,鲁铁定,许光煜,等. 稳健总体最小二乘 Helmert 方差分量估计[J]. 大地测量与地球动力学,2017,37(11):1193-1197.

[17] 中华人民共和国铁道部. 高速铁路工程测量规范:TB 10601—2009[S]. 北京:中国铁道出版社,2009.

[18] 中华人民共和国铁道部. 铁路工程卫星定位测量规范:TB 10054—2010[S]. 北京:中国铁道出版社,2010.

[19] 国家测绘局. 国家一、二等水准测量规范:GB/T 12897—2006[S]. 北京:中国标准出版社,2006.

[20] 周忠谟,易杰军,周琪. GPS 卫星测量原理与应用[M]. 2 版. 北京:测绘出版社,1997.

[21] 李征航,黄劲松. GPS 测量与数据处理[M]. 武汉:武汉大学出版社,2005.

[22] 孔祥元,梅是义. 控制测量学[M]. 武汉:武汉大学出版社,2002.

[23] 王兆祥. 铁道工程测量[M]. 北京:中国铁道出版社,1999.

[24] 肖利,王海生. 铁路工程测量[M]. 成都:西南交通大学出版社,2011.

[25] 中国国家铁路集团有限公司. 高速铁路线路维修规则:铁工电〔2023〕106 号[S]. 北京:中国铁道出版社有限公司,2023.

高速铁路基础研究与技术创新丛书

第一期(16 册)

(一)基础理论与基础技术系列

高速铁路散体道床宏细观力学行为 赵春发 翟婉明 张 徐 著

ISBN 978-7-113-28857-0

高速铁路线路系统动力学 龙许友 时 瑾 王英杰 编著

ISBN 978-7-113-28997-3

高速铁路弓网关系研究 韩通新 著

ISBN 978-7-113-28941-6

(二)动车组系列

高速列车轻量化设计 李 明 伊召锋 米莉艳 等编著

ISBN 978-7-113-28972-0

(三)供电系列

高速铁路受电弓 韩通新 编著

ISBN 978-7-113-28975-1

高速铁路接触网检测技术 韩通新 著

ISBN 978-7-113-28961-4

(四)工程设计系列

高速铁路桥梁抗震设计 陈兴冲 张永亮 编著

ISBN 978-7-113-28964-5

高速铁路轨道工程 BIM 正向设计软件开发及实践 姚 力 刘大园 董凤翔 等编著

ISBN 978-7-113-28934-8

(五)工程施工与组织系列

高速铁路桥梁 BIM 技术研究与实践 盛黎明 苏 伟 刘延宏 宋树峰 编著

ISBN 978-7-113-28938-6

高速铁路岩溶路基边坡变形与稳定 白明洲 师 海 田 岗 等编著

ISBN 978-7-113-28880-8

高速铁路工程地质灾害超前预报图形判别和解译 李　忠　郝娜娜　等编著

ISBN 978-7-113-28935-5

(六)通信与列控系列

高速铁路宽带无线信道测量与建模技术 周　涛　何睿斯　艾　渤　编著

ISBN 978-7-113-28930-0

(七)测量与检测系列

(八)高铁运营与经济系列

高速铁路社会效益研究——基于时空经济分析 李红昌　夏璇璇　著

ISBN 978-7-113-28942-3

(九)现代信息技术系列

高速铁路物联网技术 史天运　孙　鹏　张惟皎　陈瑞凤　编著

ISBN 978-7-113-29029-0

(十)安全·健康·维护系列

高速铁路道砟飞溅机理及防治 高　亮　石顺伟　殷　浩　著

ISBN 978-7-113-28906-5

高速列车多目标均衡综合节能技术 张　雷　李　明　司志强　等编著

ISBN 978-7-113-28976-8

第二期(23 册)

(一)基础理论与基础技术系列

高速列车空气动力学数值模拟——基于 STAR-CCM+软件

李　明　李　田　戴志远　等编著

ISBN 978-7-113-30059-3

高速铁路沿线地面沉降研究与防治 李国和　黄大中　尚海敏　王少林　编著

ISBN 978-7-113-30176-7

高速铁路路基智能填筑技术 王同军　闫宏业　杨　斌　尧俊凯　等著

ISBN 978-7-113-30047-0

季冻区高速铁路路基服役性能与孕灾风险研究

叶阳升　蔡德钩　毕宗琦　李善珍　等著

ISBN 978-7-113-29934-7

高速铁路隧道内附属设施气动效应及安全性研究

彭立敏　杨伟超　施成华　雷明锋　著

ISBN 978-7-113-30104-0

高速铁路钢轨打磨理论与技术　王文健　郭　俊　周　坤　著

ISBN 978-7-113-30061-6

高速列车动态性能正向设计　周劲松　宫　岛　孙文静　著

ISBN 978-7-113-30050-0

高速列车自动驾驶控制理论　宿　帅　李开成　唐　涛　袁　磊　等编著

ISBN 978-7-113-30147-7

高速铁路行车调度与控制一体化　唐　涛　宿　帅　孟令云　阴佳腾　编著

ISBN 978-7-113-30112-5

高速铁路无砟轨道结构水泥基材料理论与技术

龙广成　曾晓辉　马昆林　谢友均　著

ISBN 978-7-113-30056-2

(二)动车组系列

高速列车空气动力学设计技术　丁叁叁　著

ISBN 978-7-113-30055-5

(三)供电系列

高速铁路电力牵引供电工程智能建造技术

胡志华　陈建明　奚金柱　吴命利　等编著

ISBN 978-7-113-30205-4

(四)工程设计系列

现代铁路枢纽规划设计　许佑顶　高丰农　吴学全　李传勇　等编著

ISBN 978-7-113-27468-9

高速铁路隧道底部结构动力响应特性及设计方法

彭立敏　施成华　黄　娟　丁祖德　著

ISBN 978-7-113-30133-0

(五)工程施工与组织系列

高速铁路工程勘察技术创新与实践　陈则连　著

ISBN 978-7-113-30189-7

高速铁路工程质量系统管理(第 2 版)　　卢春房　等著

ISBN 978-7-113-30108-8

高速铁路路基沉降分析与控制技术　　宋绪国　郭帅杰　编著

ISBN 978-7-113-30154-5

深埋高速铁路地下车站施工关键技术　　杨新安　马明杰　李路恒　罗　驰　编著

ISBN 978-7-113-30001-2

高速铁路施工组织创新与实践　　魏　强　编著

ISBN 978-7-113-30136-1

高速铁路路基沥青混凝土防水封闭结构　　蔡德钩　闫宏业　楼梁伟　石越峰　等著

ISBN 978-7-113-30033-3

(六)通信与列控系列

高速铁路信号系统雷电防护技术研究　　向念文　徐宗奇　阳　晋　编著

ISBN 978-7-113-30135-4

(七)测量与检测系列

(八)高铁运营与经济系列

(九)现代信息技术系列

智能高速铁路图像大数据分析技术及应用　　李　平　李　瑞　赵　冰　编著

ISBN 978-7-113-30134-7

(十)安全·健康·维护系列

高速列车横风效应及气动安全控制动力学　　毛　军　柳润东　郗艳红　著

ISBN 978-7-113-30028-9

第三期(18 册)

(一)基础理论与基础技术系列

高速铁路桥梁抗风技术　　何旭辉　邹云峰　敬海泉　等著

ISBN 978-7-113-31329-6

高速铁路智能选线理论与方法　　蒲　浩　宋陶然　李　伟　张　洪　著

ISBN 978-7-113-31670-9

(二)动车组系列

高速列车风阻制动技术　　田　春　周嘉俊　马天和　吴萌岭　编著

ISBN 978-7-113-31648-8

高速列车制动防滑控制基础理论与试验技术 田　春　朱文良　马天和　吴萌岭　编著

ISBN 978-7-113-31585-6

高速铁路轮轨廓形设计及应用 沈　钢　陈迪来　编著

ISBN 978-7-113-31307-4

高速列车辅助供电系统 张立伟　姜东杰　徐海大　编著

ISBN 978-7-113-31574-0

高速列车被动安全系统技术理论 丁叁叁　编著

ISBN 978-7-113-31996-0

(三)供电系列

高速铁路供电系统电磁暂态分析与防护 刘明光　刘　铁　编著

ISBN 978-7-113-31249-7

(四)工程设计系列

(五)工程施工与组织系列

寒区高速铁路隧道低温影响与工程对策 马志富　田四明　杨昌贤　王志杰　等编著

ISBN 978-7-113-31456-9

高速铁路路基边坡生态防护技术与实践 叶阳升　蔡德钩　魏少伟　吕　宋　著

ISBN 978-7-113-31741-6

(六)通信与列控系列

真空管磁浮高速飞行列车车地无线通信技术 刘　留　艾　渤　编著

ISBN 978-7-113-31382-1

(七)测量与检测系列

高速铁路运营监测技术 赵　斗　张冠军　王长进　梁　永　编著

ISBN 978-7-113-31182-7

高速铁路精密工程测量技术 王长进　刘　成　张冠军　石德斌　编著

ISBN 978-7-113-31519-1

铁路工程地质遥感技术创新与应用 刘桂卫　著

ISBN 978-7-113-31354-8

(八)高铁运营与经济系列

高速铁路列车开行决策理论与技术 周文梁　史　峰　徐光明　等著

ISBN 978-7-113-31563-4

(九)现代信息技术系列

高速铁路数据中心设计技术 杨德修 樊 艳 赵 耀 崔校玉 编著

ISBN 978-7-113-31126-1

(十)安全·健康·维护系列

绿色高速铁路技术 蒋 辉 编著

ISBN 978-7-113-31460-6

高速列车驾驶人因安全保障理论及方法 方卫宁 唐 涛 等著

ISBN 978-7-113-31311-1